本研究的调研及出版得到以下项目的资助和支持：

国家社科基金重大项目"中国宗教艺术遗产调查与数字化保存整理研究"（11 & ZD185）

广东省普通高校特色创新项目（人文社科类）"艺术人类学视野下的华南民间祖先像研究"（2014WTSCX121）

广州美术学院 2020 年校级项目"再造祖先图像：一项华南宗族民族志的考察"（20XSA01）

田野中国 Field CHINA

再造
祖先
图像

陈晓阳 著

一项
华南宗族民族志的
考察

RECONSTRUCTING
THE ANCESTOR'S IMAGE
AN ETHNOGRAPHIC INVESTIGATION OF
A SOUTH CHINA CLAN

社会科学文献出版社
SOCIAL SCIENCES ACADEMIC PRESS (CHINA)

序

"祖先"的当代想象与再造
——从一幅祖像的绘制说起

我们从哪里来？这是个问滥了的问题，原因是人对于自己来自哪里，有着与生俱来的好奇和疑惑。小孩子喜欢问爸妈自己从哪里来，他祖先的祖先应该也问过同样的问题。不同只在于，小孩子的问题常被胡乱敷衍过去，祖先们的问题则成为创世神话，成为后世宗教、哲学、考古学、历史学、人类学和基因科学研究的问题。而祖先自己，也经常被后人再造为神话，再造为了不起的圣贤，进而从生物问题变成文化问题甚至政治问题。

艺术家一般不在这样形而上与形而下的问题之间纠缠，因为关于来源，很难有"象"：没有谁记得躲在子宫里的景象，更没有人可以瞻仰自己三代以上祖宗的真容。虽然高更画过以此为题的画，但画出来的"来去"之相，不过是伊甸园的热带版写生；考古学家和人类学家努力想弄清楚祖先长什么样，但从发掘出的头骨，最多复原出一副难以确认的面孔。传世的祖先绘像，算是有名有姓者的"写真"了，但看多了，发现不同

1

宗族的祖先像，貌似长得差不多都一个模样。即使找到老祖遗留在家庭相册中的照片，也不过百多年而已。再往前追溯，便一片茫然。

在中国的乡村建设中，借助非物质文化遗产保护政策兴起的传统文化重建，以发掘民俗、修缮祠堂、编纂族谱等为常见形式。其中，对于祖像的描绘和塑造，既有祖先崇拜、亲属制度、文化变迁等传统人类学话题，又涉宗族复兴、传统再造、地方与国家等当代性概念。"艺术"的表象后面，隐藏着深层的历史传统、社会结构和文化心理。通过参与祖先"再造"的过程，观察宗族内部各种身份人士对祖先形象的想象与争执，透视祖像再造过程中宗族及社会网络、信仰、权力和利益等社会语境与文化逻辑，解读这类民间礼仪图像艺术背后的文化场域，是视觉人类学图像分析的一个切入点。

一 再造祖像：祖先的当代建构

20 世纪 50 年代以来频繁的社会运动，将宗族及其与之相关的社会组织、宗法制度、祖先信仰等列为批判对象，与之相关的宗祠、祖像、族谱等也被作为旧社会遗留物，大多被毁。80 年代以后，对中国传统文化的重新认知，使一些民俗和文化遗留物得到正名，获得保护。进入 21 世纪，国家为保护物质文化遗产和非物质文化遗产专门立法。借此东风，往日废圮的宗祠得到修缮，藏匿的族谱、祖像、神牌、各式文书等也重见天日。断裂约半个世纪的文化记忆，被重新唤起。而修谱，自然成为很多家族或宗族十分重视的事。能够弄清自己和家族的来龙去脉，在煌煌正堂挂起祖宗的画像，甚至立一尊塑像，是儿孙们普遍的愿望。

但见识过一些世面的儿孙们，已经不大中意旧族谱上那些"简陋"的图像了，于是，在有条件的地方，再造祖像，成为一个具有趋向性的文化事件。

有一天，在我给中山大学人类学系研究生上视觉人类学课的课堂讨论中，我的博士研究生陈晓阳分享了一个有趣的例子。事情的缘由是，一位J姓博士同学的家族想绘制祖先图像。其汉代史姓祖先在粤东J县做县令，因战功封侯并被赐姓J（以J为姓），得名M，称"M公"①。J姓家族进行修谱工作的同姓组织"JM研究会"，希望将那些在不同时期编修的族谱中版本芜杂、造型不太满意的祖像，重新绘制，统为一尊。但要绘制这位祖先的画像，得请艺术家动手，故请来自广州美术学院的同学陈晓阳帮忙。JM研究会否定了用油画和写意国画描绘祖像的建议后，确定了工笔重彩这个传统形式。于是陈晓阳邀约了一位画工笔的女画家参与其事。绘制一段时间后，由于委托方反复要求修改，画家被折腾得几乎想退出。而接触了人类学的陈晓阳则在这些"折腾"中，发现了一些有意思的话题，看到当代艺术家在参与再造祖先过程中，与委托方发生的认知差异和观念碰撞，其实正好是视觉人类学研究的素材。所以，陈晓阳在课上介绍了这个家族祖先肖像的诞生过程。

出于严谨的专业训练规范，她们工作的第一阶段是学术的。委托者JM研究会的初衷，也是"尊重历史，还原历史"。为此，JM研究会拨款成立了由宗族女博士和艺术家共同组成的JM公画像课题组。但他们提供的资料，只有不同版本族谱对祖先形象的

---

① 因本书中陈晓阳使用匿名，此处笔者亦使用跟书中一致的匿名。

简略文字描写（像赞："其貌豪雄，其性至公，收平两粤，武帝旌忠"）①和三四幅图像。不同版本族谱描绘的祖像，容貌、冠服都有很大差异。这与不同时代的绘像者对祖先的认知和绘画水平直接相关。

看已有族谱祖像，"其貌豪雄"的容貌，表现得的确并不怎么令人满意。为了正确还原文字文献所述 JM 公的容貌和冠服，JM 公画像课题组查阅了《续汉书·舆服志》等有关汉代冠服制度的大量历史文献，考证出委托者提供的古本族谱江西版祖像所戴之笼巾为宋代武弁，与这位先祖当时的爵位、礼制上是符合的，所以在本次创作中沿用此冠制。同时，她们还参考安徽亳县汉墓出土画像石、甘肃武威磨嘴子第 62 号新莽墓、长沙马王堆 3 号汉墓出土的武弁造型，使其尽量接近汉代风格。

按学术规范描绘的祖像初稿出来后，特意请来考古学专家评审，专家的意见是，深衣服饰妆容基本与文献资料史实相符，只要这些对了，放在族谱中就不会闹笑话；以前古本族谱的祖先像是汉朝人穿宋朝服装，放在族谱中让有文化的人看了会觉得不严谨。但是 JM 研究会里各位 J 姓子孙的关注点并不在冠服是否正确，他们的第一反应是这形象完全不是他们想象中"其貌豪雄"的大将军。"我们老祖先是封侯赐姓的，一定是相貌堂堂，不可能长这种鹅蛋脸女人相。"他们要求修改的意见是：眼神要坚定、自信、锐利；眉毛要粗一点，挺一些，浓一些，增加威武感；天庭再饱满些，鼻梁要丰满、鼻翼要饱满，嘴巴大一点，耳垂厚一些；脸型要国字脸，胡须分五缕；肩膀要挺一些，手指不要太

————————

① 江西丰城《J 氏族谱》1990 年重修、廉江《J 氏族谱》2009 年版等。

长；冠帽改为更高级别的。

艺术家尊重委托方的意见，经过几番修改，其家族还不满意，提出了更多具体指导意见：为了造型上体现"其貌豪雄"，他们把行伍出身的子孙照片拿来供画家描摹；为了强化祖先的"吉人天相"，他们要求按古代相面术将所有吉相赋予祖先；为了更显尊贵，甚至请画家参照当时正热播的电视剧《汉武大帝》，让祖先换上更高权势级别的冠服。画家认为这有违史实和"尊重历史，还原历史"的初衷，但反对无效。创作于是进入第二阶段：想象与建构。

被反复修改折腾得沮丧无比的艺术家，硬着头皮将史实中的祖先，再造为想象中的祖先。直到白描稿定稿为彩色绢像，在中华J氏网公布后，还有人在各地宗亲聚会上表示不满意，一时众说纷纭。最后由JM研究会中社会地位最高的名誉会长发话："谁也不知道老祖宗长什么样，看久了就像了，已经公布的事情就不要再改了。"这才一锤定音。从此，这张被发明出来的祖先图像正式进入了该宗族的祭祖仪式、宗亲聚会活动等各种场合，并作为一种被重新建构的历史记忆进入社会生活中。①

我觉得陈晓阳说的这个事很有意思。通过绘制祖像这样一个实用艺术行为，我们其实可以看到许多与视觉人类学相关的话题。关于宗族，关于历史，关于信仰，关于权力和利益，关于真实与虚构，等等。我一直希望学生尝试用人类学方法解读人类视觉现象，研究隐藏在表象后面深层的社会结构和文化心理，关注

---

① 陈晓阳：《祖先的发明：以粤西亻厓佬同姓组织重修祖先像为例》，博士学位论文，中山大学人类学系，2015。

那些文字和语言无法描述的、被忽略的人类认知和实践状态。祖像的创作，既有祖先崇拜、亲属制度、文化变迁等传统人类学话题，又涉及宗族复兴、传统再造、地方与国家等当代性概念。而这一切均由图像牵线，正好可发挥视觉人类学研究和陈晓阳原有美术专业之长，所以建议她继续参与，深入观察，透过祖像这个视觉符号，研究与之相关的社会网络、集体记忆、信仰和权力等问题。如果可能，把它作为学位论文来做，会是一个不错的选题。而且，我当时正主持国家社科重大项目"中国宗教艺术遗产调查与数字化保存整理研究"，从学科建设和项目团队构成来说，也很希望在民俗信仰的艺术遗产研究方面有多一些成员投入。

十分高兴的是，陈晓阳接受了这个建议，并很好地把握了这样一些问题意识：透过如何将历史记忆中差异强烈的祖先传统，拣选整合为一幅新的图像的过程，追问为什么在 21 世纪的头十年，全球化与急速城市化时期的华南社会中会出现再造祖像事件？对于当代中国人来说，祖先到底意味着什么？在几年的参与观察和参与"再造"中，作者将自己置身于问题的焦点，通过 J 姓宗族内部各种身份人士对祖先形象的想象与争执，观察祖像再造过程中的社会语境与文化逻辑，并通过这个微观的图像生产个案，尝试用视觉人类学方法来解读这类民间礼仪图像艺术背后的文化场域。有了这样的问题意识和现实案例，她的博士学位论文就有了坚实的基础。毕业后，她继续跟踪调查，几番打磨，终于使这个成果准备结出版。几年后再读这份书稿，当时课堂上讨论的新鲜感还在，而长期多点民族志的田野考察和思考积淀的厚重感，已经有力地支撑了这个选题。

二 由家及国：家族谱系修订与国家在场

在进入案例丰富的细节描述和理论探讨之前，我觉得可以先尝试透过纷繁复杂的田野现实和视觉表象，提纲挈领看看本案例在以下方面所涉及的问题。

1. 宗族及社会网络

资源丰富而又相对离开控制中心较远的华南地区，历史上常常成为移民迁徙之地，不同人群为争夺地盘，族群或宗族认同意识相当强烈。历史上真实的土客械斗和延续至今的仪式性舞狮、扒龙舟、抢花炮等民俗活动，是地缘群体和血缘群体显示实力的武化方式；修志续谱，建祠敬祖，则是强化宗族意识、凝聚宗族关系的文化方式。华南地区宗族社会的形成，与移民围垦珠三角滩涂地带以形成沙田、建设桑基鱼塘的历史有关。在争夺资源的博弈中，强宗大族具有较多优势。因此，合族联宗，追溯共同的祖先，是族群特别是流徙离散族群进行认同和社会身份（亲属、血统、世系、地缘）确认的基础。经过几百年围垦，乡土相对固定，以宗祠为核心形成的空间关系基本成形。现在，虽然城市化、全球化导致新的外出打工、经商、求学等人口流动，但宗族及宗族意识没有消失，逢年过节回家团聚仍然是牢固的传统，修谱、建宗祠的重新受重视以及以祠堂为核心举行的各种民俗活动，更是借当前"文化遗产保护"的有利形势，大张旗鼓得以重演。合族联宗以聚合资源谋求利益扩大影响，仍然是当前宗族复兴的一个目标。

不过，由于不同时代、不同地区的宗亲对祖先有不同的需求和想象，即使是小姓，要确定各分支共同认可的祖先也不容易。比如在 J 氏族谱编纂过程中，曾经发生过一些关于始祖的认同差异事件：广东廉江族谱编委会的老人家们认为 J 姓始祖仓颉是 J 姓最早的祖先，而 JM 研究会认为仓颉是神话中人物，作为始祖不够严谨，JM 才是 J 姓最重要的也最需要强调的得姓始祖，史籍中有明确记载，听上去更合理一些；江西丰城的 J 姓主要重视元代二品官员、主持宋辽金三史的翰林院编修、文学家 J 某某；江西广昌的 J 姓则更重视清代的军事家 J 某和他著的《J 子兵法》。而在各地族谱中出现的祖先，也就有了不同的画像。所以，追思怀远，其实不是追怀"始"祖，而是凸显"名"祖；从最有名的祖先中选出一位，再造其像，定为一尊，就是获得合族联宗的权威号旗，将散于各地的宗族力量进行整合的一种举措。

为了"还原"出一个统一的祖像，J 氏宗亲会经反复讨论，确认以汉代得姓始祖 JM 为造像依据后，决定聘请专业艺术家创作更具权威性的祖像。作为局外人的艺术家，得以进入到一个"讲亻厓"的客家宗族内部，围绕 J 姓宗族再造祖像的事件，查阅历史文献，跟随他们在广东广州、JF、廉江，广西博白，江西南昌、修水、丰城、广昌等地对散居各地的 J 姓分支及客家、壮族和瑶族等多个族群进行对比调查。通过不同版本的祖像，了解 J 姓后人对祖先的想象。同时，观察新的祖像的制作过程，追踪它的传播路径，让人们清晰地看到这个由后人建构并在一定程度上被升华或虚构了的祖先肖像，如何牵动了跨越城乡，分布在从珠三角到粤西，延伸到江西、湖南、湖北、广西、云南、台湾等广大地区的 J 姓宗亲关系网，渐渐定型为宗族祭坛上相对统一的圣像，享受各地子孙祭拜和供奉的现实情景。祖像的绘制和供奉，因之成为宗族内部进行认同的标志性视觉媒介。

2. 宗族复兴与国家在场

在传统社会，家庭是社会最基础的组织单元，而宗族是统辖若干家庭的基层权力机构。族长作为血缘组织的权力代表，与村长等地缘组织的权力代表，共同构成传统中国乡村社会的权力关系。1949 年以后，原有的权力结构解体，土地、房屋、财富等资源被重新配置，显赫一时的宗族权力烟消云散，族产被拆分或收为公有。改革开放以来，传统文化在一定程度上得以恢复。宗族以宗亲会、联谊会、研究会甚至老人活动中心等名义重新活动，并在其后的文化遗产保护的政策下，逐渐收回或修缮祠堂，恢复祭祖典礼，纂修家谱、族谱，开展联宗联谊和民俗文化活动。宗族复兴，成为乡村传统文化复兴的一股潮流。

作为传统社会基层结构的家庭和宗族，有稳定的血缘和世系结构。"家国"或"家天下"王朝，也是以世袭之"家"统摄"天下"。所以，宗族是与国家（朝廷）同构的基本单元。宗族的盛衰沉浮，无不与主导社会形态顶层设计的国家有密切关系。在古代，修身、齐家、治国、平天下，天下兴亡匹夫有责，是不容置疑的文化逻辑。家与国，个人（匹夫）责任与天下兴亡，被联系在一起。无论是借助宗族作为基层社会治理的力量，还是彻底摧毁宗族势力及宗法制度，国家权力都是决定性的。为了表明这种依存关系，宗族会大力张扬进入国家科举或政务系统的祖先，为他们在祠堂前竖立旗杆，表彰扬名。如果身份显赫，或有御赐加封，更要特制牌匾，高悬于宗祠正堂之上。为了显示根红苗正家国情怀，都喜欢把家族姓氏与主流社会公认的共同始祖、民族英雄、官僚或社会名流联在一起，这是修谱中的普遍现象。有关祖像的描绘和塑造，无论是明清还是当代，对于朝服、官帽、笏板等的描绘，都十分在意。1990 年重修的江西丰城 J 氏族谱中，甚至虚构了圣旨的图像。

现在，借助非物质文化遗产保护政策兴起的传统文化重建，发掘民俗、修缮祠堂、编纂族谱，也成为常见形式。前面所述的祖像再造事件，就是这波文化复兴潮流中的一朵浪花。在广东，由于商业资本雄厚，及华侨的海外关系，传统的恢复具有了更多与权力、资源与社会关系配置相联系的特点。特别是祖上有名人或高官的，也迅速脱敏而成为大张旗鼓炫耀的文化资本。在发展势头最好的时候，JM 研究会还准备将祖像升格为地方文化标志，试图介入城市规划，争取建纪念馆的地皮，在广场筹建骑马雕像等。这都显示了研究会在文化资本建构中的资源（政治资源、社会资源和商业资源）运作的能力，也反映出其在家族谱系修订的时候，在一种"家国情怀"的感召下，主动纳入国家话语系统的努力。

望族中的官员、富商与地方文化名人，是宗族权力和资源控制的代表性人物。与时俱进的是，过去在宗族事务中毫无发言权的女性，由于地位（女官员）、财力（女企业家）、学力（女博士）处于高阶，也成为大家认可的宗族精英，甚至改变了女性不上族谱的传统，将其列入族谱。她们在祖像再造的过程中，出钱，出力，出主意，发挥了很大的作用。碰巧，祖像绘制课题组的三位成员都是女性，除了被质疑是"女人画的，所以不够阳刚"，在调查前期，作为"外人"的作者还会被强势男权主义者不断的反调查所困扰。到调查后期，艺术家却变成了比 J 姓子孙们更系统了解他们家族历史的人，他们会反过来向她询问很多不清楚的细节。

当然，在中国社会，即使是血缘性群体，也有不同的利益诉求和言说立场。比如，按理想标准再造的祖先长相，并没有让所有宗亲满意。直到画像定稿，意见还是未能完全一致。有的外地宗亲认为祖像是按照某一支有权有势后裔的相貌描绘的："他们广东人出的钱，当然像他们自己。"甚至越来越多的人认为，画像中老祖先的形象其实最像行政级别最高的名誉会长们。想象，权力的想象、利益的想象、符号的想象甚至性别的想象，弥漫在宗族的不同地区、不同分支、不同阶位的人们中。所以，仅仅是亲缘关系，并不足以凝结族人。

但另外一方面，泛化的拟亲缘关系，又普遍存在于追溯来源的行为中。仅仅因为同姓，凭借"五百年前是一家"的说辞，将许多毫无血缘关系的名人，特别是曾被国家（朝廷）认可过的功臣，硬扯进家谱族谱系统，在一些溯源追远的宗族活动中，还是十分常见的。

3. 世俗肖像与祭坛圣像

世俗的肖像，之被神化为祭坛上的圣像，享受子孙的祭拜和供奉，其文化根基是祖先崇拜。祖先崇拜源远流长，家族的祖先崇拜，民族的始祖崇拜，甚至民族国家式的圣祖崇拜，早融化在我们的文化心理和传统中。为了强化某种神圣性，人们往往把始祖神化或圣化。关于始祖是龙是蛇是女娲拿泥巴所造之人的创世神话，已经与上古史嵌在一起，人们不假思索地习称自己是"龙的传人""炎黄子孙"。而祖像，也和神祖灵牌、"魂帛"等合为一体。

确定追源怀远、安灵祀祖的对象之后，祠堂是安置这一信仰的神圣空间，定期举行的祭典是展示这一信仰的神圣时间。以宗祠为核心，各种祭祖、敬老、证婚、求子、添丁得子、丧葬等村落中与宗族相关的仪式活动，渐渐固化为地方性民俗和民间信仰。因祖先而附祀的诸神，也进入祠堂或附近寺庙，享受供奉。他们包括从原乡"分香"带来的神，如被广东乡村多个姓氏宗族视为族神的"大帝公"康王，在一些地方，康王甚至被供奉在祠堂里；① 也包括来到陌生之地安家落户，需要小心打点的本土山神、土地、龙神；等等。宗族生灭的核心是人丁兴旺与否，所以，某位祖先选对了风水好的居地，导致其支人口生发很旺的故事，十分流行；那些在传说中护佑宗族或地方的神灵，族人为其封神建庙，成为亦祖亦神的祭祀对象。还有一些不知从何处漂来的神怪灵异（如珠三角地区常有浮木等的显灵传说），由于它们的帮助，也会成为宗族托佑的保护神。

正如人们相信祠堂和祖墓风水会与后裔的生发和运程相感应一样，人们也相信，祖先的面相，也会与子孙的福报和盛衰密切相关。所以，后人要在这样的信仰支持下，用与相面术、风水等相关的传统技术（法术），再造祖像。祖先高大的身影是后人投射的，目的是更好地置身于祖先的庇荫之下，能够在一种"共同祖先"的想象中得到认同。正如一位来自云南的J氏宗亲会副会长所言："（祖）像就是个菩萨，长什么样不要紧，大家都认就行了。"

---

① 如笔者调查的广东省东莞市石排镇塘尾村李氏祠堂"梅庵公祠"，每年"康王诞"，都要把康王塑像在祠堂里举行仪式后抬出巡游，然后回祠堂安座。

三 历史还是艺术

在祖像生产的过程中，我们看到，历史与学术及艺术，经常处于一种纠结状态。

在绘画形式上，先是一位年轻而富有的女性副会长提议用油画肖像的形式来绘制始祖像，因为她觉得油画应该比国画更加逼真。但是 JM 研究会里的其他男性成员，则认为传统国画的工笔重彩形式更庄重而符合传统。在"逼真"和"传统"两种意见中，尊重本土文化传统的"历史"取向，否定了追求逼真的"艺术"追求。但真按照传统工笔重彩画出来的祖像，因为族人要求其眼睛炯炯有神，而被要求画上传统技法所不兴有的"高光"。尽管执笔的画家强调，在瞳孔里加高光不符合国画这一画种的"传统"做法，但是族人不肯妥协，只好由雕塑专业出身的人类学博士生，在工笔白描稿的瞳孔里加上了西画素描里才有的高光。这个"点睛之笔"，马上获得 JM 研究会成员的肯定。历史与艺术的抵牾，竟以一种互嵌的方式呈现。

还有一个有趣的细节是，祖像完成之后，由于彩色绢像原作的部分胡须在装裱中不慎使墨迹变模糊了，艺术家通过电脑处理还原后提交成像复制品。委托人认可了电脑打样的复制品，并作为标准照在正式场合大量使用。而原作，却像被遗忘了一样没人再过问。这与艺术珍视"原作"的价值取向大相径庭。经过电脑转述过的复制品，由于它更无瑕疵，其"数字化生存"能力和符号化应用价值，超过了传统纸（绢）媒的原作。它也说明，祖像的绘制，不是一个纯粹的艺术或学术行为，而是一个制造历史符号的现实需求。

历史一般是根据记忆记录的，但当代不为史或不入史的忌讳，使得过去大部分历史，除了不怕死的史官或目击者秉笔直书，其他大都是事后经过斟酌和修订的记忆史或改编史。所以，我们能够看得到的历史，有很大一部分是按需建构的。祖像的再造过程，类似某些历史的书写。略为不同的是，那些史册是怎么书写的我们无法见到，这次历史图像文献的再造，由于有人类学家的介入，我们看到了事件现场的大致过程。根据学术考证描绘的祖像初稿之所以被否定，是因为它不符合委托人的想象；根据宗亲会意见反复修改，甚至违背已知史实按电视剧和古代面相术修改，并参照长相"豪雄"的后人照片不断修改的祖像，却得到认可并成为范本。它与历史追寻真相的学术取向不一样。在祖像的再造过程中，历史（主要指图像历史）和记忆（主要是视觉记忆），已经变得非常虚幻，成为发明的传统和构建的集体记忆；祖像，其实不过是子孙的想象，甚至就是子孙的"自画像"。但经由"多方博弈与妥协中被发明与激活，又再次进入新的文化传统中"。①

粤西这个家族再造的祖像，现在已经进入宗族祠堂，成为高悬于祭坛的圣像，若干年后也将成为"有据可查""有图为证"的历史图像文献。J氏宗亲组织在"中华J氏网"对这个再造的祖像做了如下表述："还原JM公作为护驾将军与安道侯时的服饰，此后又征集了大量J氏宗亲的相片进行分析、比对，并结合遗传学人类学等学科知识进行研究。"② 这里竟然谈及了遗传学和

---

① 陈晓阳：《子孙的自画像：祖先图像的视觉人类学解读》，《民族艺术》2015年第3期，第39～46页。

② 因匿名需要，此处隐去来源。

人类学！如果没有人类学家在场，这一祖像再造并被赋予"科学"说辞的过程，不会被记录并真实还原；而这些经过"权威"认定的"历史"，恐怕也将成为后人追溯的源头、立论的依据。

我们或可由此看出此事所具有的普遍性。我们的历史，我们的圣像，在某种程度上与此相似。面上无比严肃，下面何尝不是一地鸡毛？

三 结语

最后，我们再说回祖像。

在这次祖像再造的"项目"中，艺术家跟随 J 姓商人、官员、文化人、退休的老先生们，在华南的城市和遥远偏僻的乡镇中奔走。看到他们花费巨大的精力和时间来组织这些活动，在公开场合自然地认同彼此是宗亲，面对异地同姓者时亲切地称呼兄弟。艺术家曾很迷惑他们这种带着巨大热情的背后行为的动力来源。她请教一位忙碌的"成功人士"，为什么会有这么大的动力来参加这些辛苦的活动，这位先生毫不犹豫地说了一句："人总要知道自己是从哪里来的。"虽然出于人脉整合和资源配置需求的现实利益，他们对这个宗族组织和个体交往产生的吸引力有更实际的需求，但是在他们的话语中，对寻根的深刻认同，看上去也并不是完全没有影响。①

对于历史，特别是对于有关起源方面的历史的探究，一直是困扰后人的难题。科学哲学家波普尔甚至认为"不存在终极的知识源泉"。"真正的认识论问题不是关于源泉的问题；我们要问的

---

① 见本书第四章开头部分。

倒是所做的断定是否真——就是说，它是否同事实一致。"① 但由于时间的阻隔，人们不可能"回"到历史现场参与观察，不可能访谈始祖，也就很难判断前人的叙述是否同事实一致。人们所知的历史，一是前人根据传闻整理的文献，二是来自地下文物的旁证。晚近一些的历史，还可以来自亲历者的口述或记录。但口述史基本上是现代的方法，成文史多为史官或文士所为，都存在由于权力控制、利益诉求、时空错位、记忆缺漏而被筛选、遮掩和改变的问题。文物虽然不能修改，但有关它们的意义均为不同的后人做出不同的解读。族谱的问题更甚。由于它是由当事人的后裔自己书写的"历史"，基于为祖"隐恶扬善"的道德传统，允许入谱的人物和内容必经筛选。研究华南族谱的日本学者濑川昌久认为，族谱记载的并不都是事实，而是更接近一种与自我认同和自我夸耀直接相联的东西。所以，"充分地保留对于族谱记载内容真伪程度的判定，而将其内容重新理解为带引号的'事实'，并力图去解明记录了这些族谱的编纂者的意识结构，以及存在于他们背后的社会性与文化性规范，这比一味纠缠族谱的真实性要有意义得多"。② 如果要追溯"我们从哪里来"的问题，最终的结果，要么成为神话，要么成为当代叙事（如克罗齐所说的"一切历史都是当代史"③）。

　　陈晓阳的这本书涉及的这个案例，属于在历史上有记载的真

---

① 卡尔·波普尔：《猜想与反驳：科学知识的增长》，傅季重、纪树立、周昌忠、蒋弋为译，上海译文出版社，1986，第39页。

② 濑川昌久：《族谱：华南汉族的宗族·风水·移居》，钱杭译，上海书店出版社，1999，原序第10～11页、正文第2～3页。

③ 克罗齐：《历史学的理论和实际》傅任敢译，商务印书馆，1982。

实人物，也是 J 姓宗族同奉的"得姓始祖"。但过去了两千年，关于祖先的追忆，由于时空差距，已经模糊。我们所见的只是在该宗族所遗不同版本的族谱中，所描绘的祖像。这些图像有明清以来民间雕版画像的画师所绘身穿接近宋代武官朝服（江西丰城1990 年版族谱）或盔甲，类似戏剧中武生样貌的祖像（江西修水1993 年版族谱），有具有明显电脑贴图痕迹的祖像（江西南昌2008 年版族谱），也有同姓族人所画的祖像（广东廉江 2009 年版族谱）。这些不同的祖像，容貌和服饰差别很大，反映了不同时代的后代对祖先的想象和描绘。而最后定为一尊的这幅祖像，其实也是由当代宗族权威成员、专业艺术家和专家学者（包括历史学、考古学和人类学）共同再造的。在文化遗产保护、弘扬传统文化、追述家国情怀等当代性概念的确证下，最终将成为被文化持有者认定的"真实"，从而进入历史的叙事。

祖先画像的再造，经由不同时代、不同语境中的后人，在追寻"我们从哪里来"的虚幻探问，想象"祖先是谁"的时候，创造性地为祖先提供了一个虚拟的面具。在面具后面，其实是子孙在不同时空背景和社会文化语境中，自我意识结构和文化认同的真容。

参考文献

陈晓阳：《子孙的自画像：祖先图像的视觉人类学解读》，《民族艺术》
　　2015 年第 3 期，第 39 ~ 46 页。

卡尔·波普尔：《猜想与反驳：科学知识的增长》，傅季重、纪树立、
　　周昌忠、蒋弋为译，上海译文出版社，1986。

克罗齐：《历史学的理论和实际》，傅任敢译，商务印书馆，1982。

濑川昌久：《族谱：华南汉族的宗族·风水·移居》，钱杭译，上海书
  店出版社，1999，原序第 10~11 页、正文第 2~3 页。

邓启耀

目　录

第一章 导 论

第一节 问题的提出

　　本研究是以近十多年在华南的城市与乡村之间流动的罕见姓氏——"J"姓的子孙发起的宗亲会组织 JM 研究会①再造祖像事件为发端的田野调查。本研究通过参与观察这个宗亲会组织的发起人和骨干在社会现场中通过发起与祖先崇拜相关的文化活动并发明各种象征资本的过程，展开当代民间社会是如何再造祖先认同等"新传统"的文化实践的讨论。笔者主要的田野对象是位于粤桂交界的广东讲亻厓话②的村落社区，以及从这些乡村进入广

---

①　2007 年注册时为"JF 先贤 JM（史定）暨中华 J 氏研究会"，后改为"JM 研究会"，笔者接触该组织时，他们已习惯自称为"JM 研究会"，或简称"研究会"。

②　亻厓（音 ngai1，普通话接近 ai1）话，是指他称和自称"讲亻厓"，是主要分布在粤西等的客家族群所使用的语言。他称和自称"讲亻厓"的地区在族群认同上其实并不受两广行政省区划分的影响，他们以大连片、小分片状分布在广东西部和广西东南部，大致东起广东阳江，西至广西防城，北至广西陆川、南至广东廉江的丘陵至沿海地带。见李荣、熊正辉、张振兴《中国语言地图集》，朗文出版（远东）有限公司，1987。

州等大城市工作生活但彼此间依然讲亻厓话的新精英社群。粤西乡土社会的偏远并没有影响 J 姓子孙在大都市中因为激烈竞争而萌发的生存智慧和文化想象力，反而源源不断地为他们提供着关于祖先崇拜的历史记忆和建构经验。作为正在发展中的宗亲会组织，他们在都市的移民社会中模仿聚居村落中的宗族复兴经验，尝试以编纂族谱和建造类似祠堂的公共空间进行传统再造实践。但是显然，经过两千年的播迁，遍布全国甚至已经迁移海外的 J 姓子孙，无法梳理出基于血缘的继嗣关系。因此，姓氏以及作为象征物的得姓始祖画像对于流动和离散的同姓子孙群体而言，就成为重要的凝聚认同的象征核心。

图 1-1　祖先的换装

　　本研究最初以笔者偶然遇到的 JM 研究会希望再造祖像的事件为开端，这些以"J"为姓的新城市精英，由于姓氏人数稀少而常被误读的共同遭遇，让他们理性地团结在"所有姓 J 的人都是汉武帝时期被赐姓封侯的安道侯 JF 令 JM 的子孙"的集体记忆中。这个以始祖认同团结起来的宗亲会组织，主要活动于广州、深圳等华南大城市，组织的发起人和骨干成员的故乡则大多来自粤桂交界的"讲亻厓"（客家）地区为主。他们是一群在城市化、全球化进程中，从乡村迅速进入城市的新政治精英、经济精英和文化精英，在 21 世纪前后的 30 多年中，流动于城市和乡村之间，并在城乡社会的各种场景中尽可能地整合了政治、经济、文化等各种资源与资本，进行重建祖先崇拜和再造祖先崇拜传统的实践。虽然在当代华南社会的大城市中，人们的日常生活日渐显现被现代化、全球化价值观和生活方式统一的趋势，但是民间社会在文化政策或默许或鼓励的条件下，择时而动，循着社群中幸存下来的片段记忆，再造出许多新的民间传统。这些新传统迅速与日常生活发生连接，甚至通过 JM 研究会的各种文化实践的互动作用，开始影响到区域社会今后的历史记忆建构。从这个传统再造的个案，亦可见到这 30 多年来国家意识形态、文化教育与民间传承，在草根传统与精英传统之间所发生的冲突、互动、出让和妥协，并显现为新一轮的传统再造过程。

笔者最初对传统文化产生兴趣，主要原因是在雕塑艺术专业领域受到当代艺术创作思潮的影响。自 20 世纪 80 年代以来，移居海外的中国艺术家不约而同地开始使用中国传统中的各种视觉元素和文化符号进行艺术创作。有些作品获得国际性的广泛赞誉，并随着国际自由资本的流动，将多元的文化价值观带回国内艺术界，给原来的中国艺术创作领域带来剧烈冲击。国内艺术界对传统文化的消费日渐泛滥，虽然其中不乏精彩之作，但经常会见到对传统文化一知半解或全然误读的作品。在现代美术馆的白盒子空间中，各种传统的碎片因艺术家的作品而碰撞出强烈的文化冲突和混杂，但观众在其中却不得其解。笔者和所有在美术学院工作的艺术创作者和教育者一样，传承的是不过距今一百多年的新文化运动以来的现代教育，所有现代大学学科都面临在"本文化"中传授"异文化"的身份错位①，也使得与本土传统相关的各种问题成为无法回避的挑战。

从再造祖像这个事件中因不同群体所拥有的断裂传统而发生的冲突来看，正是画家与委托者之间，从最初的对立、冲突到后来的出让和妥协，以及委托者内部不同群体间意见的博弈和协商，才让这张看似华丽庄重又古意盎然的新祖像得以生产出来。所以笔者最初试图在艺术史的发展脉络中寻找对这个民间图像的解释路径，但发现障碍重重。第一重障碍是中国传统肖像画自明代以后，逐渐被精英阶层的文人所摒弃，只留下古代艰涩的画论与技法著作，使用现代文献方法很难寻求具有解释力的艺术理论来解读。第二重障碍是明清以降，由民间画师传承的祖像绘画传统，因为摄影术的发明而被取代，人像照片已经逐渐代替了日常生活中丧葬仪式需要使用祖先肖像的功能，因此笔者也很难再通过民间社会中的行业画师来了解个中原委。第三重障碍来自笔者推荐的美术学院画家，其国画工笔人物技法的师承脉络，既受到来自美术学院西方古典艺术体系的影响，又受到新中国成立以来意识形态影响下国画教育方法转变的冲击。因为中国的美术学院自五四新文化运动以来不过百年左右的传统，本身就与民间艺术有着深刻的裂痕。因此，种种限制都让笔者很难从视觉与图像学的角度展开对这张画像的阐释。但是随着后来阅读范围的逐渐扩大，笔者读到一些做跨领域研究的人类学家、艺术史家、文化史家的作品。他们从人类学、考古学、文献学

---

① 这个表述来自周凯模教授关于民族音乐学学科建设访谈的影响。参见周凯模《本土音乐教育与全球文化生态平衡》，《星海音乐学院学报》2003年第1期。

及文化研究的跨学科角度展开对中国传统视觉艺术、民间图像的讨论，比如雷德侯的《万物：中国艺术中的模件化和规模化生产》①、巫鸿的《武梁祠：中国古代画像艺术的思想性》② 和《礼仪中的美术》美术论文集③、柯律格的《明代的图像与视觉性》④ 等新艺术史研究。这些学者展示了更开阔的学术视野，从历史情境与社会现实的视野中去寻找文化与艺术生产的原因和逻辑。这些研究对比只在艺术风格史范围内的作品讨论，显然呈现更多被视觉图像的表面形式所隐匿或忽略的历史信息。这些研究方法更完整地呈现了艺术发生的外在语境与内在动因，尤其是对于失语的、不具有自我阐释能力的古代艺术及民间艺术。这种图像解读需要通过理解图像背后的文化场域来理解，于是笔者也因这样的学术思考进一步确定了希望了解和学习人类学理论与方法的愿望。

记得刚进入中山大学学习视觉人类学时，导师邓启耀谈起他多年在民俗学与人类学领域的研究经历，以及后期在视觉研究上的学术转向时提到，他希望有更多研究者开展用人类学方法解读艺术以外的人类视觉现象和对象的尝试，以及不只将视觉作为一种研究对象，还将其作为一种方法，用来呈现那些文字和语言无法描述的、被忽略及隐藏的人类感知状态。在导师的悉心指导

---

① 雷德侯：《万物：中国艺术中的模件化和规模化生产》，张总等译，党晟校，生活·读书·新知三联书店，2005。

② 巫鸿：《武梁祠：中国古代画像艺术的思想性》，柳扬、岑河译，生活·读书·新知三联书店，2006。

③ 巫鸿：《礼仪中的美术——中国古代美术史文编》，郑岩等译，生活·读书·新知三联书店，2005。

④ 柯律格：《明代的图像与视觉性》，黄晓娟译，北京大学出版社，2011。

下，笔者从"本为非人"①的人类学爱好者，渐渐开始对人类学的"洞察与善意"有所领悟。笔者开始意识到一种可能性，是不是在过去的艺术图像研究中，像祖像这类服务于礼仪功能的民间传统图像，一直在被我们这些"外人"误读，或者完全没有接触到民间文化传统的所有者在建构这类图像时的观念和意图的核心。

另一个吸引笔者走上研究"新传统"问题的社会原因是，过去十多年从事雕塑艺术创作实践中积存的困惑。在中国当下的文化系统中，雕塑家主要为社会提供两种类型的艺术作品，一类是属于艺术家自我表达的，在美术馆中展览交流的展架上的艺术雕塑作品；另一类是属于社会服务性的公共雕塑创作，如由国家和各级地方政府或企业等委托的公共建筑、广场、公园等社会公共空间中的纪念性雕塑、叙事性浮雕和装饰性雕塑。在这些公共雕塑的创作过程中，雕塑家同样会遇到很多与地方社会的历史文化与传统观念相关联的创作难题。这些位于公共空间中的造型和视觉图像，会长久地影响到地方社会中的公共视觉和新历史记忆的形成。在这些公共艺术作品的创作过程中，艺术家大多处于从属地位，通常大部分雕塑家、壁画家等公共艺术工作者，大多只能按照甲方的单向要求完成作品。有些公共艺术品及景观建设项目甚至还沦为一些风水格局中的摆设，成为权力的产物。因此，笔者的研究兴趣逐渐开始从民间传统图像本身，转到了对中国社会近百年来的不同层面传统断裂的状况下传统变迁的理解，并进一

---

① 在中山大学人类学系读博时的课表上，非人类学本科考入人类学系的跨学科研究生们被特殊标注的类别名称。

步追问到底是由什么样的文化机制，再次引发了这一轮从国家到民间社会的"新传统"运动。

简单来说，本研究通过流动于乡村和城市之间的宗亲会组织JM研究会再造祖像的考察，讨论对于百年来经历了新文化运动和社会主义革命之后的当代中国社会，在全球化和急速城市化过程中新一轮的传统再造机制是怎样的，这些"新传统"的出现如何影响了当代华南社会的社会结构和地域文化的形成，什么才是深受国家力量影响的粤西讲亻厓的精英在不同社会场景中进行宗族复兴的深层动力，以及用人类学方法进行关于祖先图像生产的实践研究对其他中国图像的研究具有什么样的理论意义。

第二节　研究回顾与反思

一　图像研究与人类学

自文字被发明以来，文字和文本就作为更抽象准确的符号象征系统代替图像来记录历史和表达叙事。除了与艺术相关的领域，其他领域鲜少在进行认知和表达时采用图像作为主要媒介。不过自20世纪瓦尔堡学派将图像视为文本，进行主题、意义和象征系统上的图像学探索、新艺术史家采用历史学路径将图像作为新的思想史材料、历史学家们发现图像是另一种历史证据以来，学术研究者们越来越意识到除了要关注被视为经典图像的绘画、雕刻等艺术品之外，还要关注大量其他图像的生产实践。多学科对视觉文化的倾斜与关注，带来对图像研究进行更广阔视角的跨学科合作可能。

目前以《图像人类学》（An Anthropology of Images）为名的著作来自德国艺术史家汉斯·贝尔廷（Hans Belting），他在书中就人类的图像制作提出一种人类学理论。他不仅关注艺术史范畴的绘画、雕塑、摄影或摄像的图像形式，还将图像与意象以及身体关联起来——身体被看作"活的媒介"（living medium）的生产，感知以及记忆图像是不同于手工或机械制作的图像。进行图像研究时不仅要将图像还原为具体的材料，还要承认图像作为历史媒介的价值。图像人类学为图像所关涉的内容和功能提供了新的解释。他在这部著作中还讨论了图像与死亡的关系，在追溯从图像生产（包括面具的首次使用）到早期的葬礼形式后发现，图像被用来充当故去的人身体的表征，认为图像对于逝者而言是为了表明"缺席的在场"。①

在中国图像的研究领域，一些民间礼俗图像、宗教图像也开始吸引跨学科学者的关注，在这些研究中都能感觉到人类学视角和方法的影响。拥有人类学和艺术史双博士学位的艺术史家巫鸿自《武梁祠：中国古代画像艺术的思想性》开始，逐渐建立起一种以考古学资料与图像学、历史文献研究相结合的图像解读方法。在该研究中，作者通过对汉代佛教碑刻流行之前一处最重要的石刻祠堂画像遗存的全面描述和图像分析，通过考古资料与历史文献典籍的互相印证，将汉代墓葬习俗、政治观念、社会意识等信息阐释出来，并通过图像解读展现了汉代社会的祖先观念、鬼神信仰、宗教偶像、神授君权等更广阔的历史

---

① Hans Belting. An Anthropology of Images（Princeton：Princeton University Press，2011），p. 11.

图景。①

艺术史家朱青生在其《将军门神起源研究：论误解与成形》中认为，将军门神是中国民间社会基于对门区的实际和心理需要，通过误解前代传统而创造出来的形象物的结果，是由各式不同功能的形象串联、综合、混用而形成的。作者提出一个假设：文化中的传统可能是在人类不变的实际和心理需要中，后人对前人主动误解的结果。②

考古学与艺术史研究者郑岩、汪跃进在他们的《庵上坊——口述、文字和图像》中，以山东安丘一座清代石坊"庵上坊"为调查对象，以图像学方法，结合历史文献和田野访谈资料对一座清代流行起来的建筑样式"贞节牌坊"的隐匿意义，在无名节妇声名的背后，牌坊成为地方社会中夸富和标记权力边界的载体，花团锦簇的装饰图像和庄正严明的匾额题词隐藏着不为人知的族群历史和地域记忆。研究者将这一视觉形象物放至历史语境下，通过石坊上所呈现的艺术语言和象征图式，与访谈获得的造坊传说故事巧妙地穿插在一起，从整体上建构出围绕这一建筑物的社会历史文化信息。③

这些与艺术史相关的研究者大多以历史上流传的图像为研究对象，他们讨论当时社会历史文化环境大多依赖文献和史籍中的资料，然后对那个时代图像背后的思想根源和文化观念进行阐

---

① 巫鸿：《武梁祠：中国古代画像艺术的思想性》，生活·读书·新知三联书店，2006。
② 朱青生：《将军门神起源研究：论误解与成形》，北京大学出版社，1998。
③ 郑岩、汪跃进：《庵上坊——口述、文字和图像》，生活·读书·新知三联书店，2008。

释。这种研究的风险在于所讨论的这些文化的所有者并不能发出声音表达赞同或否认，但是他们的跨学科研究在研究中国历史上流传下来的图像方面具有里程碑意义。

除了艺术史家注意到民间图像中隐藏的思想史意义，历史学家的视角也转向了文化史。他们对历史图像发生了解读兴趣，认为图像是另一种历史证据。彼得·伯克（Peter Burke）在《图像证史》中，通过研究不同类型的图像，探讨各类图像"可见中的不可见性"，认为图像证据对于研究心态史、日常生活史、物质文化史、身体史具有重要作用。除了作为证据，他还讨论了"图像对历史想象产生的影响"，让后人更生动地"想象"过去，参与历史记忆的建构。[①]

历史学者孙江在《连续性与断裂——清末民初历史教科书中的黄帝叙述》中，通过对清末民初教科书中四幅形态各异的黄帝画像以及派生出的若干黄帝图像的考察，从《蒙学中国历史教科书》中头戴冕旒的帝王变化为狩猎部落的酋长，再从《三才图会》中的儒雅明君到《新撰历史教科书》中汉画像砖上引导群氓的仙人形象，描述出具有历史连续性和断裂性的黄帝画像，映照出作为民族主义象征的黄帝话语辐射力的限度。[②]

虽然人类学一直是一个由语词驱动的学科，但是对于人类学者而言，从刚进入田野，首先受到的文化震撼就直接来自各种各样有着巨大文化差异的视觉对象，像寺庙与房屋的装饰、神像与

[①]　彼得·伯克：《图像证史》，杨豫译，北京大学出版社，2008，第3~12页。
[②]　参见孙江《连续性与断裂——清末民初历史教科书中的黄帝叙述》，载王笛主编《时间·空间·书写》，浙江人民出版社，2006，第210~244页。

碑刻、仪式中的礼仪物品、身体上的纹样、服饰和首饰、族谱与科仪书等具有地方性特征的民间图像文本。而人类学者在田野研究过程中，更是常以绘图、摄影和摄像的方式保留调查过程中无法完全用文字叙述的信息，或以绘图方式与调查对象进行交流和互动。

因此，作为对人类的视觉文化进行研究的学术新领域，视觉人类学将其研究的重点聚焦在人类社会的视觉信息及视觉符号、视觉认知、视觉表达、视觉传播、视觉的文化心理或视觉思维等方面。[①] 在视觉人类学视角的图像研究中，研究者们希望讨论视觉与图像除了作为研究工具之外是否还可以成为一种研究客体，尤其是面对田野中的民间图像，要注意到因为图像的多义性、隐喻性和公共性，在其生产过程中除了"无意地"传递历史信息之外，还存在着"有意地"利用图像的形式而非文字的形式来记录和表达地域社会中图像制造者、委托造像者及外人们的社会意识与时代精神，因此，也就需要更多关于图像及其生产的人类学领域的民族志研究作品来进行方法上的讨论。

目前来说，国内在这一边缘领域的耕耘者并不多，有的人类学研究者从静态的历史图像展开研究，如肖海明的《真武图像研究》是近年来较为重要的图像人类学作品。该研究以广东佛山祖庙流传的《真武灵应图册》中的几十幅叙事性图像为基础，运用图像学、文献学、人类学相结合的综合研究方法，讨论了从动物神的玄武到人格化的真武大帝的道教图像系谱的发展变迁。此研究对研究道教与其他民间信仰的文化创造过程，以及探索图像学

---

① 邓启耀：《视觉人类学导论》，中山大学出版社，2013。

与人类学相结合以进行"读图"式研究等，具有启发作用。①

结合历史学和人类学方法的历史人类学近年来成为学界关注的重点。历史人类学研究者也开始尝试用地方社会中的民间文献和史籍展开图像证史的方法讨论，如赵世瑜的《图像如何证史：一幅石刻画所见的清代西南的历史与历史记忆》。通过解读云南楚雄大姚县石羊镇的文庙中一幅道光二十一年制的石刻像，他讲述了清初孙可望部将张虎遇土主显灵而放弃杀戮、李卫过洞庭遇险亦得土主保护的故事，梳理出两个故事的来龙去脉及反映的地方历史。他发现，无论是《封氏节井图》还是《土主显灵图》这样的名称，都无法显示图像背后的真实意义。实际上，这幅石刻画所叙述的是大姚县石羊镇当地井盐业的发展变化过程，以及这个区域在帝国经略西南边陲过程中的意义，同时折射出西南社会进入帝国版图后对当地社会文化造成的影响。而这幅石刻画特殊的历史价值，则在于其反映出"灶商"这一群体的历史记忆及现实欲求。②

作为一种关于图像的人类学研究，图像的生产过程当然是被着力书写的对象。当对图像的研究突破了将图像作为客体的视角，并对图像生产者进行剖析时，我们会发现图像人类学的分析方法会补充图像学、艺术史、历史学对图像材料缺乏主体表述的缺憾。刘冬梅在她的人类学博士学位论文《造像的法度与创造力——西藏昌都嘎玛乡唐卡画师的艺术实践》中，以参与式艺术

---

① 肖明海：《真武图像研究》，文物出版社，2007。
② 赵世瑜：《图像如何证史：一幅石刻画所见的清代西南的历史与历史记忆》，《故宫博物院院刊》2011 年第 2 期。

实践的方式拜唐卡画师为师学画，用了 13 个月的田野调查完成了对藏传佛教唐卡图像生产过程中的度量与法度，以及画师自身个体能动性在图像生产中作用的考察。这种参与式的体验为该研究提供了翔实而多重感官视角的呈现，是近年来艺术田野民族志中很有实践和理论意义的研究。①

当然，图像在大多数时候不只是艺术，还可能是其他可视化的物。就像英国艺术史家柯律格（Craig Clunas）在其《明代的图像与视觉性》中，根据明代因经济领域的繁荣而带来的以奢侈消费品为功能的大量制品图像的出现，将绘画作品和印刷品以及诸如手工艺品等物品上的图像作为整体考察对象，将对艺术史的关注转向对图像史的关注。这个视角更广泛地涵盖了整个"文化制作领域"，强调作为社会事实的视觉图像是如何形成的。②

因此，本研究所强调的，是关于图像的人类学研究，而不是关于艺术的研究。因为，艺术概念的内涵与外延会受到"什么才是艺术"的机制的限制，而图像本身作为研究对象更便于从时间性和地方性的角度展开。就像彼得·伯克在《图像证史》中提示的："比较容易被忽略的是民间图像制作上的两次革命：第一次是从 9 世纪开始的木刻雕版③印刷图像的出现和普及（恰好与中国民间编修印书族谱开始的阶段重合），第二次是 19 和 20 世纪的摄影图像的出现（包括电影和电视），图像的形式都发生了剧烈的变化；印刷术和摄影术带来了图像传播上的一大飞跃，让普

① 刘冬梅：《造像的法度与创造力——西藏昌都嘎玛乡唐卡画师的艺术实践》，民族出版社，2012。

② 柯律格：《明代的图像与视觉性》，黄晓鹃译，北京大学出版社，2011。

③ 郑振铎：《中国古代木刻画史略》，上海书店出版社，2006，第 5 页。

通民众可以看到大量的图像，而图像的复制在事实上增加了它的神圣性；并且在这些民间图像中间，肖像和照片是最为清楚和直接的历史证据。"① 当代社会以数码印刷传播的新媒介革命，意味着第三次图像传播浪潮已经开始；因此，本研究并不是在艺术的概念下讨论祖像，而是更强调将其作为与文字和其他符号系统有差异的图像对象去审视。本研究之所以将再造祖像事件视为图像研究而不是艺术研究，正是因为造像运动的再次兴盛与广泛的传统复兴，以及民间社会再次出现的复杂的礼仪功能图像生产需求相关。在这个意义上，避开讨论"什么才是艺术"的干扰性分析因素，尤其可以帮助我们在这个个案中，将图像的生产机制放到社会整体的文化传统复兴中考察，并将再造祖像作为祖先崇拜及宗族再次复兴的表征来理解。

二　祖像研究

杨庆堃先生在《中国社会中的宗教》一书中曾指出："在某种意义上讲，每个传统的中国家庭都是一个宗教的神坛，保留着祖宗的神位、家庭供奉神明的画像或偶像。"② "祖像"，是指用于丧葬、祭拜礼仪和宗谱记载的祖先图像，在历史上及各地区有不同的名称，帝王家的祖像通常叫作"圣容""御容"，民间的则通常被叫作"影""真容""容像""神子""邈影""喜神""祖影""家堂"等。③ 在传统中国社会，祖像大多作为葬仪和祭仪

---

①　彼得·伯克：《图像证史》，杨豫译，北京大学出版社，2008，第13～16页。
②　杨庆堃：《中国社会中的宗教》，范丽珠等译，上海人民出版社，2007，第31页。
③　吴卫鸣：《明清祖像图式研究》，中国美术学院，2009，第21页。

的核心，通常被视为祖先的化身和象征物，而不被视为艺术家创作的艺术品。虽然几乎在整个 20 世纪，宗族作为落后、消极的文化而受到批判，不过直到 60 年代才完全失去存在的合法性。与宗族活动相关的祠堂、祖墓等空间构建物被严重摧毁和破坏，而与宗族组织、制度、文化相关的族谱、神主、祖像等物品则以各种方式被部分销毁或藏匿起来。从民国时期开始，就有很多无主的祖像被毁或者流散进各种古玩字画市场，甚至被殖民者视为具有异国情调的东方古代肖像画，流传到海外的博物馆或艺术收藏家手中。画像中描绘的承载孝道、福佑子孙、凝聚认同的祖先，变成了艺术收藏家和投资客眼中的具有审美和商业价值的古代陌生人画像。

除了有一些流散在子孙族人和收藏系统中以独立的卷轴和镜框装裱形式存在的祖像，更多的祖像存在于民间遗存的族谱中。目前看来，以木刻版画印刷品或影印形式流传的祖先图像在民间较容易见到。随着 20 世纪 80 年代以来各种不同形态的宗族复兴和联宗运动①的兴起，修谱、建祠、联宗、建立宗亲会等宗族活动越来越多地出现，民间社会似乎又进入新一轮再造祖先崇拜传统的时代。祖像再次进入现实的社会历史文化语境中，也带来了活化并研究历史上这类静态图像的可能性。笔者因为偶然的机遇介入再造祖像事件中，经历了从被委托绘制画像的局内人到人类学田野观察研究者的局外人的身份转变。本研究通过深描一个当代华南宗亲会性质的 JM 研究会再造祖像的社会历史文化事件，

---

① 钱杭：《中国当代宗族的重建与重建环境》，《中国社会科学季刊》（香港）1994 年第一卷。

抽丝剥茧地呈现这些子孙们如何将记忆、想象、仪式象征中的祖先，建构为一个具体的貌似有血有肉形象的人物，以及这个具象的祖先如何以绘画甚至雕塑的视觉图像形式，进入当代社会的历史记忆和地域文化的建构过程。通过这个当代祖像的发明过程，笔者试图探讨在华南社会文化变迁的大背景下新文化传统再造与发明的过程，以及少子化、老龄化、空壳化后的现代中国社会将如何应对祖先与子孙一体的祖先信仰传统的发展与命运。

作为祖先如在的象征，祖像往往需要拥有非常具体的服饰和妆容，加上逼真的道具细节，在符合社会身份、礼制和祭祀的庄严感要求下，人物表情和生动感往往被忽略和放弃。因此，在艺术研究领域，艺术史家大多只能参考同时期的文人画家或著名的官方画家的技法流派和风格流变来解释这类画像。不过，对历史遗存的祖像这类偶像式图像的关注，目前在国内外历史学、艺术史、人类学、民俗学等领域的研究中，已经有学者开始从不同角度进行探索，并提出了一些见解。

1. 关于祖像的起源、功能与社会历史的关系

艺术史家司美茵（Jan Stuart）曾经是华盛顿赛克勒艺术馆中国美术部的研究员，她当时以赛克勒艺术馆收藏的一批明代以后的御容像和祖像为研究对象，写作了《追述祖先的身影——美国赛克勒艺术馆藏中国影像初探》一文，文章收录在社会史学家 Evelyn S. Rawski 编辑的 "*Worshiping the Ancestor: Chinese Commemorative Portraits*"（《崇拜祖先：中国的纪念肖像》）一书中。她提出了关于民间和博物馆收藏的这类图像的真伪问题，但是她的研究对象中有一些因年代久远老化而被重绘的作品，还有 20 世纪 30 年代前后因西方藏家的热捧而被民间画家仿制的作品。

这个研究为祖像的辨识、研究和收藏带来提示，她认为这些图像的历史作用日渐重要，对于中国图像，要结合历史学、人类学和宗教学来解读。①

英国艺术史家杰西卡·罗森（Jessica Rawson）在她的《万历皇帝画像的载体作用》中根据定陵出土的明神宗万历的御容像，讨论了阿尔弗雷德·杰尔（Alfred Gell）在《艺术与载体：一个人类学理论》中所提出的图像作为载体的功能作用。② 虽然她认为祖像与塑像的历史起源于宋代的判断过于轻率，但是她认为祖像绘制中艺术家的功能并不重要，并且认为在讨论一件人工绘制品与世界的关系时将其划分为三个层次——物质表现、社会结构和一套信仰基础——是非常有价值的；这个复杂结构更能使祭祀画像作为载体的信仰根源明朗化。③

柯律格在《明代的图像与视觉性》中，专门用一章讨论来明代的话语系统将天、地、人三才的观念作为一个整体来构建当时的视觉世界。天主要为星象图，地为风水图、舆图和园景图，而人则是指出于佚名画师的肖像画，这里面有一大类是祖先肖像。作者通过明代小说《醒世姻缘传》中晁源为亡父造像的例子，说明了祖像中所绘制的是一种"社会性躯体"，所以具有礼仪意义的招摇的衣饰比面部特征更重要。小说中还提到，画师因此拣选

---

① 司美茵：《追述祖先的身影——美国赛克勒艺术馆藏中国影像初探》，戴鸿文、戴立强译，《文物世界》2002 年第 2 期。

② Alfred Gell, *Art and Agency: An Anthropological Theory* (Oxford: Clarendon, 1998).

③ 杰西卡·罗森：《万历皇帝画像的载体作用》，邓菲、黄洋、吴晓筠译，载《祖先与永恒：杰西卡·罗森中国考古艺术文集》，生活·读书·新知三联书店，2011，第 485～500 页。

了文昌帝君的粉本作为参照而制作了这位老先生的画像，并画上了亡者从未带过的金冠。在人物雕像那一节中，作者提到明代朝廷利用权力支持文字，反对图像，摧毁了所有城隍像和孔子先师像，取而代之的是写有头衔的牌位。[①]

2. 关于祖像的类型、形式与风格

在大陆和港台地区，饶宗颐、姜伯勤等学者对敦煌出土的邈真赞及其画师进行研究。《敦煌艺术宗教与礼乐文明》一书中有"敦煌的写真邈真与肖像艺术"一章，讨论了唐代至宋代邈真像的情况。这些学者认为这些高僧图像对后来祖像的图式形成影响很大。[②]

吴卫鸣的《民间祖像图式研究》是在美术史视角下写作的一篇论文，作者主要从绘制这类图像的创作者——画家的角度讨论祖像的风格、地域类型和图式特点。文中对祖像图式类型与相关的社会基础关系做了很细致的分析，并对应中国绘画史上的同期风格和肖像画的画史画论中的描述进行了解读，使得对祖像的图像解读达到了一定深度；尤其是他提出并找到了明末清初"男从女不从，生从死不从"这种社会历史事实在清代祖像中的证据，是将历史研究与图像研究有机结合的典型，将对祖像的研究推进到文化层面进行解读非常有意义，该研究主要是根据地域绘画风格的差异来对祖像进行分类。[③]

3. 关于祖像、祖先崇拜与宗族研究

在祖像与祖先崇拜以及宗族的关系讨论上，一些学者通过田

---

① 柯律格：《明代的图像与视觉性》，黄晓鹃译，北京大学出版社，2011，第77～133页。
② 饶宗颐、姜伯勤：《敦煌艺术宗教与礼乐文明》，中国社会科学出版社，1996。
③ 吴卫鸣：《民间祖像图式研究》，博士学位论文，中国美术学院，2009。

野案例或者历史材料，提出了关于祖像对于祖先崇拜的仪式功能，以及在宗族组织的建构、表达和传承方面的作用。

历史学者刘永华在《明清时期华南地区的祖像崇拜习俗》中，就祖像崇拜习俗的历史、形成机制、崇拜仪式等社会历史因素进行了梳理，并就传统社会中的士大夫群体对祖像崇拜的争议进行了讨论，描述了宋代以来士大夫对于图像与祖先之间的真实性和差异性争论的生动历史情景。[1] 此论文对本研究很有启发。

在美国，社会史学家伊佩霞（Patricia Buckley Ebrey）对宋代御容像的崇拜和仪式进行了讨论。[2] 人类学家 Eugene Cooper 在论文 Zuzong Hua：Ancestral Portraits as a Resource in Chinese Genealogical Research 中根据 1998 年在浙江兰溪发现的一批祖像，通过田野调查当地的亲属关系和婚俗习惯，讨论了祖像在重建谱系关系上的作用。[3]

王光在《最后的祭坛——北宁佟氏家族"供影"祭祖习俗调查》中，梳理了当代东北地区的满族受到宗族庶民化的影响而产生的祖像崇拜习俗。[4] 刁统菊、孙金奉、李久安的田野调查报告《节日里的宗族——山东莱芜七月十五请家堂仪式考察》，描述了

① 刘永华：《明清时期华南地区的祖像崇拜习俗》，载刘钊、王日根、钞晓《厦大史学》（第二辑），厦门大学出版社，2006，第181～197页。

② Patricia Buckley Ebrey, Portrait Sculpture in Imperial Ancestral Rites in Song China [J]. Toung Pao, 83. 1997：42–92.

③ Eugene Cooper, "Zuzong Hua：Ancestral Portraits as a Resource in Chinese Genealogical Research"，参见沙其敏、钱正民编《中国族谱与地方志研究》，上海科学技术文献出版社，2003，第80～89页。

④ 王光：《最后的祭坛——北宁佟氏家族"供影"祭祖习俗调查》，《民俗研究》1998年第1期，第30～36页。

山东莱芜地区在七月十五请家堂祭祖的仪式，强调家堂画在当地社会中对宗族的建构、组织和传承方面的作用。①

从以上研究可以看到，无论是人类学、艺术史还是文化研究领域的图像研究，在多学科交叉的视角下围绕图像研究本身已探索出一些很有价值的分析和解释框架，并通过考古资料、历史典籍、宗教文献、民间文献与传说以及田野访谈将这些图像还原至其相应的社会历史文化语境中，将中国图像的研究领域扩展至文化的、历史的、哲学观的研究层面，并不断追溯图像起源以及其作为各种媒介过程中所携带的信息传递和转译等问题。这些对于我们解读庞大的中国历史图像体系而言是弥足珍贵的经验。不过，对于中国图像还有很多未探索的领域等待研究，本研究试图在以下几个角度通过个案来说明对祖先图像研究的思考。

首先，上述很多研究的大多集中在静态的历史图像解读和分析讨论层面，对于当下中国社会继续发生发展的民间社会新生产出来的图像还较少关注。本研究尝试探索一种以共时性的田野材料与历史文献和图像学解读对应的方式，来进行关于民间图像的动态解读，将创作者、使用者和崇拜者等各种力量对图像的生产机制、功能作用与传承发展的交互作用作为一种思考路径与研究入口。

其次，本研究将对偶像崇拜在祖先崇拜以及其他民间信仰中的作用做较深入的探讨。偶像类图像作为一种动态的物，其生命史的始终与其所在的不同社会文化语境的变化有密切关系。一个

① 刁统菊、孙金奉、李久安：《节日里的宗族——山东莱芜七月十五请家堂仪式考察》，《民俗研究》2010年第4期，第203~219页。

偶像为什么会被生产，又为什么会被放弃而变为记忆的碎片？图像、口述与文字在偶像的表述和叙事上的差异会对这些信仰系统产生哪些影响？

最后，笔者还希望在这个田野个案中讨论像赞的作用。中国的绘画艺术与西方艺术有一个显著差异，就是书画同源。而自宋代以后，绘画上的题款也让文字直接成为绘画的一个部分。在祖像的图式中，一个不能忽视的结构就是像赞的存在，几乎可以说，没有像赞的存在就不可能构成完整的祖像。而用于庙堂中供奉敬拜的偶像与神像，往往在周围的神性空间中，一定会有对联或神主牌上的文字叙述。这在过去的中国绘画艺术研究中对文字与图像共存的关系展开的探讨并不充分。在中国人创造的艺术形式中，文字除了本身以书法的形式成为艺术外，文字与图像之间的关系在中国绘画中到底是怎样混融与呼应的？这种牢固的文字依赖以民间礼仪图像来作为案例进行深入解读，是否可以成为一个突破口？

当然，如果我们要以对文化的整体观察和从历史视野中讨论这一轮传统复兴内在的动因和过程，就必须考察20世纪80年代以后再造祖先认同的行动主体——拥有祖先观念的子孙们。

三 重入场域的祖像：宗族复兴与联宗运动

在艺术史领域中对祖先图像的解读存在困难，往往是因为图像原来所处场域的缺失，即使是系谱清晰的御容像系统，也依然无法找到关于图像描绘过程的记叙，尤其是图像取舍定型过程中发生过的改变与调整的过程及依据。笔者因父母双方的家族属于相对较早完成城市化过程的人群，笔者的祖父和外祖父母由于参加了 20 世纪前半叶的革命，两个家族在 1949 年时就彻底实现了城市化，因此笔者的曾祖母也跟随祖父祖母居住在广州，并在城里去世。他们将老家的房子转让给族里的亲戚以后，再也没有回过他们的故乡。笔者从来没有去过他们描述的故乡。除了 20 世纪 90 年代时听父亲说起老家编修族谱时的来信，父亲说也将我们家的资料登记上去，但寻根问祖已经很难成为我们主动去连接故乡的理由。在我们的日常生活中，人群之间的业缘联系、趣缘联系都远远超过了地缘和血缘联系。但是对于同样已经不同程度地接受城市化改变的研究会成员们，为什么在拥有参与各种地域性商会和行业协会组织的机会以外，还需要建立一个基于始祖认同的宗亲会组织呢？这个组织为他们带来了什么样的现实意义？祖先与他们的关系是如何建构出来的？这些都让笔者不得不将目光投向他们的出生地，那个与他们还有着千丝万缕联系的故乡以及粤西村落社会中的宗族。

1. 祖先崇拜与宗族复兴

虽然 JM 研究会这类宗亲会组织并不是血缘与地缘意义上的地域宗族，但在同姓团结的行为过程中依然使用了类似的祖先崇拜观念。在这个意义上，如果要理解这个宗亲会组织恐怕还是要将其视为拟制的宗族，因此，并不应该将宗亲会的出现与改革开放后兴起的乡村宗族复兴完全割裂来对待。尤其是，粤西讲亻厓话的 J 姓子孙，他们有一条从乡村宗族复兴到城市中同姓宗亲相遇然后才团结为集团的路径，因此，在本研究中依然把这个宗亲会组织的行为放置在宗族复兴的社会变迁背景中一起考察。

很多研究都表明，自新中国成立到改革开放前，在民间社会中宗族被消灭的可能只是外在的物质文化形态，如祠堂、族谱、祖墓、神主。这一轮的宗族复兴并不是简单的重生与再现，而是基于文化传统"深层结构"的存在以及在现实社会生活中的功能需求。这种观点以美国人类学家波特夫妇为代表。他们认为，传统宗族的深层结构并未被破坏，复兴再造的宗族集体是从未曾被破坏的亲属关系的模式上发展出来的。① 但是汉族宗族之所以存在，及对于这种深层结构的理解，其他学者们还有不同的观点。钱杭认为宗族是汉人社会的"本体性需求"。② 而郭于华使用"亲缘关系"来解释宗族长期存在并在特定时期复兴的原因，他认为亲缘关系是一种生物性关系，也是一种社会关系，作为一种结构形式或象征体系无所不在，一旦国家政策放宽松，宗族组织就会趁势填补乡村社会调控的"真空"，成为满足农民群体归属需求的替代品。③ 张小军认为，重要的不是宗族的深层结构，而是乡村社会中长期存在的"公"的概念，"公"的概念才是中国社会的深层结构。④ 而持功能需求论的学者则认为，乡村宗族的强化，其原因在于村民理性地选择了血缘关系与家族作为他们自身实现利益的手段。王铭铭根据福建沿海三个村落的田野调查，详细分析了农村互助关系的复兴对血缘家族势力的强化作用。⑤

---

① Potter S. and J. Potter, *China's Peasants* (Cambridge: Cambridge University Press, 1991).

② 钱杭：《中国当代宗族的重建与重建环境》，《中国社会科学季刊》（香港）1994 年第一卷。

③ 郭于华：《农村现代化进程中的亲缘关系》，《社会学研究》1994 年第 6 期，第 49～58 页。

④ 张小军：《阳村土改中的阶级划分和象征资本》，《中国乡村研究》（第二辑），商务印书馆，2003，第 123 页。

⑤ 王铭铭：《溪村家族——社区史、仪式与地方政治》，贵州人民出版社，2004。

其他持功能需求论的学者也发现，作为农村互助关系网络的基本组成部分，宗族在农村企业争取资源和经营管理方面仍发挥着重要作用，但是这类观点都无法解释清楚功能需求论是宗族复兴的原因还是结果。

综上所述，学术界对宗族复兴现象各种状况的研究，形成的普遍看法是，这一轮的宗族复兴并非原有宗族的简单回归。复兴的宗族无论是在组织形式上还是在功能上都发生了巨大的变化，族产、族谱、祠堂和祖坟等外在形式不再是宗族存在的必要条件，人们更关注现实中再造的宗族实际存在的状态和功能。麻国庆以闽北地区的田野调查为依据，指出改革开放后的宗族组织，一方面是对固有宗族传统及其文化仪式的复制，另一方面是"创新"和"生产"。[1] 曾国华指出，赣南和粤东的宗族一直没有消亡，乡村社会中的利益关系和权力结构都在，物质形态除了祖先牌位以外，红白喜事依然在祠堂中举行。他通过田野调查说明，宗族组织与新时期经济活动的相互关系是如何组合与适应的。[2] 周大鸣、高崇在对南景村的研究中也反映出宗族对现代化的适应问题。[3] 贺雪峰通过对农村社区中宗族的研究得出，宗族不会因为经济变迁和现代化而消失，而且宗族复兴恰恰说明了中国社会在现代化进程中民间社会一直隐匿的自我组织、自我管理能力。[4]

[1] 麻国庆：《宗族的复兴与人群结合——以闽北樟湖镇的田野调查为中心》，《社会学研究》2000年第6期，第78~86页。
[2] 曾国华：《宗族组织与乡村权力结构——赣南和粤东两个村镇个案的研究》，《思想战线》2004年第1期，第118~123页。
[3] 周大鸣、高崇：《当代华南的宗族与社会》，黑龙江人民出版社，2003。
[4] 贺雪峰：《新乡土中国》，广西师范大学出版社，2003，第52~75页。

景军通过对大川孔庙重建这一事件的研究，对孔庙重修前后的历史事件进行了细致描述，运用"社会记忆"理论，指出文化是一系列适应环境变迁的发明和创造，这种发明的基础正是对过去的历史、权力和记忆的构建与理解。[1] 周建新将"过程－事件"的社会学方法引入文化分析的视野，认为过去的宗族复兴研究主要关注国家与农民的权利、社会关系等互动关系，更注重技术本身而不是人的主体，而对宗族、风俗、族群、信仰等地方文化缺乏系统性的整理。[2] 这些研究侧重社会切片的共时性层面，忽略了事件的行动主体及知识文化体系的历时性分析，以及对事件过程的文化实践及社会意义的研究。

范可从闽南宗族再造的案例中观察到，在全球化影响和国内改革开放进入深化阶段时，作为一种观念的宗族是如何表现的，它又是如何以团体的身份斡旋在全球化浪潮刺激下而出现的急剧变迁之中的。范可认为，任何形式的地方"文化"或"传统"的振兴和复兴运动在今天已很难说具有任何形式的抵抗意义。而地方社会中民间传统的振兴，从内在看其实是拥抱全球化的一种理性选择或另类表达。[3]

除了对乡村宗族的关注，越来越多的学者也开始留意到，此轮宗族复兴对更大范围的城市社会也产生了影响。随着农村居民开始大规模进入城市，城乡家庭结构也发生了巨大变化。在男性子孙由

① 景军：《神堂记忆》，福建教育出版社，2013。
② 周建新：《动荡的围龙屋——一个客家宗族的城市化遭遇与文化抗争》，中国社会科学出版社，2006。
③ 范可：《旧有的关怀、新的课题：全球化时代里的宗族组织》，《开放时代》2006 年第 2 期，第 81~98 页。

于人口流动等日渐减少或缺失的情况下，宗族这种基于父系世系关系建立的人群结合方式会消失还是会去寻找另外的替代品？他们如何处理自己与祖先的关系、如何跨越地理的限制来保证祖先的福荫继续庇佑自己？他们如何利用祖先认同在异乡建构起新的组织及其依据？这些问题的展开必然要涉及对联宗现象的研究。

2. 联宗与宗亲会

其实在联宗问题上，国内外学者也早已在 20 世纪后期开始了研究工作。较早取得突破的是日本学者牧野巽（1905～1974，早稻田大学文学部），基于他日据时期（1940 年末至 1941 年初）在广东和福建的田野考察，认为"合族"就是一种联宗现象，合族与普通宗族有着本质上的差异，因为联宗组织"彻底地拟制"了具有血缘关系的宗族。他还将合族看作一种客观存在的"广泛的社会联系"，并将之视为"理解中国社会"的必要途径。① 莫里斯·弗里德曼在《中国东南的宗族组织》中研究华南地区宗族的类型与功能时，也曾关注过联宗活动和联宗组织。他用人类学功能主义的传统去研究中国的宗族组织，从族产的角度来看地方上的宗族其实是个控产机构，地方宗族可以互相联系，建立起超越村落或小型地方社会的宗族联合组织。他使用 Lineage 而不是 Clan 来界定地方性宗族，并把这种继嗣群体区分为地域世系群（localized lineage）、分散性世系群（dispersed lineage）和上位世系群或高层级宗族（higher-order lineage）。弗里德曼将这种由众多宗族集合而成的联合体称为 higher-order lineage（上位世系群或

① 牧野巽：《中国的合族祠与合族谱（之二）——以苏氏武功书院世谱为例》，《牧野巽著作集（六）》，御茶水书房，1985。

高层级宗族），并指出联宗组织"虽然构成为一个统一体，但在组织上各小集团是分散的；他们虽然在历史上——至少在系谱上——联结在一起，但与各自独立的诸世系群间的联结网络不同"①。Higher-order lineage 提供了一套分析联宗的方法，而不是具体的结论，这个概念被后来的不少研究宗族联合的学者所沿用。施坚雅主编的《中华帝国晚期城市》中收录了休·D. R. 贝克的《传统城市里的大家族：以清代常州为中心》，该文中提到了清代城市内扩大家族的样式，尤其是在当时的广州的确存在同宗组织。他认为这些同宗组织成立的目的是自我炫耀，并且同宗活动的共同因素似乎都有名流参加，是为缙绅以及宗族成员的领导人服务的。同宗集中了社会名流，并为众多社会活动的基础——个人接触提供方便，而编写家谱的活动更多地增加了有关人士直接见面的机会。不过，他也说到清代的同宗组织因为并不方便国家的管理，并可能会成为对朝廷官员施加压力的集团，所以也受到了清政府的打压和冷遇。②

郑振满在《明清福建家族组织与社会变迁》一书中提到，明清时期福建各地的散居宗族是一种"合同式宗族"。这些族人之间既不存在共同的地缘关系，也不具备可靠的继嗣关系，也就是说，血缘和地缘关系只具有象征的意义，只有利益关系是联结族人必不可少的纽带。在商品化程度较高、社会流动性较大的环境中，血缘和地缘关系都不足以构成宗族组织的现实基础，合同式

---

① 莫里斯·弗里德曼：《中国东南的宗族组织》，刘晓春译，上海人民出版社，2000。

② 施坚雅主编《中华帝国晚期城市》，叶光庭、徐自立、王嗣均、徐松年、马裕祥、王文源译，中华书局，2000。

宗族作为一种互利性组织才会得到普遍发展。① 濑川昌久在对东南亚和中国的田野考察之后，对华南地区的宗族联宗活动进行了系统的研究。其在著作《族谱：华南汉族的宗族·风水·移居》中，通过对三个清代联宗祠的研究，发现这类联宗组织的内部结构具有三个特征：无侧旁系世系联系、等级高下与系谱地位无关、地缘性的利益趋同。②

　　钱杭在《血缘与地缘之间——中国历史上的联宗与联宗组织》中认为，历史上将同姓联合这种联宗组织的性质介于血缘与地缘之间。共同世系不构成联宗的主要条件，并且对于世系的可有可无，是区别联宗组织与传统宗族组织的关键。他还提到，从唐末至五代前后应该就有了类似的现象，但明中后期以后直至近现代，联宗逐渐在乡村社会呈现普及和扩大的态势。联宗的目的在于历史认同感和整合地域社会。③ 麻国庆在《永远的家——传统惯性与社会结合》中提到，联宗和同姓团体通常在祖先的张力下，不断建构着新的社会结合关系，对祖先的祭祀和认同成为同姓团体组织延续的重要基础。他用罗巴德所说的"记忆的共同体"来解释同姓团体，并将之放置于中国社会大变动的历史过程中来思考，他发现了集合的、社会的记忆在不同的政治、社会、经济背景下，被抑制、被恢复和被唤醒甚至被创造的过程。④

---

① 郑振满：《明清福建家族组织与社会变迁》，中国人民大学出版社，2012。

② 濑川昌久：《族谱：华南汉族的宗族·风水·移居》，钱杭译，上海书店出版社，1999。

③ 钱杭：《血缘与地缘之间——中国历史上的联宗与联宗组织》，上海社会科学院出版社，2001。

④ 麻国庆：《永远的家——传统惯性与社会结合》，北京大学出版社，2009。

黄海妍在《在城市与乡村之间：清代以来广州合族祠研究》中提到，清代广州的合族祠具有复杂性和多样性，在合族祠的建立和日常运作中，绅士和商人起到了重要的作用。这个时期的合族祠从深层结构上来看更像是在城市中建立起来的跨地域的同姓绅士联盟，绅士们不断调整所使用的宗族话语，努力使这种超越血缘与地缘关系的组织尽量合乎正统规范。[1] 科大卫在《皇帝与祖宗：华南的国家与宗族》中沿用弗里德曼的高层级宗族的概念，提到清代广州的高层级宗族将源于同一祖先的信仰结合到宗族财产的管理中。有祠堂、有族产的高层级宗族，其成员身份必须建立在一种正式关系上。当时清政府的政策还鼓励小户附寄到大的宗族里，以便登记赋税，成为同一个纳税单位，这也成为当时高层级宗族盛行的原因之一。从清朝初年到18世纪，合族祠的建立开始蔚然成风。这些位于广州的祠堂除了成为祭祀共同始祖的地点，也成为族人在广州的旅馆，尤其为赴广州应试的族中子弟提供了住宿。所以，珠三角的许多氏族都希望在省城广州拥有一座光彩夺目的合族祠，这成为当时广为人们所接受的身份象征。[2] 钱杭使用"前宗族时代"和"后宗族时代"的概念来对历史上尤其是明清以后到现在继续发展的联宗现象进行了分析。[3] 中国明清以来直至近现代社会中广泛发生的联宗活动以及因此形成的联宗组织，已开始出现了"后宗族时代"的某些特征。在很

---

① 黄海妍：《在城市与乡村之间：清代以来广州合族祠研究》，生活·读书·新知三联书店，2008。

② 科大卫：《皇帝与祖宗：华南的国家与宗族》，卜永坚译，江苏人民出版社，2009。

③ 钱杭：《"族"与"前宗族时代"——兼论"宗族"概念的二元结构》，《上海师范大学学报》（哲学社会科学版）2009年第5期。

长的一段时间内，集中于特定时间和地域中的联宗活动对传统文化的激活、转型，对地域社会的形成、运作，对民间生活的组织、活跃，发挥了重要作用。①

从研究对象上看，宗族复兴研究已取得丰硕成果，学者们的上述发现对于本书的研究有重要的借鉴意义。但是，在宗族理论的研究上笔者不是强项，不过笔者认为这个在城市和乡村之间流动的同姓组织再造祖像的案例，依然可以为宗族再造研究补充一些未曾关注的角度。尤其是，对于从乡村流动到城市的新精英移民的宗族观念和实践的研究较少，对于城市社区里的宗族研究也较少，目前的研究一般集中在城中村或正在被城市化的乡村社区。这对于宗族复兴的动态研究而言是欠缺的。这一轮的联宗运动与城市化、全球化的发展密切相关。随着少子化的人口趋势，以父系世系为原则的组织与观念形式的宗族是会消失还是会以一种现代性的面貌呈现，本研究也许可以提供一个民族志案例来讨论在城市化进程中，处于流动和离散状态的子孙们如何用一种象征性的物的建构来试图达到复兴宗族观念的行动。

第三节　理论视角的选择：传统再造

一　主客位研究

本研究的问题起点是"为什么会在 21 世纪的头十年，全球化与急速城市化时期的华南社会中会出现再造祖像事件"，延展

---

① 钱杭：《论"后宗族形态"》，《中国农业大学学报》（社会科学版）2011 年第 4 期。

到在历史和现实中"对于中国人来说，祖先到底意味着什么"以及"在这种状况下为什么选择为祖先画（立）像的象征性行为"等问题。通过较长时期的多点田野调查，这个研究的展开将涉及图像学、多点民族志、文献研究等多种方法。为了从庞杂而多层次的材料中寻找可串联所有信息的脉络，在民族志书写的过程中，笔者选择将关于祖先 JM 认同的新传统建构作为线索，将从 JM 被子孙们从模糊的历史记忆中发现及拣选，到被 J 氏子孙认同为共同始祖，以及在现在的社会历史时期中又如何被再次及持续发明的过程作为民族志故事的脉络。而对 JM 像的图像文本进行的图像学解读，尤其是对图像生产过程中发生争执和反复修改的内容中所包含的不同文化观念之间的博弈的讨论，为的是尽可能详细地描述 JM 研究会的骨干们如何将家族记忆中的祖先发明为一个"社会化躯体"的过程描述出来，并在描述的过程中将图像背后的地域社会的文化信息组织起来，将 J 氏家族的"祖先文化"再造作为一个整体观察对象来考察。

在这个研究过程中，笔者经历了从主位的 JM 像的制造者，到客位的 JM 文化再造的观察者的身份转变，逐渐意识到对于这个族群而言，J 氏家族不只是在这个时期才开始"发明"祖先。关于祖先的想象及其相关的各种载体，说明祖先在乡土社会中早已被创造出来。J 氏子孙在文本、仪式、节日和空间中不断创造出可以唤起记忆的载体，来折射和编织他们自己的身份，甚至在时间的范围上，也许从宋代允许非贵族的官绅家族编修族谱时，就已经开始了建构始祖的尝试。但是在抽象的文字和虔诚的仪式认同中，因为信仰的存在而发明的痕迹被自动忽略，并演变为历史传统的一个组成部分。也许这是另一个以当代图像生产的证据为视角，通过现代的祖先被发明的案例来解读其被掩藏的历史原因的机会。祖像只是这个同姓组织在不同历史时期使用祖先作为话语和身份表达的载体的方式之一，笔者介入的时间点不过是他们在过去的基础上，试图在更大的地理空间开始与地方、社会、国家层面对话的阶段。

图像研究虽然受到了图像学、新艺术史和新文化史学者的关注，但是祖像并不完全等同于普通的民间图像，而是与祖先信仰密切相关，在中国汉人社会中具有其特殊的神圣性。那么，这种神圣性是如何被加诸祖像中的呢？要回答这一问题，仅靠"视觉主义"对图像编码和符号象征的分析都还不能完全解读，而是不仅要对祖像图式的来源和成因做历史来源上的分析和解释，还需要从再造祖像的行动主体——子孙们的角度来体悟和衡量。对于 JM 研究会的 J 姓子孙们而言，新修祖像在重建祖先认同的宗族复兴实践中具有以下几重意义。

首先，祖像坐实了重构的祖先记忆，成为与国家和地方社会对话的物质性媒介，同时获得相应的身份建构和象征资本。民间社会宗族再造与联宗运动的再次兴起，反映了当下社会边缘与中心、地方与国家、小传统与大传统之间的微妙互动关系。本研究中这幅祖像中的主人公 JM，如何被子孙们从历史记忆中拣选和从群体想象中建构出来；当仪式象征和文字书写的展演还不足够为子孙们带来明确的身份和意义时，他们如何根据现有的社会资源进行了祖先及其形象的再发明，以获得和社会、国家对话的可能性。JM 研究会的流动性特征也决定了，再造的祖像会再次成为形成认同过程中象征系统的焦点。

其次，新修 JM 像成为 J 氏子孙时代精神面貌的表征，作为一个长久以来的小姓，其貌豪雄的祖先让他们在申述自己的姓氏时，有了具体的象征物为证。祖先崇拜的象征物从"尸"到"像"，到"神主"，再到"像"的过程，是祖先崇拜观念在不同社会历史时期的社会意识变化的集中体现。从上古时期的"立尸"制度，到春秋战国时期"尸礼废，像事兴"，[①] 再到"神主"的出现，以及不同时期造像运动的兴起，从象征物的角度反映出了祖先崇拜这个中国文化中最根深蒂固的信仰观念是如何发展、变化和适应不同历史时期的社会生活需求的。民间社会对祖先文化的不同表征形式，也显示出民间社会如何利用祖先信仰在与国家话语的对话过程中建构不同特色的地域社会的过程。

再次，再造祖像的结果统一了各地 J 姓不同的历史记忆，而出身粤西的 J 姓子孙通过统一图像的权利获得在族群内部变为正宗的话语权。祖像的建构对于族群历史记忆的再生产具有重要意义。在这幅祖像诞生的争论与波折中，画像的作者显然是这群 JM 研究会的骨干而不是艺术家，图像文本中的符号与修辞方式凝结了子孙们希望赋予祖先的社会意识与文化心理。在这个祖先长得像子孙的悖论中，祖先再次进入了新的历史记忆中，祖先因为与子孙的一体同在而获得了更久远的流传。

最后，新修 JM 像是一幅在社会群体的互动关系中产生的艺术品，在多种力量的互相博弈与妥协中产生了一种新的图像叙事，并成为这一群体的新传统。在这种新传统的发明机制中，主要的力量既有来自国家层面的意识形态与政策导向，还有一层不

---

① 张道一：《中国肖像画漫谈》，《汉声杂志》1994 年第 63、64 期，第 51～134 页。

能忽视的植根于乡土且脉络绵长的力量，这来源于地方社会中的一直未曾彻底消失的民间信仰与观念。

跟随 J 姓子孙的目光展开对祖先图像的理解，可以发现，祖先认同象征物建构的背后折射出的是另一"地方"的宗族复兴过程中的实践，即在当代城市乡村互相影响的社会现实中，行动者不仅仅针对制度、观念、意识形态或组织方式进行复兴的尝试，有些时候宗族复兴的表达还通过象征物来呈现，如建祠堂、修谱、画像。不过对于在城乡中流动的祖先认同群体而言，建祠堂不是一件可以立刻实行的行为且祠堂不便于移动，编修族谱也非易事，需要统一各地关于世系的不同记忆且对于现代人过于深奥难以传播，而画像和雕像等图像符号更适合信息社会中进行祖先文化的传播。作为象征物的祖像展演了一个想象和记忆中被拣选的共同始祖的存在，以及如何成为凝聚子孙认同的具体的人物形象，并继续演变为地方社会中的历史名人。这种从家族的、宗族的文化演变为地方、社会公共的地域文化新传统，是如何与过去的祖先信仰衔接起来的？当下民间社会对国家的理解和想象，在宗族再造的过程中起到什么样的作用？在讨论宗族复兴时，之前的研究多强调研究对象内部的男性的社会权力话语对宗族的影响，较少关注在宗族组织中实际发生作用的女性成员和外人（专家、画家）对祖先想象和认同的作用，在这一轮的宗族复兴和再造传统的浪潮中，宗族外的人显然发挥了比过去更重要的作用。

二　传统的发明与再造

关于"传统"的延续、复兴、再造与发明的研究，是社会科学的一个重要领域，也是人类学主要关心的问题。其中，社会人类学对于"传统"的复兴和再造这一社会文化现象进行把握，主要是指与过去历史上静态的时间概念中的传统相对比，人类学研究者更为关注动态变化过程中所创造出来的"集团的记忆"。①虽然华南社会的形成与不断地移民与开发有很大关系，但是 2000 多年来，流传到岭南的汉文化脉络是由于和古代百越文化混杂共融而发展出来的。华南几大民系关于中原帝国和汉文化中心的想象，一直蔓延在他们的集体记忆和族谱文字的记载中，即使是在边缘中的边缘的粤西社会，也存在着同样的甚至更强烈的想象。美国人类学家罗伯特·芮德菲尔德（Robert Redfield）在《农民社会与文化——人类学对文明的一种诠释》中将传统分解为大传统（great tradition）和小传统（little tradition）。他认为在一些复杂社会中，大小传统比较难以区别，二者是互相影响的，不过总体而言，他的观点中依然认为大传统对小传统的影响更大一些。②但是，在中国社会近百年的发展历程中，尤其是对于各种民间新传统的建构与追溯，已经逐渐从芮德菲尔德所提出的"大传统"与"小传统"的二元分析框架中超脱出来，而成为由外及内、自上而下的演变过程，展示出政治权力对社会文化的重新塑造。人类学家李亦园从台湾地区的汉人宗教研究中，提出在汉人社会作为小传统的民间宗教至少和大传统的儒家思想同样重要，进一步修正了大小传统的概

---

① 麻国庆：《社会主义新传统与非物质文化遗产研究》，《开放时代》2014 年第 6 期。

② 罗伯特·芮德菲尔德：《农民社会与文化——人类学对文明的一种诠释》，王莹译，中国社会科学出版社，2013，第 95 页。

念。① 钟敬文先生认为，中华民族的传统文化要分成三条干流来理解：上层精英阶层享用的文化、中层市民阶层的文化和下层农民阶层创造和传承的文化。② 对于中间阶层，社会学家的讨论比较多，李强认为传统中国社会作为中间阶层的乡村士绅为社会提供了一种缓冲，同时起到组织协调民间社会的作用，乡村士绅通过倡导社会上占统治地位的意识形态维持了乡土社会的秩序。③ 而中国历史上，中间阶层膨胀时期与民间文化产生丰富创造时期显现出相呼应的结构，不过关于中间阶层在文化传统的发明和创造过程中所起作用的讨论还未深入展开。

在涉及传统、现代、象征、发明、认同等关键概念时，以埃里克·霍布斯鲍姆（Eric Hobsbawam）传统的发明及其反思历史学作为分析工具，十分利于问题的展开和讨论。1983 年，由英国近代史学家霍布斯鲍姆与非洲史专家兰格合编的论文集《传统的发明》为传统的研究提供了一种动态视角，该书中的七篇论文由霍布斯鲍姆与其他五位英美学者共同撰写。他们通过考察在 18 世纪末至 20 世纪初的欧洲（主要是英国）及其殖民地的历史中建构传统的各种情形，提出了一个具有创建性的观点："那些表面看来或者声称是古老的'传统'其实是 19 世纪末与 20 世纪的一种'发明'或'生产'。"④ 这个观点颠覆了一般认知中"传统"的静态延续特征，并假设了在实践上传统是不变的，使"传

---

① 李亦园：《人类的视野》，上海文艺出版社，1997，第 142 ~ 148 页。

② 钟敬文：《钟敬文民俗学论集》，上海文艺出版社，1998，第 275 页。

③ 李强：《关于中产阶级和中间阶层》，《中国人民大学学报》2001 年第 2 期。

④ E. 霍布斯鲍姆、T. 兰格：《传统的发明》，顾杭、庞冠群译，译林出版社，2004。

统"成为一种被建构的动态讨论对象。埃里克·霍布斯鲍姆认为"被发明的传统"主要有两种:"一种是那些确实被发明、建构和正式确立的'传统';一种是在某一短暂的、可确定年代的时期中(可能有几年)出现并迅速确立的'传统';这些'被发明的传统'意味着一整套通常由已被公开的或私下接受的规则所控制的实践活动,具有一种仪式或象征特性,试图通过重复来灌输一定的价值和行为规范,而且必然暗含与过去的连续性。"[①] 这也就是说,很多过去我们以为"真实"的传统并不是不变的历史遗迹,而是当代人生动的创造,而且我们也处在不得不继续发明的状态中。我们透过"传统的发明"看到的是它们如何从记忆的迷雾中变为清晰的传说的过程,以及通过不断的重复使其合法化、崇高化的过程。其实,研究传统的发明与再造的目的是对特定现实文化的理解,并通过这样的分析去反思历史遗存下来的其他传统。

　　人类学者对传统的发明与再造机制持有不同观点,本尼迪克特·安德森用"想象的共同体"(imagined community)这一说法来解释民族国家中的超地方认同及文化生成逻辑。[②] 萨林斯通过对殖民地的研究得出"几乎所有人类学家们所研究和描述的'传统的'文化,实际上都是新传统的(neotraditional),都是已经受西方扩张影响而发生改变的文化"。[③] 王铭铭认为,在经历过"有

---

① E. 霍布斯鲍姆、T. 兰格:《传统的发明》,顾杭、庞冠群译,译林出版社,2004。

② 本尼迪克特·安德森:《想象的共同体——民族主义的起源与散布》,上海世纪出版集团,2005。

③ 马歇尔·萨林斯:《甜蜜的悲哀》,王铭铭、胡宗泽译,生活·读书·新知三联书店,2000,第125页。

机的社区"（传统社会）时代向"机械的社会"（现代民族国家）时代转型的现代社会，其自身的认同已经不再基于群体的有机、一体化联系，而是基于"文明的进程"而得以实现的虚拟凝聚力。① 范可则认为，传统的再造是一种"再地方化"的抵抗。② 麻国庆在分析社会主义时期以来的新传统时，还提到了"革命"和国家话语对新传统的影响。③

这些研究的视角对本书有很大启发，也为 JM 研究会再造祖像事件的分析带来了一个最基本的问题——这种新传统的建构到底是"发明"还是"再造"。这幅祖像来源于江西的 J 氏宗谱，虽然没有族人所称的宋代那么古老，但至少与明代流传的传统祖像在图像形式上是接近的，对于当代 J 姓子孙来说并不是一个无中生有的东西，而是来自过去的集体记忆。J 姓子孙出于对画像中人物服饰不符合时代特征的问题而重新再造祖像，这个事件的基本特征更接近"再造"而不是"发明"，但是在有些细节中，又充满"发明"的意味。所以，要深入讨论再造新传统的文化场域，需要对当代传统再造背后轰轰烈烈的文化复兴运动有所认识。

第四节　田野工作与研究方法

本研究关注的重点是，为什么 J 姓子孙几百年来虽然不断地

① 王铭铭：《溪村家族——社区史、仪式与地方政治》，贵州人民出版社，2004，第 243～244 页。
② 范可：《旧有的关怀、新的课题：全球化时代里的宗族组织》，《开放时代》2006 年第 2 期。
③ 麻国庆：《社会主义新传统与非物质文化遗产研究》，《开放时代》2014 年第 6 期。

迁移到各地，但是祖先始终是最重要的文化资源和不断被发明的集体记忆，这成为他们在小型地方社会和更大范围的经济中心城市中甚至在全球化的背景下，依然坚持采用的媒介。笔者通过 J 姓子孙在粤西乡土社会及 JM 研究会在城市中再造祖像事件的整体观察和对比分析，来回答在现代社会中流动的认同群体如何将他们对祖先的想象与认同再造为可视的证据并进入新的历史记忆中。粤西村落中的 J 姓在当地属于讲亻厓的族群，这个客家的支系多是宋以后，特别是明清时期①从闽西和粤东迁移到粤西桂东南的交界地带的。由于地理位置偏僻和交通不变，讲亻厓的人虽然与瑶壮文化圈②发生关系，但是依然保留了很多客家传统的信仰和文化观念。在粤西的田野中，笔者观察到处于弱势和边缘的 J 姓宗族在当地利用节日的发明、仪式的改造，来建构由祖先 JM 带来的身份意义，从而获得在乡村中生存竞争的象征资本。而在城市里流动的田野观察中，笔者也注意到进入城市社会不久的 JM 研究会骨干们，根据对祖先 JM 的记忆和想象继续搭建可以和城市社会、现代国家对话的文化平台，并进行各种资源交换的尝试。

在研究过程中，笔者着重观察与分析祖先及祖像在建构过程中的缘起、功能、生产机制以及发展的过程；同时探讨 J 姓子孙的祖先崇拜在城市化过程中的文化变迁状况，即通过子孙们发明祖先和再造祖像的过程来管窥新传统的生产过程、机制与方法，并对人类学领域的民间图像研究做出一些思考。通过对 J 姓得姓

---

① 《廉江县志》，广东人民出版社，1995，第 194 页。

② 覃乃昌：《"那"文化圈论》，《广西民族研究》1999 年第 4 期。

始祖认同从想象到具象的民族志分析，加上以图像学方法对图像符号文本的深描与阐释，将 J 姓子孙的宗族复兴实践，放置于祖先的象征物的建构行动的观察中，并通过图像证据显现出来，作为对宗族复兴从象征物研究视角的理论回应。

为了理解这一轮民间造像运动如何再次出现在文化场域中，并成为这个时期和地域中新传统建构的核心，笔者通过六年多的持续观察和研究，希望通过这个相对完整的民族志故事来加以说明。不过，在本研究最初的设计阶段，笔者希望通过对 JM 研究会在城市之间的各种活动展开调查，就可以完成一部关于"后宗族时代"① 祖先图像生产的民族志调查及书写，当然这里的"图像生产"不同于艺术史领域里谈的图像建构的形式语言要素，而是一种将祖像的再造作为文化和传统重要载体的社会历史文化事件。但是随着田野调查的深入，新的问题还是出现了。因为像 JM 研究会这样还处于发展过程中的宗亲会组织，并没有固定的活动场所和公共空间，笔者只有在他们举办会议和活动时才能进行参与观察。活动结束后，研究会成员们就恢复为流动的、分散的个体，他们会因为各自不同的日常生活属性而发生空间的迅速转变。在调查的中期，笔者逐渐意识到研究对象并不属于城市或乡村任何一个单一的场景，而是往返于他们的故乡与中心城市时，就越来越深刻地感觉到，对这个流动的精神社区的研究，完全不可能像早期马林诺夫斯基的经典民族志所关注的封闭简单社会那样完整且自给自足，简单地选择 JM 研究会的一个行动地点就可

---

① 钱杭：《论"后宗族形态"》，《中国农业大学学报》（社会科学版）2011 年第 4 期。

以完成调查。笔者意识到从这个想象的认同社区到嵌入华南社会的宏观背景之间有一个无法深入的缺口。随着研究计划中调查地点与调查对象的增加，以及在各种资料和文献梳理中积累的问题的增多，笔者同时感觉到很难在理想化的单一族群或者独立社区的民族志框架下组织田野工作和论文的写作。在与导师和很多专家的多次讨论中，他们都建议笔者要将研究对象理解为一个流动的认同社区，以多点田野民族志方法展开研究。笔者因此决定将研究的现场转移，从城市转而进入研究会骨干的故乡粤西的村落中去寻找答案。通过往返于城市与乡村之间的田野，去体验 JM研究会成员在过去 30 多年来，在城市化过程中的祖先观念变迁的场景及过程。

20 世纪 80 年代以来，乔治·马库斯（George E. Marcus）在反思马林诺夫斯基经典民族志研究的基础上，针对扩大范围的文化变迁提出了一种新的研究方式——多点田野民族志。他认为在全球化背景下，文化活动和文化认同的主要过程越来越多地由多个地方的多样化因素的相互作用建构而成；因而人类学民族志必须追寻文化过程本身的线索，这就推动了田野调查需要向多个地点扩散，而在民族志调查报告的写作中要体现出这种多重性，并尝试找到不同地点间复杂的系统关系。① 笔者是在 2008 年的夏天和 J 家人认识的，当时刚刚获得了在中山大学攻读人类学博士的深造机会，专业方向是视觉人类学。导师希望可以结合笔者美术学院专业教师的艺术实践经历，学习用人类学方法在艺术与图像

---

① George E. Marcus, *Ethnography Though Think and Thin*（Princeton：Princeton University Press, 1998：52），pp. 95 – 115.

研究领域做一些尝试。机缘巧合，也因为笔者原本的职业身份，有姓 J 的人类学专业的师姐就顺便问起，可否帮忙在美术学院里找画家帮忙画一张老祖先的画像，她是笔者认识的第一个姓"J"的人。

从此，笔者在绘制画像跨越两年的波折和困惑中展开了田野之旅。2008 年 8 月到 2010 年 10 月，笔者以 J 姓的宗亲会组织 JM 研究会顾问和祖先 JM 画像课题组负责人的身份参与了该研究会的大部分组织与活动，观察和记录了他们在华南各地的年会、研讨会、仪式、拜访、交流以及其他各种现代形式的社会文化活动的过程。2010 年 11 月到 2012 年 7 月，因怀孕生产而中断调查，笔者在家中消化材料和进一步学习相关理论，因为找到台湾客家委员会编的台湾四县腔①的客语教材，在其相对比较系统的课程帮助下学习听懂大约六七成的客家语日常对话，中间身体许可时又参加了研究会在广州的两次年会和一些小型的讨论。自 2012 年 8 月至 2014 年 8 月，笔者一边照顾小女一边陆续完成研究会骨干的故乡——粤西廉江讲亻厓的 J 姓村落的田野工作，并继续跟进他们修纂总谱的各种讨论会，跟踪 JM 研究会负责人在福建、江西 J 姓聚居地活动的调研。

回想起来，从踏入人类学学科的门槛开始，笔者就已经撞进了图像人类学的研究领域。在这六年来的田野观察和理论学习中，对笔者个人能力最大的挑战是多点田野工作所带回来的复杂

---

① "四县腔"特指台湾地区使用的客家话语调。说四县腔的客家人主要来自明代嘉应州属下的兴宁、五华、平远、蕉岭，所以称四县腔。而讲亻厓的人和现在这些地区的客家人之间可以用母语交流。

而琐碎的材料，最终可以用一个什么样的线索将这些素材中隐藏的事件逻辑地梳理出来，对于在博士阶段才跨进人类学大门的学习者来说这是极大的挑战。整个调查过程涉及了 JM 研究会的主要活动发生地——广东的省会城市广州，以及其他 J 姓聚居的粤西、闽西、赣中、赣南等讲客家话的地区，因此笔者的多点田野工作也在这些地区的各种年会、互访活动中展开。虽然他们不断地进行着许多跨越省份和区域的联系，但是从前期调查中无法深刻理解这个民间组织背后的信仰观念中更深层的来自地域传统和群体欲求的动因，因此，后期调查的重点集中在研究会主要的发起人和推动者，而粤西廉江 J 镇的 J 姓村落变为整个调查的对比关注对象。

广东是一个沿华南海岸展开的扁长的区域，位于南岭以南，中国南海以北，北部湾以西与福建、江西、湖南接壤，西接广西。与东南部的大多数乡村地区一样，历史上因为远离中央，历史朝代的更替，革命运动的兴起与完结，这些东南边陲的乡土社会似乎都可以用一种柔顺的张力将各种力量吸收，里面拥挤着不同时期不同传统的碎片，折射出广东作为中原文化、南越文化、海洋文化，以及从未被关闭过的唯一通商口岸而带来的东南亚、欧洲、非洲、美洲文化在这里充分地交汇融合的影响，在这个区域的文化生态里亦有着层累构成的民俗①现象。廉江位于粤西沿

---

① 这个视角是参考顾颉刚先生提出层累造成的古史的三个特点：时代愈后，传说的古史期愈长；时代愈后，传说中的中心人物愈放愈大；我们在这点上，即虽不能知道某一件事的真确的状况，但可以知道某一件事在传说中的最早的状况。顾颉刚：《与钱玄同先生论古史书》，《古史辨》（第 1 册中编），上海古籍出版社，1982，第 60 页。

海城市湛江西北方向 60 公里左右，接近最多讲亻厓话的中心区域。整个廉江有 50% 的人口讲亻厓，紧邻的广西博白，那里甚至有 80% 的人口讲亻厓，而翻过 J 镇始祖祠堂背后的阿婆髻嶂山就可以到博白。JM 研究会的发起人大多来自廉江 J 镇的 40 多个 J 姓讲亻厓的村落，这些紧邻的乡村中本身有着比较系统的祖先信仰观念，并且和城里的研究会有着深刻的互动关系，对于继续研究 J 姓的祖先观念和祖先传统而言，这里可以作为整个研究中重要的对比观察对象。这群粤西桂东南一带使用亻厓话的群体，在当地自称为"讲亻厓"的人、"亻厓佬"，亻厓佬地区浓重的祖先崇拜和民间信仰的影响，是他们在城市里进行重建始祖信仰实践的行动参考。

由于 JM 研究会的骨干不断地往返于故乡村落和城市，当地遗存的祖墓、祖祠以及神庙的复兴事件与他们多少有些关联，当地人大都认可祖先信仰是其日常生活中最重要的传统，并在可能的条件下不断筹划建祠、建庙。这些骨干虽然没有负责具体事务，但也利用了在城市中掌握的资源，以经济资助或政治关系的帮助参与乡村中宗族复兴的行动。近年来，由于城市化的不断发展，粤西村落中更多人不断通过血缘、地缘、业缘的各种联系，从相对封闭的粤西亻厓佬乡镇向广州、深圳等华南中心城市流动。子孙与祖先的关系也从过去在乡村生活中频密的各种年节祭拜，简化为每年春节、清明或有事务回乡时的顺便看望。大多数祭祖仪式因为缺少人力、物力而被简化，但有些仪式却因为拥有比过去更多的经济来源和资助而变得更加隆重和现代化。他们更加重视故乡的阴阳风水，试图加强这种超越空间和时间限制的与祖先的关联，甚至由于进入了更大范围的区域社会，故乡始迁祖的威力也显得不够充分。他们自然而然地开始在历史时间和地理空间里试图寻找出更有说服力的始祖来履行神职，进行更广泛的社会团结。各种宗亲会组织的再次出现也成为近 30 年来新一轮宗族复兴运动中较常见的现象。

粤西亻厓佬的民族成分是汉族，在粤西地区其自称及他称都是"讲亻厓"或"亻厓佬"，主要分布在粤西、桂东南地区。J 姓村落即位于这个最大的亻厓佬聚居区的中心偏南粤桂交界的位置。他们在与非粤西人、非亻厓佬交流时，通常会借用"客家人"的概念。这个概念的借用在族群源流和语言学上已经被学界证实确实是有历史和现实依据的。在后文，我们可以看到这种自然而然地从语言上开始寻根问祖的认同，拉开了他们在一个更大的地理空间和历史阶段中寻找坐标再建始祖信仰的序幕。带着之前在 JM 研究会中已积累的观察，以及在与他们的闲聊和访谈中对亻厓佬的大致描述，笔者在去廉江田野调查之前，查阅了其他华南社会和客家族群的相关研究资料，熟悉了相关华南研究与客家研究的现状，也了解到客家的祖先崇拜观念是非常根深蒂固的，这是其明显的文化特征。这个"宁卖祖宗田，勿忘祖宗言"，带着祖先骨殖一起迁移的族群，不断迁移却总是选择丘陵山地的地理和生态环境，以农业和乡土社会为根本。祖先对于他们而言，是组织乡村公共事务、形成社会结构和群体利益的有效系统。但是在城市化不断推进的今天，他们如何发现他们的祖先信仰从乡土社会进入到现代化的大城市以后，依然可以为他们创造可言说的新传统，并转化为与国家和地方社会交流的媒介呢？

带着问题的思考，笔者最后选择了讲亻厓话的 J 氏村落。其中以始迁祖祠所在的 NM 村和笔者居住的 WL 村为主要田野点，

NJ 村、TB 村、HC 村、NP 村、LF 村和广西博白的 CC 村等房支村落为对比调查对象。2013 年与 2014 年，笔者分别在春分、清明、"端四"、七月初七、七月十四、冬至等节日前后，多次往返廉江 J 氏村落进行参与观察和田野材料的搜集。因为笔者的顾问身份，并且这时在当地的语境里亻厓话也大概可以听懂六七成，加上可以说广州白话，因此当地的 J 姓族人接纳了笔者对他们各类祭祀和节庆仪式的拍摄与记录工作。在这个过程中，笔者才开始将之前几年记录的城市中研究会里的祖先崇拜观念与亻厓佬的乡土社会的祖先观念联系起来。相较于城里的仪式，粤西 J 氏精英的故乡存在着更完整的祖先崇拜体系，包括从墓地、祠堂、族谱和自我界定时间的节日和神灵的祭祀和仪式，他们日常生活的世界观、价值观、行为方式、成长仪式中都带着深刻的祖先信仰烙印。而且笔者还发现，在城市里和廉江老家的不同的 J 氏精英群体里，其实存在着两张不同的新修祖像，也存在着不同的始祖观念，包括对神话中的仓颉和族谱中的 JM 谁才算是真正始祖的选择，还曾经因此发生过一件不愉快的事。虽然对于 JM 是得姓始祖的认同和信仰都存在，但是在乡村和城市的不同环境里，这位祖先显然扮演着不同身份的角色。在不同的祖先图像生产的各种博弈与建构过程中，隐含了民间社会如何通过祖先观念和民间信仰的隐匿和再造来组织和建构当代华南地域社会的历史过程。

第二章　关于祖先的想象与图像[*]

> 对某人或某个特殊人物所怀有的崇敬之情实乃源自想象。
>
> ——帕斯卡尔①

　　本章将从 JM 研究会重新绘制得姓始祖像事件开始展开叙述，介绍 JM 研究会的骨干成员如何将历史记忆中差异较大的祖先传统拣选整合为一幅新的图像的过程。看似传统的祖像，并不能完全从风格形式、样貌衣冠等简单的视觉现象分析入手，而是要深入到图像背后的文化场域中去理解。这个再造的传统既显示出与历史上老传统之间在象征系统上的潜在联系，又与作为老传统象征的明代木刻祖像在构图形式、形象符号的选择以及图像编码上有着极大的差异。不了解情况的外人很难将两幅图像联系起来。在造像过程中，JM 研究会内部各种身份的人士针对始祖形象的想象与表现方式的反复讨论与争执焦点，再现了祖像这类礼仪图像生产过程中整体的社会语境与文化逻辑。通过这个微观的图像

＊　本章曾以《"子孙的自画像"：祖先图像的视觉人类学解读》为题发表于《民族艺术》2015 年第 3 期。收入本书时有修改。

①　帕斯卡尔：《思想录——论宗教和其他主题的思想》，何兆武译，商务印书馆，1985。

47

生产个案，我们可以尝试用视觉人类学方法来解读祖像这类民间礼仪图像艺术。

第一节　记忆中的祖先

　　2007 年，笔者当时已经有了十多年雕塑创作的经验并在美术学院教书，但是因为对传统艺术的兴趣，从而开始对人类学产生兴趣，接触到这个领域的一些老师和朋友们。介绍笔者认识导师的是一位姓 J 的人类学博士，她主要做民间文学研究。2008 年，在一次见面的时候，她问起在美术学院教书的笔者是否可以帮忙找一位合适的画家重绘他们家族得姓始祖的画像，以调整传统族谱流传下来的各种形态的始祖画像中服饰都不太符合历史朝代特征的问题。美术学院的老师们经常会接到这些私人的订单，创作一些纪念性肖像，所以一开始笔者觉得画这类纪念性的肖像是经常遇到的事情也曾经做过类似的创作就答应了，但没想到的是从此展开了一段神奇的田野之旅。

一　荣耀的祖先

　　J 姓是一个较罕见的姓氏，在没认识 J 博士之前，笔者还未遇到过姓 J 的人。这张画像也并不是她的个人委托，而是来自她参与的 JM 研究会。最初在与 JM 研究会的成员认识时，他们都会和笔者反复叙述这个姓氏所遭遇的边缘歧视。据他们说，"J"在当年的千家姓排名中处于第二百六十九位，总人口有三十万之多，人口主要聚居区大多在华南。不过这个独特的姓，看上去像个动词的"J"在日常生活中很少见，所以他们中的很多人从小就常有被人误以为是其他姓，甚至被认为属于少数民族的遭遇。这让他们很困扰，当他们进入远离家乡的大城市生活时，在广泛的社会交往中，这个姓氏出现的频率进一步被稀释而显得少见。尤其是在解释自己姓氏来源时，他们中的大多数人也因对这段记忆模糊而无法清楚地讲述。他们最希望的是 J 姓中可以出一位著名官员或者流行的影视/音乐/体育明星，让他们可以以同姓之荣来解释自己的姓，或者因为有较高的知名度而不再被误解和费力的解释。当然这个愿望是需要等待的，暂时没有实现。因此，他们又向源头追溯，希望寻求一位望祖，而对起源的梳理就已经很令人振奋，原来他们得姓始祖 JM 的历史如此具有戏剧性且很辉煌。

从 JM 研究会最初提供给笔者的一部分历史资料和有关他们族谱的文献资料来看，作为 J 姓的得姓始祖 JM 的历史功绩对于汉武帝时期岭南地区的统一非常重要，而且《史记》与《汉书》的记载中曾有提及：

> 苍梧王赵光者，越王同姓，闻汉兵至，及越 JF 令定自定属汉；越桂林监居翁谕瓯骆属汉，皆得为侯。
>
> ——《史记·南越列传第五十三》①

> 太史公曰：匈奴绝和亲，攻当路塞；闽越擅伐，东瓯请降。二夷交侵，当盛汉之隆，以此知功臣受封侔于祖考矣。何者？自《诗》、《书》称三代"戎狄是膺，荆荼是征"，齐

---

① 司马迁：《史记·南越列传第五十三》，《二十五史》，上海古籍出版社，1986，第 328 页。

桓越燕伐山戎，武灵王以区区赵服单于，秦穆公用百里霸西戎，吴楚之君以诸侯役百越。况乃以中国一统，明天子在上，兼文武，席卷四海，内辑亿万之众，岂以晏然不为边境征伐哉！自是后，遂出师北讨彊胡，南诛劲越，将卒以次封矣。

国名	侯功	元光	元朔	元狩	元鼎	元封	太初以后
安道	以南越 JF 令闻汉兵至自定降侯。				一 六年三月乙酉，侯 JF 令史定元年	六	四

——《史记·建元以来侯者年表》①

及粤 JF 令史定降汉，为安道侯。

——《汉书·西南夷两粤朝鲜传第六十五》②

二　模糊的祖先

从《史记》《汉书》中的记载来看，"JF 令史定"封安道侯是有正史印证的，但是这些文献中并没有提到"史定"因为有功于盛汉统一而被赐姓"J"名"M"。而且古 JF 的范围，在历史考古学界和潮学研究的领域都还没有定论，争议颇多，以及至今

---

① 司马迁：《史记·南越列传第五十三》，《二十五史》，上海古籍出版社，1986，第 328 页。
② 班固：《汉书·西南夷两粤朝鲜传第六十五》，《二十五史》，上海古籍出版社，1986，第 358 页。

考古发现还未找到古 JF 城址的确切遗迹。但是其大致范围应该就在现在的潮州地区，只是边界不清，所以从这些地方的明清时代的地方志来看，也可以找到史定归汉（降汉）封侯六百户的记录。

> 元鼎，史定，六年降汉封安道侯。
>
> ——清乾隆四十四年修《JF 县志·卷四·职官》①

> 史定，粤 JF 令。元鼎六年庚午冬，闻汉兵至，降，封安道侯。《潮中杂记》曰：史定者，不知何许人仕，南越赵氏为 JF 令。汉元鼎六年，楼船将军杨僕、伏波将军路博德破越斩其相吕嘉，苍梧王赵光及史定闻汉兵至，皆降汉，封定为安道侯，户六百。卒，子当时嗣，延和四年，坐杀人弃市，国除。
>
> ——清乾隆《潮州府志·卷三十八》②

目前，关于 J 姓来源的历史主要来自 J 姓自家族谱中叙述，而且从这些民间文献的叙述来看，关于史定赐姓封侯改名为 JM 的说法从宋代开始就有了文字记录，甚至有当时的名人作序为证。就像民间大多数姓氏一样，目前在全国各地能找到的 J 姓最早的族谱是明代流传下来的，J 姓目前流传最早的是江西丰城《J 氏族谱》，其中收录一篇传为北宋苏轼三子苏过为 J 家先祖 JBH

---

① 参见刘业勤《广东省 JF 县正续志》，台北：成文出版社，1974，第 447 页。
② 参见周硕勋《潮州府志：卷三十八》，潮州市档案馆。

所写的《史J合序》，记述了J姓的来由。

史J合序

　　同乡眉山史君清卿，乃先大父莫逆友也。家君以师礼事之。伊侄彦辅、子凝，伊子子熙，皆家君笔砚同志也，是皆予通家执友也。彦辅举贤良，子凝以进士得官，并博学能文。家君常出子熙君所作《通鉴音释》三十卷示予，因曰"原与子熙详闻诸史传，间评汉武东征西讨起于帝允严助兴师，屈田蚡议止，讨东越于一试。又帝允王恢袭兵，屈韩安国议止，诱匈奴于一击。乃严助以交通淮南论杀之。王恢以不能击匈奴，亦自杀。兹两人者，果助被谗于张汤之诘谕耶？恢害成于马邑之尉吏耶？抑识不足以弭谤、机不密于济勇耶？赖史焕长子定于建元六年以护驾将军随王恢出豫章，兵未逾岭而东粤输服；又承命随严助往谕南粤，为粤胁令JF而险据中国之喉吭，业二十载矣。乃元鼎六年，南粤相吕嘉闻助、恢主战已戮，遂叛粤主，杀中国使。而东粤兵临JF，史定以素教聚蓄储者，挈地归汉，收平两粤。武帝旌其忠，发诏封为安道侯，世袭JF令，赐姓J，赐名M。是黩武不出于定，而成功全赖于M也"。家君按传叹赏。而子熙君曰："焕，余祖也。自焕至余凡四十四世矣。余旧谱亦载焕公长子定赐姓于汉武，令后人知J出于史。史、J允远不可为婚也。"家君曰："谅哉！焕食爵豫章，以故定受赐姓，而J以豫章名郡也。"后家君于熙宁任钱塘，与子熙君亦隔越矣。既元丙寅，入翰林；癸酉，复知定州。时家君与祖禹公附名进奏，邂逅是年乡举JBH讳枢，握谈甚欢。无何，绍圣甲戍知允州，乃杭州旧治近道，时予正随侍。适 JBH 知杭州，相须之般而复相遇，亲睹其有咏歌题诗。及询诸子百家，靡不读博。家君甚敬礼之，呼曰"江南 J 书柜也"。论间因述史子熙家谱，J 原于史。BH 即出其谱牒，自焕至枢亦四十四世矣。家君喟然曰："君与子熙有伯仲序也，予三人通家骨月也。"嗣是庚辰，家君又擢内郡，得面子熙，因语之故，且告之传，初通以词翰，继亲以宗谊，而君以家乘责家君览。家君命过叙之。

过思先大父于予家谱序者，厚骨肉，敦孝弟，重礼义，明嫡庶，严门户，养廉耻，谨致六行而已。若二公谱乘，更有进于六行者也。家君上明天子策，则首劝亲睦，大都重宗子。内云："士大夫之家，未必无孝弟相亲之心。而族有大宗，有小宗。《礼》曰：别子为祖，继别为宗。继祢者为小宗，有百世不迁之宗，有五世则迁之宗。百世不迁者，宗其继，别子者也。五世则迁者，宗其继，高祖者也。古者，诸侯之子弟，始有家者，不敢称其父，而自使其嫡子后之，则为大宗，族人宗之，虽百世而服大。别子之庶子，又自使其嫡子为后，则为小宗。小宗五世之外则无服。天下非世卿，大宗之法，恐难于百世不迁，而其可以收合天下之亲者，有小宗之法也。"家君以行小宗之法为至道亲睦之劝。矧合族盟，而可以无宗乎？乃一一公之宗谱，又先得家君之心矣。予安能赞一词哉！惟述家君所知原委，不佞所观实状，亦曰 J 出于史，赐于汉，而娶适毋蹈以子讳姬之嫌，历之数百世，当如今四十四世，祖训昭然也。尚何不敦行重宗，而两族均称可封也乎。

过以之复家君，而家君命楷书。敢以达上二执友，不识可寿诸梓否？是为史 J 合序云。

时维

宋元符三年岁在庚辰仲秋望日

文林郎通家侄叔党苏过顿首敬书

——一修《J 氏族谱》之序，作于北宋哲宗

元符三年庚辰（1100）①

但是其他地区的族谱里甚至连这篇重要的序文都没有，不过各地的 J 氏族人大致也会用自己的叙述来刻画这段祖祖辈辈流传下来的记忆。他们中的一些从有文化的家庭出来的人也会说起祖父或父亲讲述过类似的事情：

J 姓始祖 JM 原名史定，出生于汉武帝后元二年（公元前162 年）十一月十六子时，是豫章郡史焕之长子，汉武帝建元六年（公元前 135 年）因闽越王王郢发兵进攻南越，汉武帝派王恢、史定兴师平乱，兵出南昌，未过南岭，闽越王弟杀郢以降，天子羁留史定为 JF 令。未几，因南越相吕嘉叛主，杀中国使，史定籍 JF 人民财赋总绘南越地图，挈地上奏天子，并承天子令，会诸将来番禺，捕获南越叛首吕嘉、建德，如命屯兵梅岭，挫败东越馀善的称帝叛乱。两役奏凯，收平南越、东越归汉。汉武帝嘉其忠勇，于元鼎六年（公元前 111 年）十月十四日发圣旨加封史定为"安道侯"，以 J

---

① 《J 氏族谱》，江西丰城，1993。

邑为姓，赐姓"J"，改名"M"，此为J姓之所由也。

——《高廉J氏族谱》①

　　虽然除了族谱中流传的苏过所写《史J合序》，目前并没有官方文献记录了J姓赐姓封侯的历史，但是这并不影响大多数J姓族人对于得姓历史真实的信念。当然他们自动舍去了降汉而保留归汉，并统一为"挈地归汉、赐姓封侯"的叙述反复强调。J姓族人也期待可以在眉山的史家族谱里提到关于史定的只言片语，但是他们去眉山探访过当地史家的时候，并没有得到期待的答案。他们当然还期待有新的其他文献中能提供更官方的资料证明，甚至JF地区新出土的考古发现也成为他们关注的事件。2012年笔者陪同JM研究会的几位负责人一起去参观了广东省考古所正在发掘的粤东五华狮雄山遗址，这里出土了五十多枚汉代带有"J"字的封泥，虽然当时学术界讨论觉得这里应该还不是古JF城，但是仍然为J氏族人带来某些希望。他们当时满怀期待地站在考古现场的探方旁感慨："这些（汉）瓦都是我们家的！"证据还在寻找中，但这并不影响JM研究会的成员对"祖先就是JM"是真实历史的信心。在他们看来，这个在家族中祖祖辈辈流传下来的叙述就是无可辩驳的证据，找到的历史资料不过是将这个真相证明给更多人看。

　　JM研究会是因各地J姓由于始祖认同而凝聚起来的民间组织，于2007年在JF市当地民政部门注册，这个组织的成立与现

①　徐光华：《JM即汉JF令史定的发现对潮汕史研究的重要意义》，《汕头日报》2005年4月18日。

在粤东地区的地方文化发展亦有着较密切的关系。从 20 世纪 90
年代初开始，一位江西的 J 姓商人因经商到粤西，偶然通过电话
号码簿发现粤西有一个和他同样拥有 JM 被封侯赐姓记忆的人，
这让他异常兴奋，从此展开了 J 氏寻根溯源的历程。尤其是 2000
年的时候，他遇到了在 JF 邻近地区工作的粤西 J 姓公务员。他们
"一见钟情"般地畅叙亲情族谊，这位粤西的公务员也在到处搜
寻 J 氏后裔的资料。① 而南宁一位经商的粤西 J 姓族人到 JF 谈生
意时遇到 JF 当地的客户，就说起了史 J 同源为 JF 县令的文献，
JF 客户认识当地的潮学研究会就顺便帮忙去问，结果潮学研究会
的民间学者徐光华先生对这份民间文献如获至宝，遂邀请了广
东、江西和广西的这三位 J 氏家族代表一起带着族谱参加了 2003
年 12 月由 JF 市政府主办的第五届潮学国际研讨会，J 氏族谱中
《史 J 合序》成为这次会议上重新讨论潮汕历史起点的一个重要
发现。饶宗颐先生的《选堂感言》为这份民间文献的真伪做了定
论，认为其对于早期潮汕史研究有重要参考价值。虽然 JF 目前并
无 J 姓村落，但并不影响学者们对这份民间文献的兴趣。这次地
方上的学术会议，激活了 J 氏子孙关于始祖认同的想象与实践。

这些会议之后，一些关注岭南古史的民间学者如郭伟川和
徐光华先生开始从史籍、方志、族谱等文献中考证，专门写作
相关研究文章，试图厘清两千多年前古 JF 历史以及史定与 JM
之间的关系。专家的研究文章让 J 姓族人很激动，因为在这次
会议之前，大多数 J 姓族人只知道老人说起的老祖宗是汉武帝
赐姓封侯，但在历史和现实中的具体描述对于他们来说都是虚

① 因匿名需要，此处略去来源。

无缥缈的回忆。很多没有生活在乡村中的 J 姓人连老祖宗的这个得姓传说也不知道，而且除了自己出生的地区，他们也不清楚这个世界上有没有人和他们同姓。在专家们的文章出来之后，最初参与这个事件的几位 J 姓族人逐渐意识到始祖历史的重要性。他们还察觉到也许之前大多数 J 姓人都经历过的小姓易被歧视问题突然有了被破解的可能，并且这段历史的发掘可能为他们带来某种原生情感上的力量，他们在他乡遇到同姓时都会热泪盈眶，互称兄弟。2000 年以后，传统文化成为从国家到地方都熟练运用的政策话语时，JM 研究会中的商人们隐约还意识到也许这段历史记忆里还潜藏着转化成某种可操作的文化资本的可能。JM 研究会因始祖认同而建立了一个相对可信的人脉网络，他们可以从中寻找商业协作和信息交流。不过没有真实证据一直是这些想象展开过程中的软肋，因此当文字性的历史叙述暂时不具备用来重新建构始祖时，他们就采纳了专家的建议，即至少可以把各地族谱中虚构的不合理的圣旨图像去掉，并将那些服饰朝代不合适的祖像统一起来重新绘制，理由是"为尊重历史，还原历史，JM 研究会决定成立 JM 公画像课题组，重绘 JM 公像"。①

第二节　谁的祖先与谁的像

一　写真与传神

祖像的起源可能和上古"立尸"制度有关，《仪礼·士虞礼》

---

① 《2008 年 JF 先贤 JM 研究会年会报告》，2008。

中记载："祝迎尸。"郑玄注："尸，主也。孝子之祭，不见亲之形象，心无所系，立尸而主意焉。"《礼记·曾子问》中孔子曰："祭成丧者必有尸，尸必以孙，孙幼，则使人抱之；无孙，则取于同姓可也。"立尸制度中尸的特点需要接近亡者的形象。春秋战国后，像事渐兴，《楚辞·招魂》中说："像设君室，静闲安些。"① 作为古代传统祭仪中召唤灵魂附身的对象，毕肖的细节似乎才具备与灵魂呼应的保证。但是中国社会中的普遍的祖像崇拜，至少要到唐末五代，② 至宋才相当流行。③ 而祖像的肖似与否，以及能否实现在祭仪中的功能，也很早就引起了士大夫们的争议。最早发难的是北宋的理学家程颐，他在《二程遗书》中指出："大凡影不可用祭。若用影祭，须无一毫差方可。若多一茎须，便是别人。"④ 作为魂灵的载体，真实性一直是礼仪图像的关键，不管民间画师能否达到程颐所愿望的"无一毫差"，从历史留存的其他祖先图像来看，工笔重彩人物像一直是祖像绘制所选取的主要形式，即使民间笨拙的偶像制作都不会选用率性的写意风格，而是需要毫发尽显。作为祖先如在的象征，祖像往往拥有非常具体的服饰和妆容加上逼真的道具细节，在符合社会身份、礼制和祭祀的庄严感的要求下，人物表情和生动感往往被忽略和

---

① 张道一：《中国民间肖像画》，《汉声杂志》1994年第63、64期。
② 姜伯勤：《敦煌的写真邈真与肖像艺术》，载刘钊等主编《厦大史学》（第二辑），厦门大学出版社，2006，第77~92页。
③ 徐乾学：《读礼通考·卷五六·丧仪节十九·神像》，《文渊阁四库全书》；刘永华：《明清时期华南地区的祖先画像崇拜习俗》，载刘钊等主编《厦大史学》（第二辑），厦门大学出版社，2006，第183页。
④ 刘永华：《明清时期华南地区的祖像崇拜习俗》，载刘钊等主编《厦大史学》（第二辑），厦门大学出版社，2006，第195页。

放弃。而在摄影术发明之后，这种对于真实性执着追求的困扰逐渐消失，近现代葬礼和祭拜仪式中顺理成章地转化为用摄影人像，在功能上依然可以看作以图像作为灵魂载体的延续。

因此，JM 研究会在画像事件中遇到的第一个问题是要先确定他们将采用什么风格来描绘祖先形象。在最初的画像讨论中，研究会中一位年轻而富有的女性副会长提议用油画肖像的形式来绘制始祖像，因为她觉得油画应该比国画更加逼真。作为 20 世纪 70 年代出生的成功女商人，在她的日常视觉经验里，接触油画肖像的频率确实可能比接触国画的机会更多。工笔人物国画在现代社会的日常生活中本身就比较少见，更多的国画图像里描绘的大多是颐养性情的山水花鸟或美人画，而不是这类严肃而庄严的中老年男性肖像。但是研究会里的其他男性成员则认为传统国画的形式更庄重而符合传统，应该也比油画在材料保存上更久远。在绘制风格的选择上，同样大写意风格被否定，工笔重彩人物显得比写意人物的手法更加写实而庄重，是合适的祖像绘画形式。确定了以国画工笔重彩人物风格之后，研究会决定成立一个课题组来完成这个工作的组织和协调。笔者也开始在周围认识的国画家中寻找合适的人选。虽然对祖先的形象有着宏伟的想象，但是研究会能够提供的画像经费并不多，以千元为单位的价格要画一张五尺①大的工笔人物肖像，只能找年轻的画家帮忙才可能实现。笔者通过美术圈的朋友询问到从美术学院工笔人物画科硕士研究生毕业的女画家杨老师有兴趣，她按之前接受委托的经验觉得不会很复杂加上人情的缘故也就答应了。之后画像课题组就由

---

① 中国画计量单位，五尺宣纸规格大约为 153 厘米 ×84 厘米。

J博士、工笔国画家杨老师和笔者共同组成，J博士因文学博士的专长负责JM历史资料的整理，杨老师负责画像的创作，而笔者因艺术家和人类学研究者的双重身份负责整个工作的调研、协调和统筹。当然，中国绘画传统中的写真并不等同于西洋绘画中的写实，西人之实来自对客观世界的真实性的追求，而中国人所谓的"真"，是要能感受到一种意味的真实，感觉上的真实。所以，用工笔人物写真画法来描绘一个从未见过的古人也是符合艺术创作逻辑的。

二　不同的子孙与不同的祖先

接下来的工作需要研究会讨论商定提供合适的参考图像给画像课题组。在J姓各地族谱中，JM的画像不算太多，当时他们手上只有丰城族谱的画像比较完整，加上一幅廉江当地族人画的白描像稿。不过在后来编修全国总谱时各地族谱汇集广州，发现丰城族谱里的JM像还是比较合适的参考对象。下文中分析的就是从各地收集汇总而来差异较大的四幅JM像，分别描绘了J姓子孙在不同地方不同时间里对祖先JM形象的想象。

第一幅JM像来自江西修水县新迈迥坑所提供的1993年编修的《J氏宗谱》。此地位于江西西北部山区，离城市较远，所以族谱以黑白雕版土纸印刷，白色棉线装订，牛皮纸封面，左开本，看上去比较朴拙。族谱内有从汉至明清的历代望祖以及当地始迁祖的肖像。这些图像看上去也类似明清以来民间雕版画像的画师之手，没有明显的风格。除JM身着戎装外，其他都是朝服装扮。画像中JM是个40岁左右的英武男子，从盔甲的风格来看更接近宋代武官的盔甲，又有些像戏剧中武生的样貌，说成是岳飞大致也是有人相信的。眉目英武，鼻准高隆，有肥长大耳及五缕长须。此图上标有"汉定公像图",题头简介:"定公名 M 镇守粤之潮阳府 JF 县,汉初率兵征讨南粤,平南有功,西汉定鼎六年迁公获驾将军,后岁汉帝亲征,功平两粤,诏封安定宁侯,定公之子沃公平西有功封平远侯。"这段文字叙述和文中图像一样,各种听闻与想象混杂,颇具戏剧性,与正史记载差距甚远,连安道侯也被讹传为安定宁侯,但些微细节又可略见原型一二,想是与当地修谱人士的受教育程度、兴趣爱好和意愿想象有关。武将形象可能来自对忠诚的想象,像赞混乱说明群体中有文化的人少,子孙群体对自我的想象没有太具体的倾向。与其他地方唯一相似的说法是 JM 的武将身份,这个认同在各地 J 姓中是较为统一的。

第二幅 JM 像来自江西南昌市郊的溪东村敦伦堂 2008 年版《J 氏族谱》。此地已成为新的城市扩展区,当地村落和 J 氏族人与城市社区的居民无太大差异,从族谱来看也呈现很强的现代感。该谱采用铜版纸印刷,左开本,内部文字横排,从版式看应是电脑排版,内有历代祖先图像,从汉代 JM 像至清代历朝重要祖先,也包括元代名臣、文学家 JXS 的像。不过除了 JM 像和始迁祖像为彩色外,其他的像应该是从老谱中影印的黑白木刻图像,不过这幅 JM 像有明显的电脑贴图痕迹,应该不是特地绘制的像。该像中的 JM 看上去 60 岁左右,身穿非汉非宋的红色对领襦裙,头戴青巾,拱手藏袖中,站立状,右侧七分面云身,容长脸形,面色白润,慈眉善目,隆鼻小嘴,肥长大耳,五缕长须,看似归隐田园的士大夫乡绅的模样。大概只是沿用了像赞的说法,其实内容只是用白话文写了图片介绍,"前汉南越国 JF 令安道侯 JM 原名史定,公元前 162 年 11 月 16 日子时出生,卒年不详",年代也是用的公历而非农历。从 JM 研究会角度来看,这本族谱从编撰方式到印刷都已经呈现很现代化的样貌，而且与历史传统的割裂也更严重，有很多生硬的拼凑和并置。从这幅 JM 图像上可看到，修谱的人群可能对历史无太多认识。这一位拱手而立的休闲老人，从图像的细节里无法体现出封侯赐姓的历史感和庄重感，显然也不符合 JM 研究会当下希望推广弘扬的精神象征的 JM 形象。

　　第三幅 JM 像就是前文中提到的与粤西廉江当地族老发生意见不合的那幅画像，本来要用于 2009 年版廉江《J 氏族谱》。廉江地处粤西，坐落于粤桂边陲，在明中期镇压"黎乱""瑶乱"①前，当地主要居住着壮族、瑶族先民。自明清开始，从闽南、闽西、粤东等地迁移了大量汉人到当地垦殖落户，而由于地理更为偏远，当地反而保留了比移民故乡更多明清时期流传的民间信仰和民俗仪式，同时保留的还有相对完整的祖墓及祠堂等祖先信仰遗存。改革开放后不久，粤西已普遍恢复了自春分到清明期间从始迁祖到近祖的盛大祭祖仪式，因此身处粤西廉江地区的 J 姓也比其他地区的子孙拥有更深刻的祖先崇拜传统的影响。这幅画像的作者是一位在廉江城里设计公司工作的 J 姓年轻人，他在当地美术班学习过，平时以做平面设计、包装和装修等业务为主，是当地编修廉江《J 氏族谱》的委员会成员，负责族谱中图像的绘制和整体排版印刷工作。他对笔者说，当时廉江族谱编委会没有给出太具体的要求，只要画个相貌堂堂的汉代中年人形象就可以了。因此他就在常用的 A4 复印纸上用签字笔画了这幅 JM 像，人

---

① 贺喜：《亦神亦祖：粤西南信仰建构的社会史》，生活·读书·新知三联书店，2011，第 15 页。

物衣饰参考了古代故事连环画资料。像中左手持笏板，交领右衽深衣，且形象勇武庄严，剑眉虬目，眉眼鼻耳口等的细节描绘都中规中矩，接近一位汉代有功名英武的乡绅形象。像下沿用丰城族谱的 JM 像赞："其貌豪雄，其性至公，收平两粤，武帝旌忠。"此图也是以丰城像作为参考依据的。虽然廉江族谱编委会的族老们与 JM 研究会的骨干们是有血缘脉络的宗亲关系，但廉江族谱编委会成员多在粤西当地工作生活，而 JM 研究会的各种活动接近全国范围。他们之间曾因始祖是 JM 还是史姓始祖仓颉的问题发生过争执，意见未曾统一，最后两方各崇其祖。廉江 JM 像中壮年乡绅的形象，显示出廉江当地退休知识分子对现实社会的认知和生活态度，就像当地社会中普遍的价值观那样——多子富足。他们对自我形象的设计与工作生活在省城的 JM 研究会的自我定位有很大差别。

第四幅 JM 像（见图 2 - 1）来自 1990 年重修的江西丰城的《J 氏族谱》，也就是潮学会议上的那份族谱。丰城是江西中部的鱼米之乡，历代名儒辈出，J 氏家族另一位重要人物，主持辽、金、宋三史的元代翰林院编修、史学家、诗人、书法家 JXS 就是丰城人。作为二品官员，他对当地族谱编修的影响毋庸置疑。丰城族谱为木刻雕版，左开本，精细传统印刷，红色线装，在各地收集回来的族谱中显得最为古朴庄严。谱中除了 JM 像以外，其他后世祖像并不精细，但也朴拙认真。谱中这幅 JM 像古意盎然，较类似明代中期大部分族谱中流传的木刻版画风格。[①] 画中描绘

---

① 明代嘉靖末年，由王圻、王思义父子编纂的百科式图书《三才图会》中十四卷人物图像里，可以见到自盘古、三皇五帝以来的重要的帝王世系图和名人肖像，其中人物都以这种类型木刻印刷风格表现。参见（明）王圻、王思义编《三才图会》（全三册），上海古籍出版社，1998。

了一位半身正面老翁像，看上去有六七十岁，从轮廓来看天庭饱满，地阁方圆，五缕长须垂至胸前，头戴笼巾，身穿曲领（圆领）大袖，腰间束以革带，左手持笏板，指甲尖长，浓密卧蚕眉，觑目和善细长，悬胆鼻，山根高隆，鼻翼张开，峭角口型，藏在五绺胡下，体现了不事劳作的富贵人家的文人化倾向，而非勇猛的护驾将军，与统一岭南、封侯赐姓的描述相去较远。但是丰城老像中选择朝服的符号，表明了当时的子孙们也有意与国家发生对话，笼巾、笏板都是对朝廷的想象。在远离中央政治的华南社会，各个民系和社群产生普遍的、与帝国中心关联的想象是很常见的现象。除了华南，其他地区的族谱叙述和祖先图像中也都存在官员服制混淆的现象。就这个问题，美国社会史学家伊佩霞曾提出一种看法："尽管这些人在生活中都是普通人，但在画中却身穿官服，反映了他们对在天国中能够获得这样地位的希望。"① 但是在丰城流传下来的明代木刻 JM 像中，似乎并不是这样简单的原因，有时候还可能是因为过去的子孙们因客观限制对历史材料缺乏了解，或由于异族统治时期不适合明确表达身份而采用了含混概念的官服样式。在丰城流传下来的明代木刻 JM 像中，似乎还可以找到一种"有意"画错的解释，郭伟川先生从丰城《J 氏族谱》的二修、三修谱序文中发现一个"曲笔"问题：

宋理宗景定四年（一二六三），也就是 J 氏三修族谱之

---

① 伊佩霞：《剑桥插图中国史》，赵世瑜、赵世玲、张宏艳译，山东画报出版社，2001，第 187 页。

图 2 - 1　江西丰城《J 氏族谱》中的 JM 像

年，蒙古遣使责宋羁留郝经，显欲寻衅。又置局于诸路，造军器，为大举侵宋作军事准备，同时严禁民间私藏私造……J氏三修族谱就是在这种历史背景下进行的。他们比一般人倍感忧虑，因为担心自己的 J 姓族源有"历史问题"。因为一修族谱的《史 J 合序》中，明言史定"挈地归汉，收平两粤。武帝旌其忠，发诏封为安道侯，世袭 JF 令，赐姓 J，赐名 M"。而二修《J 氏族谱》也说"史定为 JF 县令，挈地归汉，封安道侯，其后子孙生于 JF 者，以邑为氏"。他们不知道蒙古贵族是否会追究"历史问题"而对 J 氏妄兴族诛之举，因为蒙古贵族残杀汉人已是令人谈虎色变的事实，所以，我相信当时 J 氏族人老成持重之辈如 JSD 等人，乃决定三修族谱，然后不惜在序中采用曲笔，故意模糊族源，即使得罪祖宗，但一切以保族为大，"保族"即对得起祖宗。故

JSD 在《三修 J 氏族谱序》末，意味深长地说了一段话，内中特别提到"壮观乡间，保持门户，庶几回视一祖十宗，斯无脑焉"。

我认为"保持门户"四字，可圈可点。所谓"保持门户"者，即为保族也。JSD 当年为此一目的而采用曲笔，亦可谓煞费苦心。果然，J 氏三修族谱十余年后，宋祥兴二年（一二七九），南宋为蒙元所灭。①

虽然郭先生看重的族谱叙述未必是可信的证据，但这一思路提示了祖像服饰与朝代不符的另一种可能性：在特定历史时期不适合明确表达祖先身份时，采用通俗的甚至含混而概念化的官服图式起着类似文字中的"曲笔"对于宗族的保全有可能有一定作用。这是否民间祖像并不极力追求祖先形象真实性的其中一个可能的原因，还需要继续通过更多的个案研究来证明。不过由于丰城祖像在江西各地族谱中广泛传播，而且谱中又有《史 J 合序》的存在，图文并茂的记忆叙事也让 JM 研究会的成员们更愿意相信这份文献是接近历史真实以及有价值的。

第三节　祖先的换装

在 JM 研究会决定了基本要求后，JM 画像课题组就开始根据 JM 研究会提供的历史文献资料和丰城祖像展开讨论和研究。不

---

① 本部分引自纪念 JF 先贤 JM 诞辰 2165 周年学术研讨会论文集，为匿名需要，此处引去具体来源。

过课题组的出现，决定了这幅图像的生产与之前那几幅 JM 像生产的过程有很大的不同，显而易见的是受西学影响的现代美术学院传统也掺杂进祖先肖像的绘制过程。从事件的整体性来看，笔者试图以罗伯特·芮德菲尔德的大传统和小传统理论来分析 JM 研究会重修祖像事件，但是发现这个对比框架的解释力度不够。如果把课题组的知识经验和图像生产方法视为来源于大传统的精英教育和有自觉能力的知识分子，则 JM 研究会的需求就仿若来自小传统的民间社会对于祖先的信仰和观念的惯性。但是这两种传统在中国人社会生活中的祖先崇拜信仰中确实一直处于混融状态，又都各自经历了自 20 世纪初以来的断裂。这些多重断裂的传统碎片，在新时期、新媒介和新的社会联结中，因这张图像的生产过程而显现出了在文化观念上的冲撞与对立，呈现在图像的内容和形式上则产生了诸多差异性的对话。中国社会中混杂的传统呈现为一种多层面、多角度的杂糅状态。

一　肖像画在精英美术传统中的断裂：肖像画与文人画

肖像画在中国的历史很长。虽然在古代并不以"肖像"为名，从流传下来的画史画论来看，古代的画家和文人常将对人物形象描写的绘画称为"写真""写照""传影""传神""真容"。古代帝王圣贤于明堂，画卓越功臣于麟阁，历史的原迹已无处可寻，只留下文字的记载。在山东嘉祥的汉代武氏祠的享堂中，四壁刻石，有古代帝王图、周公辅成王图、孔子见老子图等，虽规模不大，但仍能见其仿佛。[1] 清代雅雨山人卢见曾说：

---

① 张道一：《中国肖像画漫谈》，《汉声杂志》1994 年第 63、64 期。

画像之兴，由来尚矣。伊尹从汤言素王九王之事，皆图画其形。高宗梦传说，使百工写其形，旁求天下。孔子观乎明堂，有尧舜之容，桀纣之像，有周公相成王朝诸侯之图。其在于汉，则自六经诸子，贤士列女，以及问礼讲学，皆有图。凡以广见闻，垂鉴戒，用意自深远也。惟人之子肖其父母也，未详所始。然古者祭必有尸，尸废则画像兴。人子之情，有所必至。特以时代之远，春秋之隔，几筵樏桷之间，聚其精神以求其嗜欲，发其慨间儗见之思，其事诚不可苟，而其术尤岂易言者哉。古传画学，家礼各有师法。而肖像无专门，亦未见乐成一书者，不可谓非艺林之缺事也。[1]

而且并不是什么人都可以被画，被描绘的人物对象是有选择的，唐代张彦远在《历代名画记》中指出：

以忠以孝，尽在于云台。有烈有勋，皆登于麟阁。见善足以戒恶，见恶足以思贤。留乎形容，式昭盛德之事。具其成效，以传既往之踪。[2]

古代的人物画像更多体现为特权阶层的行为，这个传统在唐以前大都由贵族阶层的画家完成，为贵族和皇家所使用，可以视为一种贵族艺术（noble art）。但是肖像画的发展至宋元开始有了

---

[1] 参见李斗《扬州画舫录：卷二》，中华书局，2007。

[2] （唐）张彦远：《历代名画记》，人民美术出版社，1983，第4页。

较大的转变。唐末五代以后，士族制度走到了头，北宋的画家不再来自世家，而更多的是来自科举考试中由普通家庭升至士大夫阶层的文官们，并发展出了中国画中另一具有特色的绘画体系——文人画。文人对笔墨韵味的追求，使得严谨精微的肖像画逐渐为文官们所不屑，他们纷纷转向更能表达自己情怀、更能体现自己理想与意趣的山水花鸟画。因此，肖像画家从文人画家中分流出来，并且逐渐形成了独立的一个画科。不过此时的肖像画，在创作宗旨和表现方法上都有了非常明显的自身特色，也出现了比较系统的理论著述。此一时期存世的肖像画既有帝王帝后肖像也有文人写真。如台北故宫博物院收藏的《元代帝后像》册，其中帝像 8 幅、后像 15 幅；北京故宫博物院收藏的《元代后妃太子》册；台北故宫博物院收藏的《元世祖出猎图》轴。文人画像有王绎的《杨竹西小像》卷（北京故宫博物院收藏），以及台北故宫博物院藏的《倪瓒像》等。① 明代以后，肖像画也逐渐从精英群体的文人画家的视野里淡出，专门从事肖像画的画家呈现越来越专业化和商业化的趋势。除了仍有一些肖像画家继续为皇家和名士绘制肖像外，肖像画主要进入了草根传统的民间画师的传承系统中，而明中期利玛窦带来的西洋光影明暗法也渐渐开始影响从专业画家到民间画师的观察方法和绘画风格。

二　祖像在民间美术传统中的消逝：国画、炭像、摄影与木刻版画

宋以后大量用于祠堂和祭仪的画像，渐渐以民间美术（folk

---

① 刘凡：《明清民间肖像画研究》，硕士学位论文，江南大学，2009，第 4 页。

art）画师绘制的工笔祖像为主。但是祖先图像的广泛传播与人类历史上图像制作与传播的两次革命有关：一次是自9世纪开始的木刻雕版印刷图像的出现和普及（恰好与中国民间编修族谱开始的阶段重合）；另一次是19世纪和20世纪摄影图像的出现（包括电影和电视），图像的形式都发生了剧烈的变化。①

祖像在民间的普遍兴起，应该和北宋仁宗庆历元年（1041）允许官员建立家庙、重整祭祖礼制有关。司马光于《书仪·卷五》中指出："世俗皆画影，置于魂帛之后。"这说明至北宋年间，用于祭奠亡者的画像已流行于民间。② 而从那时的文献中也可见到理学家们，关于祖先的画像是否能保证祖先图像与灵魂一致的讨论。③ 明嘉靖十五年（1536）朝廷接纳了礼部尚书夏言的奏请，允许臣民祭祀始祖，民间宗族因而纷纷建立宗祠，并配合族谱编修把始祖作为追源认同的核心来推展联宗活动。随着兴建祠堂之风席卷全国，祠堂内作为祭拜对象的祖像成为空前的社会需求，并在明代晚期出现首次高潮。④ 对这一潮流产生中断性影响的事件大致发生在光绪年间，因为那时民间社会中出现以摄影照片为基础来创作祖像的现象。摄影照片和受到西洋光影绘画影响的擦炭像从那时渐渐成为民间祖像的主要形式。擦炭像发源于上海⑤，是一种模拟摄影照片的素描绘画，以民间画师系统传承，

---

① 彼得·伯克：《图像证史》，杨豫译，北京大学出版社，2008，第13~16页。
② 吴卫鸣：《明清祖像图式研究》，博士学位论文，中国美术学院，2010，第23页。
③ 见本章第二节第一小节.
④ 吴卫鸣：《明清祖像图式研究》，博士学位论文，中国美术学院，2010，第26页。
⑤ 朱泽：《南京擦笔肖像画业》，《汉声杂志》1994年第63、64期。

主要面对更为底层，或地理位置偏远和不愿出太多画资的家庭。从 20 世纪初到现在一些城镇的大街小巷还能偶然见到，尤其是面向那些在摄影术发明之前去世或没有留下照片的祖先追容像的需求。

目前，民间遗存的族谱中以版画形式存在的祖像主要与刻印家谱的传统有密切关系①，因为元朝时期很多官方及民间文献遭到战争劫难。所以，现在存世的大多数家谱中版画形式的祖像多以明清时期为主。从各地图书馆所藏家谱来看，明代家谱中版画较少，然而有些地区也有半数以上有版画，数量为几幅或十几幅不等。②

三　百年来中国的美术学院与传统的纠结：西方古典艺术与社会主义美术创作

JM 研究会画像课题组三个成员的主要知识背景显而易见地大部分来自学校系统的教育，而作为一个画像事件的核心，绘制画像的画家杨老师的师承和艺术风格构成了对画像面貌影响最大的因素。和大多数现代中国的艺术家一样，杨老师和笔者的艺术教育都来源于自 20 世纪初以来中国的美术学院传统。从美术（fine art）这个概念来看，它来自日语对西洋美术的翻译，而美术学院肖像传统的建构过程本身主要受到来自法国的新古典主义艺术的影响，也受到苏俄画家的现实主义影响。其早期发展过程中还包括了自五四新文化运动以来数次对传统文化的反思与否

---

① 更早的肖像木刻画传统可以从 868 年王玠施刻的《金刚般若经》扉画算起。郑振铎：《中国古代木刻画史略》，上海书店出版社，2006，第 5 页。

② 张秀玉：《明清至民国徽州家谱中的版画——兼论与徽派版画的关系》，《徽学》第六卷，安徽大学出版社，2010。

定，1949 年以后又增加了来自社会主义美术创作的意识形态需求。

西方绘画的光影明暗系统自 1592 年就已随意大利学者兼耶稣会传教士利玛窦到达澳门。这位传教士当时将一幅描绘有教皇、公爵和皇帝的基督教炼狱画像呈献给了明朝的万历皇帝。1717 年，清朝迎来一位出生于米兰、成长于热那亚的年轻耶稣会传教士、欧洲画家郎世宁。他供职于康熙、雍正、乾隆三朝的宫廷里，将西方的透视法和阴影描画法引入中国宫廷绘画体系。"但是在中国进入现代社会之前，西方美术对中国的影响还是像一阵微风，在河面吹起一阵微风，随即消逝。"① 系统的西方美术教育的全面传入，和五四以来的新文化运动密不可分。时任北京大学校长的蔡元培提出了"以美育代教育"的观点，为现代中国全面接受外来音乐、美术、戏剧等艺术营造了在精英文化中的基调和氛围，并一直影响至今。在民国时期，连国画大师们都意识到西方艺术对于 20 世纪中国画的发展突然变得重要的原因。潘天寿在 1936 年出版的《中国绘画史》中认为，在维新运动的影响下，西方绘画与东方美术在趣味上逐渐接近，而西画的工具和表现手法对已经僵化的中土绘画有特殊的借鉴意义。②

在中国，最早进行系统西方美术教育的科系是 1906 年开设于南京的两江师范学堂。随后，北京和上海等地也都开设了一些西方美术科系。这些机构培养了最早学习西画的学子，他们不满

① 迈克尔·苏立文：《东西方艺术的交会》，赵潇译，上海人民出版社，2014，第 55、79、189 页。
② 潘天寿：《中国绘画史》，上海人民美术出版社，1983；迈克尔·苏立文：《20 世纪中国艺术与艺术家》，陈卫和、钱岗南译，上海人民出版社，2013。

足于国内学堂的教育后留学日本和法国，并于 20 世纪 20 年代回国后仿造巴黎美术学校的模式开设了许多美术学校，如颜文梁在苏州、徐悲鸿先在南京后在北京、林风眠在杭州都纷纷创办了美术学校。林风眠创办的杭州国立艺术专科学校，后来成为中国两所重要的全国性美术学校之一。① 在中国的美术学院里，即使是中国画专业亦不能免俗，学院培养出来的国画家不是按照过去的临摹写生的方法开始学习国画，而是同样要经过西方素描色彩系统的训练，才能通过美术学院的艺术价值观考核。自 20 世纪 50 年代初开始，新中国美术教育深受苏联社会主义现实主义美术影响，苏式美术体系在整体上对中国美术教育一统天下的局面从此开始并影响至今。② 广州美术学院成立于 1953 年，由广东华南人民艺术学院、湖北中南文艺学院和广西艺术专科学校三校合并成立的中南美术专科学校是其前身，国画系主要以继承岭南画派风格为特色。

现代的国画人物画科在美术学院中属于国画系里的其中一个专业方向，与山水、花鸟平行，人物画又分为写意与工笔两类。广州美术学院里最著名的人物画家杨之光先生是岭南画派开创者之一高剑父的学生。岭南画派吸收了日本画的一些技法，以水墨带出明暗感觉的撞水撞粉法，"折衷中外，融合古今"。绘制 JM像的杨老师的作品多是一些静雅的年轻女性工笔肖像，她在大学和硕士研究生阶段分别受到湖南师大美术系的传统工笔人物画和广州美术学院国画现代人物画教学影响，而且杨老师之前接到过

---

① 迈克尔·苏立文：《东西方艺术的交会》，赵潇译，上海人民出版社，2014，第 192 页。
② 李公明：《"社会主义新传统"中的艺术与政治——以二十世纪六七十年代的广东美术创作为中心》，《开放时代》2007 年第 3 期。

其他家族的这类订单。但是其他订单要求很简单，只要画一个概念的古代人物即可，从未有过这样复杂而具体的要求。因为是好朋友介绍，她也以为不太难才答应帮忙画这幅祖像，没想到的是这幅画之后会经历如此多的修改和意见上的争执和风波，也因而成为她艺术生涯中一件奇特的事件。

四　新传统的重萌：再造祖像

此后，课题组就根据 JM 研究会提供的历史文献资料和丰城 JM 像展开讨论和研究，按安道侯的身份，以《续汉书·舆服志》中关于服冠的描述为历史依据，同时参考近年来出土的南越国墓葬材料，以及其他地区汉武时期出土文物及墓葬壁画等遗存的相关研究资料为服饰形制的主要参考开始创作。课题组最初与 J 氏族人讨论商定，同意以丰城族谱中对祖先"其貌豪雄"的描述为表现的重点，人物形象以其盛年封侯时年龄为准，即汉武帝元鼎六年（公元前 111 年），安道侯时年 51 岁。延续老像的云身构图，人物以 3/4 面部朝向为人物动态，头戴武弁，内隐见平巾帻，手持笏板，穿黑色禅衣，禅衣里面有中衣、深衣。中衣、深衣这种形制在历代族谱绣像中也比较常见，既庄重也有威严，符合安道侯的人物身份和后代对其崇仰的要求。出来后的第一稿是素描稿，画在四开素描纸上（见图 2 - 2）。J 家人邀请最初提议修改画像服饰的曾骐教授一起来讨论，曾先生的意见是深衣服饰妆容基本与文献资料史实相符，只要这些对了，放在族谱中就不会闹笑话，以前的像是汉朝人穿宋朝服装，放在族谱中让有文化的人看了会觉得不严谨。但是 JM 研究会里各位 J 姓子孙的关注点并不在服饰是否正确上。他们的第一反应是这个形象完全不是他们想象中的其貌豪雄的老祖宗——那个汉武帝时携南越归汉外姓封侯的得姓大将军。他们对五官的形状甚至手指的细节都有自己的理解：形象太年轻，他们想象中祖像应是个威严的壮年男子模样；不接受3/4侧面，用正面像显得庄重；脸型要接近丰城老像的国字脸，因为虽然服装不对，但是宋代画像的形象已经深入人心，两张图像不能脱节，要有联系，最好只是换上汉朝的衣服，但人物形象还是要接近丰城的 JM 像；反复强调眼神的问题，希望更加自信、锐利、坚定一些。

图 2 - 2　画家杨老师想象的 JM（第一轮画像稿）

多年后因为笔者在论文写作中发现有些问题当年没有意识到，因此又约访杨老师一起回顾这张图像当时的创作过程，她才说起了这张图像的图式来源：

其实之前也为其他家族画过祖像，尺寸很大，两三米的样子，但是那家人没有那么多具体要求。画 JM 像我还是比较慎重的，当时是以 JM 的地位和侯爵服饰为基础，以及以我们一起搜集的历史资料和服饰为依据。同时，我还参考了著名的工笔画家何家英的名作《魂系马嵬坡》中古代的将军形象来创作的（第一稿中的）JM 形象，这是在工笔人物绘画中比较优秀的古代题材作品。①

JM 研究会中 J 姓人士的话语里经常有很多关于面相的描述，"我们老祖先是封侯赐姓的，一定是相貌堂堂，不可能长这种鹅蛋脸女人相"，"手指细长，眼神文弱，像个书生，哪里像带兵打仗的大将军"。② 虽然面相的观念和意识对于杨老师来说平时也会涉及，但显然不像历史上没有受过西方绘画观念冲击的民间画师那样系统。相术在中国社会中历史悠久，是将个人与天地宇宙联系为一体的依据，用以证明个人命运起伏变化的必然性和合理性。元代画家王绎的《写像秘诀》，开篇即说"凡写像须通晓相法，盖人之面貌部位，与夫五岳四渎，各各不侔，自有相对照处"。③ 清代画家丁皋所著《传真心领》更为详细地对绘制肖像画所涉及的整体格局、各个五官部位和细节的类型做了分析和描述（见图 2 - 3）。④ 这时再重新审视丰城 JM 像，会发现 JM 像虽然粗简，却在这些关键的细节上严格遵循了这些原则。例如，丰城 JM 像选用

---

① 笔者田野访谈资料，2015。
② 笔者田野访谈资料，2008。
③ 王绎：《写像秘诀》，转引自吴卫鸣《明清祖先像图式研究》，博士学位论文，中国美术学院，2010，第 71 页。
④ （清）丁皋：《传真心领》，人民美术出版社，1984，第 60 页。

的正面胸像、朝服、笏板和武弁，显示出当年的绘制者对那时民间社会中对国家——"朝廷"概念的认知和表达。此外，他们选择了两位行伍出身的子孙照片让课题组参考，要找到那种"其貌豪雄"之感。虽然创作其他伟人肖像时，艺术家也会考虑参考后人样貌，但是一般来说辈分不会差距太远，像这样隔着两千年照着子孙画祖先，则显得相当奇怪。

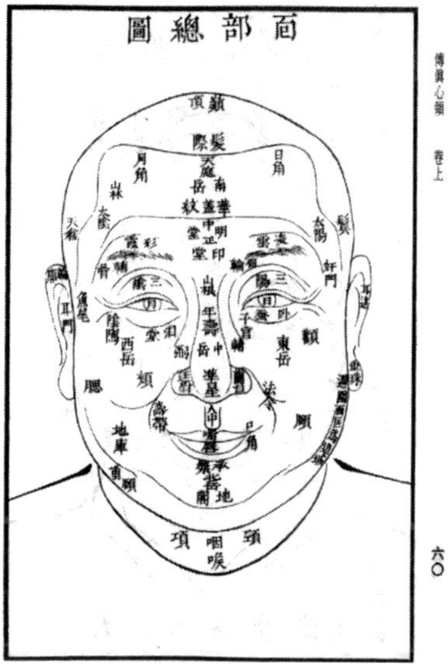

图 2-3　（清）丁皋《传真心领》面部总图

回想 JM 研究会成员们选择正面像构图的原因，除了丰城 JM像中延续的传统之外，从这种正面胸像本身的偶像构图形式，还可以感觉到现代政治偶像图像对民间社会视觉经验的隐约影响，如官方媒体报道中关于领导的个人介绍大多选用正面标准像照片。正面胸像的构图是在中国社会中描述权力偶像时使用的一种普遍性图式，而且与这种正面像对视的观看方式，也使得祖像因崇拜而产生更接近神主的功能。课题组接受了 J 氏族人第一次提出的修改意见，重新绘制正面像，当然，艺术家在其他的人物肖像委托创作中进行这类修改是很常见的现象。几个月后，按照 J 氏族人的意见修改完毕的第二稿（见图 2-4）交由 JM 研究会讨论。反馈回来的意见还是很多，正面胸像的构图获得认可，但是他们对五官发须的形状、大小、位置提出了非常多的细节调整。而且他们非常不满意根据史料推理出来的汉代武弁冠饰和朝服，觉得实在是不够华丽，虽然这些基本符合历史资料，但离他们想象的祖先实在差太远。

图 2-4　第二轮 JM 像修改稿

在仔细地询问到底怎样的形象才更接近他们的想象时，他们突然说："你们看过《汉武大帝》的连续剧没有？那里面的大臣官员形象才像我们想象的汉朝祖先。"至此，他们脑海中关于祖先记忆的形象才真正浮出水面。作为介绍人，笔者无奈费了很多功夫去和杨老师沟通，杨老师觉得自己的专业水准被质疑，非常烦扰，说从未遇到这样无休止反复修改的情况。如果不是在做田野研究，一直以来笔者是以艺术家为重的，也会同意杨老师的想法，但是这样的话，J氏族人脑海中的想象就无法图像化地呈现出来。因此，笔者和杨老师沟通，让她一同采用研究的态度，用实验性的方法尽可能地满足J氏族人的修改要求以完成这个委托，最后杨老师勉强答应继续修改。但是他们还是继续纠缠在五官的大小，天庭更开阔饱满，眼睛不可上挑有女人相，眼神的方向调整为平视，反复强调目光要炯炯有神、更加坚毅等。而杨老师说因为画种的限制一般不可以在瞳孔里加高光，不符合国画的特点，但是J氏族人对炯炯有神的愿望也很强烈，不肯妥协。因为笔者的专业学科是雕塑，接受过系统的西洋美术训练也会画素描，最后只好代杨老师执笔在工笔白描稿的瞳孔里加上了素描画法里的高光，这个"点睛之笔"终于获得了研究会成员的肯定。

又过了一个月左右，白描稿（图2-5）在参考了《汉武大帝》剧照的形象进行修改后，JM的形象按电视剧里的戏服装扮来看至少接近万户侯的行头，也就是在参考了其中扮演宰相的演员的样貌以及冠帽之后，JM研究会的各位成员才基本满意了。随后，他们将白描稿带到了研究会的各级理事会上，给外省各地的J姓族人提修改意见。再次反馈回来的不过是继续反复修改五官的大小、上下，头发、胡须的位置与多少，衣服花纹的增减，构图稍微加长些，大的格局不用再改了。这时作为画家的杨老师已经到达了耐心的极限，要求他们在最后一次讨论会后决议签名定稿，不再继续折腾他们每个人想象中那些微小差异，这时已经是2009年3月。杨老师在后来的时间里将白描稿腾到绢上上色，成为新修JM公像定稿（见图1-1右侧图），之后就在中华J氏网公布。其实 2009 年 8 月在湖南澧县召开的 JM 研究会年会上，由于各地宗亲相聚，这个像又拿出来讨论过。一位不清楚祖先如何移民到云南的 J 姓副会长说："像就是个菩萨，长什么样不要紧，大家都认就行了。"最后由 JM 研究会中社会地位最高的名誉会长发话："谁也不知道老祖宗长什么样，看久了就像了，已经公布的事情就不要再改了。"这才一锤定音，从此，这张被"发明"出来的祖像正式进入了 JM 研究会的各种仪式、活动等场合。这张图像的反复展演，也渐渐开始塑造了 JM 研究会中骨干成员试图建构新的权力格局的模样，而作为这种格局象征的新修 JM 像也正在以一种被重新建构的历史记忆进入社会生活中。在这个过程中，新祖像似乎应该被理解为由精英画家帮助绘制的一种新民间美术（new folk art）而不是精英美术或学院美术。

图 2 - 5　JM 像白描定稿（五官细节经过无数次调整）

小结　如何理解几重断裂的传统

从历史时期开始，绘画的研究者就反复提出，图像可以传达语言所不能传达的东西，与文字不仅是互补的而且同等重要。如陆机（261—303 年）所说："宣物莫大于言，存形莫善于画。"张彦远（活动于 847 年）在《历代名画记》中的导言："象制肇创而犹略，无以传其意，故有书；无以见其形，故有画。""记传，所以叙其事，不能载其容；赋颂，有以咏其美，不能备其象。图画之制，所以兼之也。"南宋学者郑樵（1104—1162）通过一系列的类比来研究绘画与文字间的互补关系："图，经也；书，纬也，一经一纬，相错而成文。图，植物也，书，动物也，一动一植，相须而成变化。见书不见图，闻其声不见其形；见图不见书，见其人不闻其语。"①

在本章中，笔者以 JM 研究会再造祖像事件的详细分析，描述这个试图以得姓始祖认同需求发展出来的宗亲会组织，如何在纷杂的记忆中拣选合适的片段，并在多方断裂的传统意识碰撞与互动中建构新传统的过程。从对传统再造过程中产生的冲突来看，当下的传统并非只存在于精英或民间任何一方，而是以碎片状分布在精英层面的大传统和民间社会的小传统观念中，并需要通过复杂的妥协和协商才能完成传统的再造。这其中涉及历史上复杂的政治、经济、文化、传播等各种力量与地方社会以及国家

---

① 孟久丽：《道德镜鉴：中国叙述性图画与儒家意识形态》，何前译，生活・读书・新知三联书店，2014，第 5 页。

对话中的互动与交融。

传统社会中对文字叙述的紧张以及曾经存在的文字狱，让民间社会谨慎于文字中潜在的危险，不过历史上因图获罪的情况并不多，因此，祖先图像也成为民间群体意识更隐晦的集体表述工具。对于祖先的身份想象，图像比文字叙述具有更自由发挥的空间。在各种文化中，对图像经验缺乏的现象都更甚于文字经验，也正是图像的多义性、复杂性和隐晦性才让子孙们对祖先的想象得以保全。同时被保留的还有一些历史时期地方性的集体抗争意识，① 民间社会借由往生者脱离国家礼法的管束来表达心志。在这一层面上，亦可以看到祖像作为"缺席的在场"② 成为不同群体进行集体表述的特殊媒介功能。通过重修始祖 JM 像的个案，来反观历史留存的各姓氏族谱中对始祖身份和祖先图像中普遍与历史不符甚至僭越的情况，似乎可以更宽容地理解民间群体的生存智慧，而不是简单地将其视为下层社会的非分之想。

始祖 JM 经由子孙们的重新书写和形象表达，从若干位身穿各异服饰的老少人物，变为浓墨重彩身穿汉代电视剧戏装健壮威严的中年男子，亦逐渐成为 J 姓子孙再次拥有的新传统。从艺术史角度来看，会看到祖像中人物肖像的绘画风格、技法流变和图式渊源；从图像学角度来看，则可以解读出祖像图式中隐含了当时的社会背景和文化意义；从历史学角度来看，也许祖先图像还可以作为新的历史证据。但是从视觉人类学角度来看，在祖像的

---

① 吴卫鸣：《明清祖像图式研究》，博士学位论文，中国美术学院，2010，第146 页。

② Hans Belting. *An Anthropology of Images*（Princeton：Princeton University Press, 2011），p. 10.

概念里，"祖先"显然是比"像"更重要的关键词。祖先与子孙的互动存在，让祖像里描绘的对象不仅是作为个体的祖先形象，更是特定时代特定地方子孙群体的自画像。对这种互动关系中图像生产方式进行田野观察的方法，亦可作为一种其他民间图像在解读路径上的参考。

第三章　在城市与乡村之间

　　早在 1956 年出版的《农民社会与文化》中，美国人类学家罗伯特·芮德菲尔德就已经谈道："把人群当做一个个孤立体去研究是荒唐的。要研究一个群体首先必须对它广阔的背景做充分的了解，也就是说：不能只局限于'小传统'（little tradition）的视角去观察一个群体，而应当采取更大的观察整个文明的背景去进行工作才能使调研工作走上正道，即应该从'大传统'（great tradition）的角度去规划和执行群体的研究。"① 关于"人类学该在哪里做研究"② 也早已成为人类学者需要经常去反思的问题，如是否还存在一个原始形态的小型社会，尤其是在中国这种文明久远的民族国家里，小型社区作为"理论模型"依然具有意义。"所谓小型社区实际上在社会结构上和文化传统上都和比它们大的社区保持着千丝万缕的联系。"③ 但是正如玛格丽特·米德认为的，

---

① 罗伯特·芮德菲尔德：《农民社会与文化》，王莹译，中国社会科学出版社，2013，第 3 页。

② 古塔·弗格森：《人类学定位：田野科学的界限与基础》，骆建建等译，华夏出版社，2005。

③ 罗伯特·芮德菲尔德：《农民社会与文化》，王莹译，中国社会科学出版社，2013，第 3 页。

84

孤立的、自给自足的小型社会依然被看作"理论模型",用于探讨现代民族国家的"民族魂"或"民族个性"(national character),因为如果没有这个经典"意象",社会人类学这个学科就建立不起来。①

笔者的田野工作是从帮助广州的 JM 研究会重修 JM 像开始的,虽然在合作早期并没有将这个社群当作田野对象,但也一直在留意这些反复讨论着祖先封侯赐姓想象的人们。他们之间聊天和争吵时都会大声地用"𠊎"话交谈,而不是在广州大多数日常的工作生活场合中更常使用的粤语白话或普通话。通常,他们对陌生人介绍时会先说自己是湛江人;如果面对的是了解粤西地区的谈话对象时,就会说自己是讲𠊎的;再如果谈话对方对这个语言或地方有兴趣,他们就会进一步解释说,𠊎话是客家话的一种,而有文化的人这时一定会提起他们故乡临近的讲𠊎的广西博白,那里更加人杰地灵,出了一位著名语言学家王力先生。这个讲𠊎的地区跨越了广东和广西两个行政区划,大约在宋代广南路东西的周边范围。他们无论遇到哪个地方讲𠊎的人,都会产生老乡的认可,这让笔者对他们话语中描述的这个模糊的讲𠊎故乡有了基本认识。在完成 JM 画像的工作之后,从2010 年春天开始笔者确定以画像事件为起始,一边跟进 JM 研究会在广州及其他城市的各种活动,也展开对他们讲𠊎故乡的寻访。虽然广东人在古代被污名化为"南蛮",但相对于珠三角,粤西则是更为"野蛮"也更有生命张力的边缘之地。本章主要通

---

① Margaret Mead. *National Character In Anthropology Today* (Chicago: University of Chicago Press, 1953), p. 653.

过笔者因画像事件而逐渐展开对 JM 研究会骨干成员的家乡——粤西廉江 J 镇讲亻厓的 J 姓村落的田野调查经历，描述具有浓郁粤西传统的"讲亻厓"之乡中的祖先观念存在的场域，以及 JM 研究会骨干成员们祖先观念的原境。

第一节　从珠三角到粤西：地方性的变化

一　寻访田野的源头

从广州出发，沿广东西南方向的沈海高速自驾行驶 500 多公里就到达濒临北部湾雷州半岛北部的廉江市。这里位于广东省西南角，高州以西，东界化州，南界遂溪，西界合浦，北与广西之博白、陆川接壤，东南一隅邻于吴川。① J 镇的 J 姓村落就分布在廉江西北部云开大山余脉峰峦叠嶂的粤桂交界地带，属于廉江市下属的纯讲亻厓话的乡镇。笔者初次到访 J 姓村落时是 2010 年清明节之后，在广州工作的 JM 研究会的副会长说要回乡办事顺便祭祖，笔者可以跟随去探访。当时我们一起走访了 NJ、MJ、NM 三个村，以及 NM 村的 J 氏宗祠、始迁祖 JDX 墓地（见图 3-1）和这位副会长在附近开办的茶场。往来这些村落的过程中，我们一直穿梭在路况良好的两车道村级公路上，两旁是密集的桉树林，远处则蜿蜒着青翠的粤西丘陵。在路途中，他们不断自言自语地描述去祭拜的那几个墓地的风水，让笔者第一次在感觉上将连绵的丘陵与风水龙脉的描述略微衔接起来，甚至产生了将墓地两侧延伸出去的山脉幻化成母体两条下肢的想象。笔者开始以为

---

①　参见《重修石城县志》（点校本，民国二十年版），广东人民出版社，2001。

是从事艺术工作的观察惯性，不过后来在河合洋介关于日本冲绳的民俗风水的研究中，也见到了冲绳人的类似于这种华南地区常见的龟甲墓的解释："龟甲墓是模仿女人的腹部做的，由于人会从女人的子宫出生，他死了后回到子宫才对。"[①] 而 J 姓人士无论是在城市还是在乡村都体现出的风水话语系统则让笔者印象深刻，仿佛他们在城市日常生活中遇到的顺利与不顺利，都会和远在粤西老家山川土地中的祖先们有关。

图 3-1 廉江始迁祖 JDX 墓

因一直与笔者沟通较多的几位研究会负责人通常是自驾往来广州与粤西，后来在 2013 年笔者独自去往廉江时，也选择了与他们相同的交通方式进入。最初笔者犹豫是不是应该选择公共交通工具比如长途汽车去到田野点，但是在和导师沟通过后认为自己开车可能更方便于在村落间走访，以及可以方便携带比较沉重

---

① 河合洋介：《日本冲绳的民俗风水——久米岛的传统环境知识》，载金泽、陈进国编《宗教人类学》（第一辑），民族出版社，2009，第 204 页。

的拍摄记录设备。笔者的调查对象也基本上是开车或者搭便车返乡，采用和调查对象相似的方法是合适的。在后来的田野中，笔者发现越野车也成为调查工具的一部分，很多不便于在公开场合交流的信息，尤其是对宗族内部彼此的抱怨不方便在公众场合讲出来，但是一转入车内空间中就很容易打开话匣子。这对田野研究者而言是非常难得的对话场所，因为彼此不用面对面，没有对视的紧张感，而车内狭小空间带来的舒适和放松感让被调查者很容易进入讲述状态。有时，他们因为搭了便车，在心理上觉得要回报，所以都会尽可能地告诉一些笔者想知道的信息。当然这和奈吉尔·巴利（Nigel Barley）在《天真的人类学家》中提到的遭遇有些不同①，笔者的乘客虽然说话声音足以震动车顶，但不会硬挤进五个以上的人。从田野回来后反复回忆这个过程，笔者意识到汽车在调查过程中的确提供了特殊的访谈对话机会。而且粤西社会中女性地位普遍比较低，民风也比较彪悍，拥有自己交通工具的女性研究者在那里会比较安全。尤其是在田野早期，笔者带着拍摄工具经常会让其他不熟悉的村民认为可能是记者，因而自驾也获得了某种进出社区的便利和安全保障。

笔者在2012年产假和休养期过后，就和JM研究会的成员表示还要继续去他们的家乡进行调查，补充对他们祖先文化的理解。他们听说时很惊讶也很高兴，惊讶的原因可能是没有想到笔者有勇气要去那么偏远的乡村中做调查，他们之前遇到的学者大多只关注他们的族谱文献；高兴的是老家的J姓文化也有人重视。

①　奈吉尔·巴利：《天真的人类学家》，何颖怡译，广西师范大学出版社，2011，第40页。

于是，经 JM 研究会的副会长 YQ 介绍认识了廉江当地 J 氏宗族中重要的核心人物 YS，他介绍笔者的身份是 JM 画像课题组的负责人、美院副教授，在做 J 姓文化的研究。YS 对廉江 J 氏文化最了解，听说了笔者的来由后非常激动。他说，没想到一个看上去斯斯文文的省城女教师对他们那个偏远的故乡感兴趣，很客气地夸奖笔者的勇气，也很"客气"① 地赞许 JM 画像的庄重典雅。YS 已经 80 岁了，但是看上去精神矍铄，谈吐流利。他出生在 NM 村，现在还在村里有一栋"大楼"，他有两个事业成功的儿子，一文一武，因此房子也以左右对称的格局，修成一幢四层半高的钢筋混凝土结构的楼房，外贴浅黄色瓷砖，这和 NM 村里那些依旧红砖裸露的村屋形成很强的对比，虽然除了过春节，他们一家并没有多少时间回来居住。YS 毕业于湛江师专，在小学教过书，担任过中学的校长，因为德才兼备，后来被教育部门调到市里的中学任教务主任，退休后就常住廉江，但是过年过节也经常会回村里。JM 研究会里的很多人年少时都在他的学校里读过书，对他也是很客气的，尊称他老校长。他太太是 J 镇上的，退休前是中学音乐老师。两位老人家看上去都儒雅温和。之后，笔者在田野里的大部分关系都依靠着他的人脉展开，也确实见到在大部分 J 姓村庄，大家对他都很恭敬，因此跟着称呼他为"老校长"。他也很开心地认可这个称呼。老校长和几位已经搬到廉江居住的、热心家族文化的 J 姓的退休干部和从事文化工作的老人一起组织各种宗族活动，但是他们都不住在村里。笔者需要找到可以住进

---

① YS 认为 J 姓始祖要追溯到史姓始祖仓颉，而不是 JM，因此他自己还会去参加国内一些史姓联谊的活动。

去的人家，首先完成从"去过那里"（been there）到"在这里"（being here）的转变。

HY 是 WL 村的族望，看上去 70 岁左右，但实际已有 80 多岁。他是老校长的好朋友，退休后一起忙活 J 氏族内各种重要事情，平时住在廉江，但是四季适宜时也经常会回 WL 村住上几个月。HY 本人也是镇上的离休干部，早年参加过廉江当地的抗日和解放战争，所以在廉江 J 姓中颇有威望。他本人还是各级祭祖仪式和企石寺庆典仪式的负责人，参与了 J 氏宗族自 20 世纪 80 年代以来各种族内的文化复兴活动。

廉江的 J 姓村落多分布在临近粤桂交界处的 J 镇，J 姓宗祠、始祖墓和 J 姓的族庙企石寺都位于 J 镇 YH 乡附近。[1] 廉江古称石城县，始建于唐高祖武德五年（622 年），唐天宝元年（742 年）以濂江河取名濂江。北宋废，南宋复置石城县。入民国后，因与江西省石城县同名，奉令又复旧名，同时改"濂"为"廉"。[2]廉江在殷时属南越，周时称南海，周末称百粤，秦时属象郡，秦末汉初属南越国，汉属交州部合浦郡，吴、晋、宋、齐属高凉郡，梁、陈属高兴郡，隋属高州，唐、南汉属罗州，宋属辩州，元属化州路，明、清属高州府。民国属边境区域和行政区划多次更改。[3]

当地地势北高西南低，北部数十座山峰层峦叠翠，组成一道屏障，当地最高点双峰嶂（海拔 382 米）耸立其中；东南部和中

[1] 《重修石城县志》（点校本，民国二十年版），广东人民出版社，2001。
[2] 廉江地方志编纂委员会：《廉江县志》，广东人民出版社，1995，第 78 页。
[3] 《重修石城县志》（点校本，民国二十年版），广东人民出版社，2001，第 17~29 页。

部为低丘陵地区，扁平低矮的山坡连绵起伏；南部、西南部为浅海冲积平原，地势平缓，土地肥沃。就像他们的祖先客家人一样，讲亻厓的人群也多分布在粤西地区西北部的丘陵山区村镇，城里的 J 姓族人有时会和笔者讨论，为什么他们的老祖先没有占海边的平地而是选择山区，觉得不可理解，在现在的城里人眼中，海边无论是物产还是交通都会比山区更好。不过从历史资料来看，一来应该和讲亻厓人群从陆路迁移过来的时间比较晚有关；二来也和这些从客家聚居区迁移过来的青壮年大多是农民有关。他们更熟悉农业技术而不像从海路过来的雷州人更熟悉渔业技术，因此选择在靠近海边的地方安家落户，但是粤西的气候对于刚刚迁移到本地的客家人来说还是很大的挑战。

　　J 姓聚居的 J 镇村落之间现在都已通村级公路，通常是较窄的两车道水泥路。有些富裕的村落则因为有回乡捐助的资金而将道路扩大到两个半车道的宽度，道路质量也因经费状况有些好有些差，因此一些路段遇台风大雨天会出现山泥塌方和地基塌陷的情况。廉江县境内河道纵横交错，水源丰富。境内最大的九洲江发源于广西陆川大化顶，其一级支流沙铲河则发源于广西博白县高滩，南流入 J 镇，发源地至长青水库段称为 J 镇河，经过整个 J 镇。从 J 镇向东走大约 8.5 公里的村级公路，就到达廉江 J 氏始迁祖曾居住的 NM 村，自始迁祖 JDX 在此定居之后已繁衍十九代，据说有四万多人口，分布在广东、广西、海南的 105 个村子中。

　　站在 NM 村 J 氏宗祠（见图 3-2）前的坡地上环顾四周，会看到前方是连绵不绝的九座青翠山峰，北邻 CMS 村，东近 DMY 村，南边 2 公里是 HY 村，西边翻过山即是 NJT 村。这里的青山在外人看来并不出奇，也没有特别奇崛的风景，但是山清水秀，舒适宜人。《廉江县志》上描述："山上常见自然植被乔木有马尾松、米椎等，灌木以岗松、桃金娘为主，草本以芒箕居多；还有樟树、白榄、鸭脚木、黄牛木、大叶沙、厚皮香、风木、野牡丹、车轮木、油茶。植物覆盖率为50%～70%。人工植被则包括广泛分布的用材类速生桉树、国外松、麻黄、大叶相思；竹材类的主要有撑高竹、大簕竹、青皮竹、粉丹竹、毛竹和广宁竹等，主要分布于农村村场四旁、河流两岸。经济林主要有红烟、油茶、油桐、茶叶、果树、橡胶等，分布于丘陵地带，面积仅次于用材林。"而笔者在这些村庄中走动的过程中，印象最深的是到处都有密集的速生桉树林，即使是在重要的墓地和庙宇附近也有。这种破坏水土的经济作物在其他地区并不会种植于村落附近，但是这里则离得很近。山谷中的田垌里种植水稻和其他蔬菜等作物，多用于自家食用，而不是为了出售。沿着谷底蔓延开来的小溪和水塘将附近村庄连接起来，这些小溪贯穿田地旁，不算很清澈，靠近村落的水口会见到塑料垃圾。

风水格局对 J 氏族人来说至关重要，他们认为祠堂风水的好坏会影响到整个宗族的命运。这里的空间地理形似山蟹，被他们称为"蟹地"。J 姓族人认为这个好风水是他们人丁兴旺的重要原因，族谱中如此叙述了这个祠堂的风水：

祠堂背……前有开阔田垌，高山屯水，左右有四条清溪环绕，至村前四水先后汇聚，向南流入樟山河。

J 姓族人经常将自己的宗族人口与始迁祖 JDX 故乡的 JL 乡八

92

图 3-2　NM 村 J 氏宗祠所在地

百年历史才不过繁衍两千多人口相比，廉江 J 姓在四百多年间就由一个祖先"发出"了四万多人。但是当地其他姓氏则认为他们家不过是"山蟹，还不够威，水蟹才够威"，不过也认为祠堂后背紧靠海拔 322 米的阿婆髻嶂，风水格局上已经很好。当地另一大姓 L 家的祠堂修得更为夸张，祠堂恢宏巨大，有若干盘龙柱，描红粉金。但是 J 姓和 L 姓的关系随着 1959 年当地的水利工程发生了改变，因为 L 姓原居住的村落有不少位于离 JZ 江较近的区域，后来成为 CQ 水库的移民区，而 J 姓较少因修建水库搬走，因此现在 J 镇 J 姓反而变成了大姓。

二　中心与边缘

　　粤西位于中国大陆最南端的高雷半岛，与海南岛隔海相望，南临北部湾，西接广西东南部。广东主要分为四个大的文化区域，包括了中部南部的珠三角粤语区域的广府人，粤东北山区的客家人，东南沿海的潮汕人，以及多种文化混合的粤西人。如果说广东已是中国的南部边疆，那么粤西就是南疆中的西南边疆，而廉江在粤西地区的地理范围中又属粤西的边缘地带。笔者田野所在的廉江 J 镇已经与广西博白交界。J 姓有一个重要的祖墓在广西博白。地处边远的粤桂交界山区，虽然远离县城交通极不便利，限制了过去亻厓佬村落的发展，但也由于边缘的边远而免受历次运动和城市发展的冲击，很多祖先的坟山得以保留。

廉江气候属热带季风气候，冬季偶有寒潮，夏季则台风、暴雨频繁，又处在廉江—信宜断裂带上，从历史来看地震较频繁，且常受风雨灾害之苦。

> 石城为越扬裔土，属岭南之南。《投荒录》云："岭南方盛夏。倏旸倏雨，大雨倾注，顷忽赫日，故炎热甚于北土，籍春秋之季，亦多暖少寒。"旧志云："县境西南濒海，其气郁蒸多湿热，寒燠不甚应候，今测气温最高达摄（华）氏九十四度，寒则降至四十五度，一岁之中暖多寒少，往时春分后天气渐热，秋分后天气渐寒，近来气候变化，虽当寒露寒暑表亦热至八十余度，清明往往寒至五十余度。"

> 夏至后晴雨无常，烈日薰蒸，风多由西、南两方吹来，其气寒。夏秋间有飓风，飓之将做，海涛声吼，海鸟交飞，黑云翔涌。东坡诗云："昨日江头天色恶，炮车云起风欲作，盖谓此也。或一岁一发，或一岁数发，或数岁一发，每风必雨，无雷电，有雷则否。"

> 夏雨多雷，或伤物、畜，中秋月色明暗，徵来年上元阴睛，冬有霜而无雪，水极寒而不冰。①

---

① 《重修石城县志》（点校本，民国二十年版），广东人民出版社，2001，第55页。

据1931年《重修石城县志》中记载，当地文人认为苏轼贬谪崖州时曾途经石城，流传有松明书院一座。而其子苏过的《飓风赋》传说是在陪同苏轼前往崖州途中途经石城时遇飓风时所作，虽未可信，但是高雷一带气候近似，也可从文中体会当地气候所带来的威胁和感受。

　　宋苏过《飓风赋》：仲秋之夕，客有叩门指云物而告予曰："海氛甚恶，非祲非祥。断霓饮海而北指，赤云夹日而南翔。此飓之渐也。予盍备之。"语未卒，庭户肃然。槁叶蔌蔌，惊鸟疾呼，怖兽辟易。忽野马之决骤矫退，矫退飞之六鹢。袭土之囊暴怒，持众窍之叱吸。予乃入室而坐，敛衽变色。客曰："未也，此飓风之先驱尔。"

　　少焉，排户破牖，陨瓦擗屋。礧击巨石，揉拔乔木。势翻渤澥，响振坤轴。疑屏翳之赫怒，执阳侯而将戮。鼓千尺之涛澜，襄百仞之陵谷。吞泥沙于一卷，落崩崖于再触，列万马而并骛，会千车而争逐。虎豹慑骇，鲸鲵奔蹙。类钜鹿之战，殷声呼之动地；似昆阳之役，举百万于一覆。予亦为之股栗毛耸，索气侧足，夜拊榻而九徙，昼命龟而三卜。盖三日而后息也。

　　父老来唁，酒浆罗列，劳来僮仆，惧定而说。理草木之既偃，葺轩槛之已折、补茅屋之罅漏，塞墙垣之额缺。已而山林寂然，海波不兴。动者自止、鸣者自停。湛天宇之苍苍，流孤月之荧荧。忽悟且叹，莫知所营。

　　呜呼！大小出于相形，忧喜因于所遇。昔之飘然者，若为巨邪？吹万不同，果足怖邪？蚁之缘也，嘘则坠，蚋之集也，呵则举。夫嘘呵会不能以振物，而施之二虫则甚惧。击而三千，抟扶摇而九万。彼视吾之惴栗，亦尔汝之相莞。均大块之噫气，奚巨细之足辨？陋耳目之不广，为外物之所变。且夫万象起灭，众怪耀炫，求仿佛于过耳，视空中之飞电。则向之所谓可惧者，实邪虚邪？惜吾知之晚也。[①]

早在秦汉时期，粤西已是农业起源较早的一个地区，但发展缓慢。至隋唐时期，农业水平仍属于"刀耕火种"。从唐宋至元代，粤西还一直是失势官僚流放之地。明代以后，尤其是明中期镇压"瑶乱"后，人口丧失，招募民众移垦，粤西才真正进入开发阶段。[②]

在粤西地区，来自汉人地区的讲亻厓的人和来自粤中操粤语讲白话的廉城、遂溪、安铺等地移民，以及来自闽南粤东的操闽南语系黎话的雷州人，在当地发展出了廉江白话（包含海话）和黎话（也称雷话）的族群。这三个大的语言移民群体彼此间有竞争亦有矛盾。讲廉江白话的人口约有 30 万人，主要分布在雷州半岛北部的城镇、商埠等经济发达的地区，势力和影响较大，廉江政府所在地廉城以廉江白话为主要通用语言。讲黎话的人口大约有 20 万人，其祖上是宋代以后来自福建南部的旧兴化府、泉州府、漳州府以及广东东部的潮州地区的闽南人，多经海路迁徙进入雷州半岛后又迁移到廉江的沿海地区。他们入籍之后也以聚族聚群而居，以农渔为业，原来所操闽语得以保留，演变为今天

---

① （宋）苏过撰《苏过诗文编年笺注》，舒里校补，蒋宗许、舒大刚等注，中华书局，2012，第 605~607 页。

② 王敏：《清代粤西地区农业发展》，硕士学位论文，暨南大学，2005。

的黎话。黎在当地的语言势力中处于较低位置。讲亻厓话的迁来较晚，在明清之际才陆续有客家人迁入，他们只能聚居在剩下的廉江北部和西部山区。定居以后，由于村落多连成片，内部交往频繁，方言变化也较慢。并且，由于他们居住在山区，过去与外界交流很困难，经济文化各方面相对落后一些，所以讲亻厓话的人在当地的三大族群中不算强势。讲亻厓话和黎话两种语言的群体总互相比较，反映在现实中的问题就是至今讲亻厓话的都没有进入廉江城区的日常生活。移居到廉江城市居住的亻厓佬也大多改成讲不咸不淡的廉江白话，只有和亻厓佬之间交流时才会用亻厓话。近 30 年来，廉江与外界交流和互动越来越多。当粤西亻厓佬离开家乡去珠三角或广东其他地区发展时，他们通常也同意别人称他们为广东三大民系之一的"客家"，并以此界定语言和身份。但在粤西当地，客家的概念并不在日常生活中使用，甚至村中的一些不大外出的村民完全不知道客家是什么含义。

笔者的田野点主要是位于当地 J 姓聚居的 J 镇村落，那里是湛江市革命老区、水库移民区、风景优美的偏远山区镇。全镇总面积 134 平方公里，山岭面积 23 万多亩，耕地 20808.08 亩；17 个村委会，1 个居委会，235 个自然村；总户数 12032 户，总人口 64789 人。其中，老区村庄 136 个，人口 48626 人，库区村庄 57 个，库区移民 13871 人。① 但是建设 CQ 水库时，由于 L_1、L_2 两姓在库区的村落迁移，L_1、L_2 两姓人在当地居民中的比例降低，J 姓村落多位于山里反而保存了下来，因此 J 镇现在的姓氏人数排名变为 J、L_1、L_2。廉江的 J 氏族人在老家 J 镇里的生活没有小

---

① 廉江地方志编纂委员会：《廉江县志》，广东人民出版社，1995。

姓的焦虑，不过在历史上当地宗族之间资源竞争激烈。每当出现宗族间的资源竞争时，擅用文化传统的 J 氏宗族往往把祖先封侯赐姓作为象征性的表达，在仪式中强调，以增加在当地社会竞争中的权益。

J 镇附近的村落和农场，改革开放以前主要以水稻、蔬菜、红橙和红烟种植为主。他们掌握一套独特的治烟技术，因此在廉江和湛江地区的各大烟厂里都很容易找到讲亻厓的廉江人。20 世纪末，J 镇本地的商人发现云遮雾罩的荒山可能适合种茶，就请了华南农业大学的专家来检测。专家证实当地土壤是优质的茶叶种植土壤，适合种植高山乌龙茶。他们就和政府合作，发展了 J 镇两万多亩山地用于种茶，成立了茶厂，以"公司＋基地＋农户"的模式鼓励贫困户种植一种特色茶。之后，当地又出现一些其他茶生产企业，J 镇也成为重要的茶叶专业镇。近几年，由于生态农业更有优势，茶叶种植、速生林、景观林等山地林木业成为当地的重要产业。笔者第一次拜访的 J 姓副会长的茶厂也以种植台湾高山茶为主。他引进了台湾高山茶种金萱，利用附近海拔高，空气优良的先天条件，种植和生产自己品牌的茶叶。加上种植蔬菜、养殖土猪和走地鸡等项目，这都为他在广州以有机食品为特色的餐饮机构提供了货源。近些年，廉江 HJ 农场出产的橙成为廉江当地政府主推的农业产品，于是开始扩大种植。这位会长亦计划让自己在广州的商业机构代理橙子销售的业务，联通两地的供需。副会长的茶叶种植走上正轨以后就有了自己的品牌，而最令笔者感兴趣的是这个茶叶品牌是以 JM 的故事为缘由的，名为"J 子茗茶"。这个茶叶品牌与 JM 研究会的渊源笔者还会在后面章节谈到。

本地种植业能提供的就业机会无法满足 J 镇当地庞大的就业

需求，村里有能力、有想法、有关系的人大多利用教育、就业、经商等机会去了廉江、湛江、广州、桂林、玉林、南宁等周边的城市发展。未外出发展的也会在 J 镇上买房子居住，为了让孩子可以在镇上读书。因为农村小学合并，教育资源更多地向镇集中。村里剩下的多是老人、未上学的孩子。他们多在容易灌溉、耕种的田地上种植一些水稻、蔬菜、红烟和水果，用于自己食用，其他稍微路远难耕作的土地都荒芜着。但是那些在城里工作居住的人，每到各种节日或村里有公共事务时也会经常回来参与。他们在村里也都还有不常住但建筑一新的房屋，屋前会有设计，如坐向或池塘等讲究，父母多居住在老家。有的也建得富丽堂皇，这些房屋有时是过年节时回来居住，但更重要的是表达在村中各自家族的富贵发达等。他们回到村中还会捐出善款，用于修路、修桥、修缮祠堂庙宇，以及其他公共事业，做的到位的人多被村民称羡感激，也相应获得在族中较好的口碑，被认为会做人、有办法、有能力。

J 家人说改革开放之前 J 镇就有人开始去四川学习制作柑皮（陈皮）等中药材技术，当时被称为投机倒把。改革开放后这些人开始学着做中药材生意，并扩展至西药以及药品的代理和销售。改革开放后玉林成为国内第三大药材交易市场，湛江的麻章区也有一个较大的药材集散市场，J 镇因位于广东湛江和广西玉林两个地级市之间，地理上的有利条件也让 J 镇人开始学习做药材生意且有人发了财。他们与各级医院的采购部门挂钩建立代理供应关系。后来 J 镇各姓氏都开始跟着亲戚去做药材生意，至今还有很多当地出来的人都以这个行业为生。有些人医药生意做发达以后也拓展到其他行业，JM 研究会中的骨干们的生意很多也和医药营销相关，他们中的很多人同时是各医药商会的领导及成员。因此，在田野中，与医药行业相关的各种话语非常高频率地出现在他们的日常生活和交谈中。因此，在研究过程中除了将他们理解为一个基于始祖认同的同姓共同体以外，有时也将他们理解为一群进入华南中心城市竞争的粤西药商群体。

第二节　亻厓佬：客家与壮族、瑶族

笔者在田野调查中使用的语言主要是广州白话，他们使用廉江白话，在沟通上基本没有问题。他们觉得笔者还拥有省城口音的"高级感"，因此Ｊ姓族人还挺愿意和笔者用白话沟通的，但是他们经常说着说着就忘了，开始用亻厓话讲起来。因为笔者之前在家带孩子那段时间学了台湾"四县腔"的客家话，如果是感兴趣的谈话主题，大致也可以听懂六七成，因此他们经常切换着两种语言和笔者交流。而他们自己交流时无论是在广州还是在廉城，当然包括在Ｊ镇，一般都用亻厓话。但笔者在疲劳的时候一句也听不见。笔者试图去查阅关于"讲亻厓"的其他研究材料来建立对这个族群的基本认识，在这些不多的材料里提到"讲亻厓"的是指主要分布在粤西桂东南的客家族群。他们通常他称和自称为"讲亻厓"，偶尔也会说"亻厓佬"，所以要搜寻相关研究并不容易。在一些文献中，这些族群还被称为粤西客家和广西客家。"讲亻厓"的地区其实并不受两广行政省区划分的影响，而是以大连片、小分片状分布在广东西部和广西东南部，东起广东阳江，西至广西防城，北至广西陆川、南至广东廉江的丘陵至沿海地带。许多廉江讲亻厓话的人在外地遇到广西博白讲亻厓话的，都会彼此认为是老乡，"讲亻厓"族群的区域边界与粤桂两省行政边界重叠交错，更接近文化意义上的广南地区。所以在后来的调查中，也会反复听到廉江讲亻厓的人外出打工、创业、求学时，既会去广东的湛江、广州、深圳等城市，也有很多去了广西的玉林、南宁、北海、桂林等城市发展，形成以讲亻厓地区为中心向外辐射到两广以至全国，呈放射状扩散迁移的状态。[①]

一 入赘的客家人

建立客家学的罗香林先生，于1933年出版的《客家研究导论》中第一次系统地提出了"客家"的定义：

> 南部中国，有一种富有新兴气象，特殊精神，极其活跃有为的民系，一般人称他为"客家"（Hakka），他们自己也称为"客家"。他们是汉族里头一个系统分明的支派，也是中西诸社会学家、人类学家、文化学家，极为注意的一个汉族里的支派。[②]

但是，如果以罗香林等学者创造的客家形象去考察地方社会中客家系人群时就会发现，各地方社会内部的小集团、各种各样的个人之间的相互作用凸显了客家与他者的界限。濑川昌久在香港、广东做田野调查时已发现，客家人与罗香林所描绘的客家形

[①] 李荣、熊正辉、张振兴：《中国语言地图集》，朗文出版（远东）有限公司，1987。

[②] 罗香林：《客家研究导论》，上海文艺出版社，1992，第1页。

象不同，是极为暧昧且流动的。这并不仅仅适用于客家，而是所有民族、族群面临的共同情况。^① 因此，循着模糊与流动的视角来判断"讲𠊎"的族群时，会发现他们与拥有明确族群界限的客家集团有差异。因为他们在粤西桂东南的聚居地中，并没有自称及他称为"客家"，"讲𠊎"才是当地人的自称与他称。这也是本书为什么不用"粤西客家"而是直接采用"粤西讲𠊎佬"来界定这个族群。

廉江全市 2835 平方公里，生活着 19 个民族 104 万人，汉族人口占 99%，其中讲𠊎话的占到 50% 左右，其他民族是 20 世纪后半期从外地迁入的。廉江境内操𠊎话的移民主要是宋朝以后来自闽西旧汀州府和粤东旧嘉应州的客家人，分布在廉江西部和北部的部分乡村。据张振兴在《广东省雷州半岛的方言分布》中的研究，廉江西部、北部的𠊎话和电白北部的𠊎话差别不大，是因为这两县讲𠊎话的居民基本上都是明清之际，从福建西部旧汀州府和广东东部的旧嘉应州陆续迁来的。^② 在当地讲𠊎的其他姓的族谱中也见到类似记载：

> 始祖于明朝嘉靖年间（约公元 1542 年前后），从福建连城县只身徒步，千里迢迢，迁徙到广东省高州府石城县永平乡巡十都白慈境 NM 村。适 NM 村有温氏景清公垂青于祖，为女相攸，天作之美，配祖姚温老孺人。始祖偕祖姚，斩棘

---

① 濑川昌久：《客家——华南汉族的族群性及其边界》，社会科学文献出版社，2013，第 3 页。
② 《重修石城县志》（点校本，民国二十年版），广东人民出版社，2001，第 195 页。

披荆，忠厚开基，勤劳稼穑，卜筑 NM。

> 　始祖德用公于明嘉靖年间由电白贸易经石城投访于县衙
> 任事之族叔。其后挑起货郎担串乡至秧坡地，遇钟姓因官司
> 彷徨无计，公代赴县衙调处使官司释解。钟翁感激，配女择
> 婿，公于是定居秧坡地。[①]

　　笔者留意到，这些姓氏族谱中对这段移民史的叙述中关于入
赘的说法呈现了相似的结构。在田野中，笔者也经常听到他们会
说起明朝时，老祖先单身以货郎身份从闽西粤东来到当地，因聪
明勤劳入赘妻家，并由妻子从老丈人家中偷偷带出些资助才安家
立业，传宗接代。J 家的始祖婆姓 W，她的墓就在离 NM 村不远
的企石寺旁边，每年春分祭完始祖墓后一定要来祭始祖婆。J 家
始祖婆的墓地对面是开阔的田垌，种植着水稻，小溪从田边流
过，清风拂来，风景很美，旁边有一条很长的离地十几米高的架
空水渠从田垌中飞过，渠下有多个高高的细长桥墩支撑。J 家人
认为，始祖婆墓的风水为"琴坟"，J 家的人有文采，会读书，是
这个墓的风水产生的作用。

　　老校长也和笔者提到过老辈流传的"府招新民"。关于明代
中期高州地方社会的转变，万历《高州府志》中有一些记载：

> 　据旧电所辖者附郭、朗韶等地，安怀得六乡及后迁县改
> 属茂名。因遗下博五乡属电白，其上下保，俱故属地也。若

得善后，乃腴沃之区，地广无人，后招韶州流民与之处，而图遂立焉。①

据老校长说，JDX在连城老家田地不够兄弟们分，听说了消息就自粤北辗转来到廉江。在邻近的广西博白、陆川地区讲亻厓的族群的族谱中似乎可也见到相关描述。

也就是说，在汉人移民来到粤西之前，这里可能多是壮民、瑶民居住的地区。在这一地区会见到大量以"那"为名的地名，如NM、NJ、NP等J氏聚居的村落，显示了壮瑶文化存在过的痕迹。"那"或"纳"在壮、傣、布依等民族语言中为"水田"。在壮、傣、布依等民族地区，有许多冠以"那""纳"字的地名。"那"文化圈的范围从广东东部一直延伸到泰国等稻作产区。② 在明中期壮民、瑶民起义后，居民被驱赶，为了避免田地荒芜，满足政府税赋的需求，这些被新的移民政策吸引来的福建移民继承了壮瑶人的村落和田垌，也保留了地名。谢启坤《广西通志》卷198引《粤西丛载》：

嘉靖二十五年六月，巡按广西御史冯彬言：……部议广西一省，𤞪人居其半，其三瑶人，其二居民。

也就是说，邻近广西的这片到处都以"那"为名的土地上，

---

① 转引自贺喜《亦神亦祖——粤西南信仰构造的社会史》，生活·读书·新知三联书店，2011，第163页。
② 覃乃昌：《"那"文化圈论》，《广西民族研究》1999年第4期。

在嘉靖年间之前，汉人只有两成左右，但现在从陆川、博白到合浦都比较少瑶族、壮族聚居的地区，这些讲亻厓的地区的人自认为都是汉族。讲亻厓的地区还会见到一些民间信仰，如盘古庙的存在,[①]"入赘"的说法与众多"那"的地名联系起来时，就会看到原住的壮瑶文化相关联的影响。按中原汉族的习惯和客家人聚居地的传统，入赘并不被赞扬。但"入赘婚"[②]是壮瑶文化中比较普遍的婚姻形式，一是因为壮瑶地区的母系社会遗风，女性地位较高，男性入赘时没有汉人社会那种宗法压力；二是因为壮、瑶多居山地，需要大量的强劳动力，为了生存而选择这样的婚姻模式;[③]三是如果族谱中的记录基本接近事实的话，那么很有可能的情况是对早期到达的外来男性移民适宜婚配的女性并不足够，而壮瑶起义中被明政府镇压的人口中应该以男性为主，所以这些来自闽西粤东的先祖们刚到粤西时，出现与原住民女性通婚的情况都是有可能的。

不过，现在当地 J 姓始祖婆娘家 W 姓亦有子孙绵延，W 家的始祖祠墓也离 J 姓村落不远。所以在考察 J 姓所居住的廉江讲亻厓地区的风俗和民间信仰时，壮、瑶的影响也应考虑进来。

二　多子与多妻

廉江 J 姓人士说起自己的人丁兴旺时会非常自豪地说起"祖

---

① 刘道超：《信仰与秩序——广西客家民间信仰研究》，广西师范大学出版社，2009，第 204 页。

② 姜振华：《壮族入赘婚研究回顾与展望》，首届句町国与壮族土司文化学术研讨会，2008，第 547~556 页。

③ 吴秀芳：《瑶族入赘婚初探》，《零陵师范高等专科学校学报》1999 年第 2 期。

婆比祖公多，大嫂比大哥多"的传统。廉江的 J 姓大都是始祖 JM 第四十四代孙 JWL 的第十七代孙 JDX 的后代，据《J 氏族谱》记录，自 JDX 繁衍至今已是十九代子孙，在粤西桂东南发展出 106 个村庄，四万多人口。其中廉江西北部 45 个村，北部有 21 个村，中部 10 个村，西部 6 个村，东南部 1 个村，共 83 个村庄。其他散居于省内的还有雷州、遂溪、湛江市郊、阳春市各 1 个村，粤北韶关地区 4 个村。还有广西博白、灵山、钦州、防城、东兴、扶绥、武鸣等县市共 13 个村；海南省有零星几个村。这些村庄中人口超过 1000 人的有 5 个村，500～1000 人的有 20 个村，200～500 人的有 25 个村，其他都在 200 人以下。还有其他的后人就是后来移居到国内各城市、城镇以及海外，没有生活在聚居的社区。

在这些 J 姓村落中，人们通常按族谱中字辈来取名，而令人惊奇的是 J 姓的跨区域联系发生的年代比想象的要早很多。据廉江《J 氏族谱》中记载，在清代乾隆年间已有连城的同宗 JYC 因为修谱就循着连城谱里提到有 JDX 移民到粤西而来石城寻亲，而且真的联络上了。所以从 JDX 的第七世孙开始和连城 J 姓续上谱，共同采用闽谱字辈。因此，笔者跟随他们到连城探访开会时，发现两地字辈确实通用，基本可以辨别辈分：

元士敦行、崇基衍业、育英光世、远振家谟。

20 世纪 80 年代以后，宗族不再是避讳的事情，廉江和连城两地又展开联系，廉江派族中代表去参加连城始迁祖 JWL 墓祭祖时，又一起商议宣布了从二十三世以后的字辈：

贤豪俊达、文武超常、宏图大展、永耀华邦。[①]

2007 年，JM 研究会在 JF 开会时，也约定这个字辈以后连城、廉江两地通用。但是以后的年轻人是否还会专门起族名，或学名中还愿意加入字辈就很难说了，因为几位会长家的孩子都起了现代洋气一些的名字。

笔者在 JM 研究会成员中接触比较多的是"业""育""英"字辈，但是村里还有不多的"基""衍"字辈的老人家，按辈分都是太公了，他们都会被尊称为"族名 + 公"。在廉江当地的 J 姓男子，通常的称呼有学名、小名、族名。在乡村社区里族名用的则比较多，他们的族名多以自己在那个字辈中的排名数字加上"公""伯""叔"或者"娘""妹"等，比如"卅一叔""十五妹"等；或者用数字加上学名中的一个字变成的族名来称呼，比如"东三"，就是指名字中除了字辈以外的那个真正名字加上字辈排行，也就是"东"是名，"三"是排行。由于当地的多子习俗，三代下来人数众多，甚至笔者在田野里还听到有人叫"一百零八公"的称呼。这种以数字命名的习惯，在粤西的 J 氏村落中较普遍。闽西 J 氏始迁祖南宋 J 五郎自江西广昌迁至闽西连城，这种以数字命名的方式是否也显示了客家在早期迁移过程中与畲族[②]

---

① 《廉江 J 氏族谱》，2009。

② 刘黎明：《中国传统血缘宗族习俗》："畲族命名排行，神秘而独特……排行在同辈中以数字计。如同辈男子有 200 人，从一郎排至二百郎；女的同辈如有 150 人，从一娘排至一百五十娘……"；张汝宜，《神秘种族生命密码之文化探微：中国人姓名的演变和文化动因》，载沙其敏、钱正民编《中国族谱与地方志研究》，上海科学技术文献出版社，2003，第 3～16 页。

等少数民族之间互动的结果，还需要将来做专门的客家研究者寻找相关资料来讨论。

据《石城县志记载》，刚迁移到粤西的汉人在当地成家立业，地荒人稀，生存需求可能是粤西族群多子多妻风俗的主要原因。同时，需要考虑粤西的地理位置，它决定了这个地区的人们一直要面对半山半海的热带气候及台风频扰；而本地缺乏水利工程，历史上旱灾和暴雨洪涝灾害也非常严重；加上处在廉江—信宜断裂带上，历史上的地震亦比较频繁。恶劣的自然条件加上卫生医药缺乏，自明清以来，至 1934 年以前，本地都未有正式医院，直到 1951 年，鼠疫、霍乱和天花依然在本地猖獗。这些都导致了当地较高的死亡率，也促使了在这块土地上生存的人选择以多生育来抵抗人口不足。

就算是现在，即使是在廉城做公务员的 J 姓族人，也会想方设法生育两个以上的儿子（还不包括女儿）。如果和政府政策相悖，他们宁可选择辞去公务员，以下海经商谋生来换取生育多子的机会。2013 年春分期间，笔者跟随 J 家四处祭祖时也了解到，J 家先祖里有很多人都是有多个妻子的，而也正因为祖先们拥有多妻多子的风俗，廉江 J 姓的人口发展速度数十倍于其他 J 姓聚居地区。因为调查是在 JM 研究会开展活动时做的，大都是在公开场合，所以没法见证研究会男性成员的私人生活。他们也未必会和一个年轻女性谈起他们妻妾成群的想象，不过对于多子的期待是可以确定的。城里的研究会成员中并不是所有人都有那么强烈的多子愿望，公务员一般是一个孩子，其他人大多一两个孩子，也有无子家庭，但这些在城市里的 J 姓精英没有表现得过于在意，对女儿也很重视。

因此，笔者去 J 镇做田野调查时，顺便问了 HY 关于 J 姓里是否有同姓婚的问题。他说 J 氏不多，只有一两对。宋周去非《岭外代答》中也描述了历史上岭南就有这种状况："城郭虚（圩）市，负贩逐利，率妇人也。而钦之小民，皆一夫而数妻。妻各自负贩逐市，以赡一夫。徒得有夫之名，则人不谓之无所归耳。"[1] 通常多位妻子不会居住在一起，她们会和自己所生的孩子居住在各自的房子里，且妻子也通常不在同一个地方。在他们祭祖和神诞祈福的活动中会见到相关的祈子仪式。祖先对于廉江 J 姓来说很重要的一个功能也是保佑生儿子。祭祖墓时会见到有人在祭仪完成后，把祭仪上白色龙眼花带回家，那意味着那个家庭这一年希望可以生一个儿子，来拿花的通常是父亲或祖父，如果想生女孩则要红花，不过在祭仪和人们的需求中，都很少见到对红花[2]的需要。

第三节　对田野的再思考：社区还是社群

在人群越来越急速流动的时代中，社会科学研究中常使用"community"一词来指在某些边界线、地区或领域内发生作用的一切社会关系，其核心是人群。[3] 最早，台湾的人类学者主张将

---

① 转引自李宁利《一夫多妻制在古代岭南盛行的地理基础及其历史影响》，《人文地理》2004 年第 3 期。

② "花公花母"，是华南地区民间较普遍信奉的生育神，即将婴儿视为花园中的花朵，通常白花代表男孩，红花代表女孩。

③ 奈杰尔·拉波特、乔安娜·奥弗林：《社会文化人类学关键概念》，鲍雯妍、张亚辉译，华夏出版社，2005，第 50~54 页。

"community" 翻译为"社群"。① 在笔者的研究历程中，对田野地点多变的困惑和不适应一直存在。当缺乏有固定边界的社区来界定观察对象时，能借助的更多的是这个始祖认同群体所做的事。而他们的认同时强时弱，并且因外界环境的改变处于不断的剧烈变化中。这时笔者也意识到只依靠在 JM 研究会的持续观察，是很难分辨出这个同姓组织中始祖认同观念的根源所在的。在 21 世纪初的第一个十年，这群自称是汉武帝封侯赐姓为边疆县令的子孙们，为什么会想到要为祖先重新绘制一幅图像，这个具体的形象对他们来说意味着什么？到底是因为离散族群的客家的传统还是粤西文化本身，抑或是另有其他在日常叙述中被遮蔽的意义？所以，无论是"社群"还是"社区"，对这个充满着变化的研究对象，真正走进这个人群内部都是非常重要的。在他们从乡村进入城市的过程中，在社会环境和生活方式发生巨大变化的同时，又有哪些文化基因是不变的？祖先及祖先文化对于粤西讲亻厓的社群来说，在不同的社会结构中具有哪些差异？

一　不同的祖先：乡村与城市

在跟进 JM 研究会活动的田野过程中，各个地区乡村中的 J 氏宗族与城市里的 J 姓子孙在话语叙述的重点上有着显著不同，即使是研究会上层的各位会长、副会长，也在强调着不同的祖先。就算在广东的 J 姓虽然大都是 J 镇 NM 村 JDX 的子孙，但是如前文所说，其内部也分为廉江的 J 氏宗亲会与全国的 JM 研究

① 陈文德、黄应贵：《"社群"研究的省思》，"中央研究院"民族学研究所，2002。

会两个不同的系统。在 2009 年版的《廉江 J 氏族谱》编纂过程中，还曾经发生过一件关于始祖的认同差异事件。廉江 J 氏族谱编委会的老人们认为史姓始祖仓颉是 J 姓最早的祖先，而 JM 研究会认为仓颉是神话人物，作为始祖不够严谨，JM 才是 J 姓最重要的也是最需要强调的始祖，史籍中有明确记载，听上去更合理一些。

在 NM 附近的村落里，JDX 是 J 姓族人最重要的祖先，因为 JDX 的墓地和祠堂就在 NM，而他和夫人 W 的墓地也在离 NM 不远的地方。他在当地是一位具体的祖先，围绕他的存在已经在乡村中有很多的节日和仪式，来粤传说以及他的老丈人家 W 家都构成 J 氏族人日常述说的话题。JDX 的子孙之间有着族谱记录的世系，大家清楚彼此的辈分，很多问题可以按宗族内的规定处理。虽然 JM 的存在对于他们也是很好用的话语资源，但是远不及 JDX 的存在那么具体而不被忽视。

到了廉江这样的县级城市中，J 姓族人对祖先的看法就有了显著不同。虽然在市里组织宗族活动的人士主要以廉江族谱办公室为中心，他们回到乡村时也是各村族望，会指导村中礼仪庆典，但不会直接参与。这些在乡村中出生后来到城里工作的退休干部，因为他们与一个更大的区域发生了关系，所以对地理空间和历史时间的理解力和想象力都有了显著不同。20 世纪 80 年代，台湾老兵 JJ 回到 NM 村。他退伍后从事商业，是个还算成功的商人，虽在台湾但宗族的传统未曾断裂，其对于宗族文化和重建祠堂、祖墓的工作非常重视。他的愿望和行动刚好也就由这群退休干部去推动。他们前二十年在 J 镇的宗族复兴实践中所做的努力，对 JM 研究会后来的工作思路和方法有着直接的影响。编修 2009

版《廉江 J 氏族谱》，前前后后大约花了十年时间。JM 研究会里的核心人物也是这部族谱编修的主要支持者，他们捐助了部分费用。但是廉江族谱办认为始祖要追溯到史姓始祖仓颉，JM 研究会则认为仓颉是上古神话人物，显得不够严谨，最后两边为这个争执闹翻了。廉江族谱办的老先生们坚持要将仓颉和史禄都放进族谱里，JM 研究会这边不认可，威胁说要撤走赞助的十万元经费，但是老校长等人则坚持即使撤资也要这样写。后来真的退还了 JM 研究会骨干的捐款。老校长等人再筹款后才完成这部当地的族谱编写。并且老校长还自己撰写了《字祖　史祖　J 祖——仓颉》一书，自费印刷送给当地图书馆和族内文化人，里面叙述了老校长这些廉江当地 J 姓精英景仰的仓颉公和史禄公。廉江族谱办还到邻近的广西博白祭拜仓颉的字祖庙，从粤西亻厓佬社会的范围来看，仓颉真的似乎比 JM 和廉江这个地理空间有更多的联系。在 2009 版的《廉江 J 氏族谱》的扉页里，有陕西仓颉庙里仓颉塑像照片，有史禄的纪念雕塑照片，再向后翻才看到 JM 研究会的新修 JM 画像白描稿①和廉江当地那位画家画的 JDX 白描画像。

　　从这个争执的事件来看，亦可以发现 JM 研究会成员舍仓颉而取 JM 的考虑。首先是因为把神话传说中的人物放进祖先叙述里，除了过于缥渺无证据，还有一层考虑，笔者觉得应该是仓颉与现实的华南城市社会没有直接关系，并且将仓颉作为祖先无法帮助 JM 研究会成员们解决他们在城市里遇到的小姓困扰。他们

---

①　因为这一版族谱早已计划好要印刷，因此没有再等最后的彩色稿就排版印刷了。

更需要强调"J"的存在而不是"史"的意义。在这种实践理性判断影响下，他们也必然不会选择认同仓颉作为始祖。

此外，笔者参与的 JM 研究会每年的会议以及 2012 年 8 月和 YW、YL 博士一起专门送族谱回江西、福建等地的感受，都让笔者觉察到 JM 对其他地方都无法达到在广州等华南中心区的重视程度。在江西丰城 JXS 的故里，在日常的话语和他们的生活中，明显感到当地 J 姓更加重视元代二品官员，主持宋、辽、金三史的翰林院编修，文学家 JXS，而不是 JM。JXS 甚至会成为当地 J 姓族人生产食品的小企业商标，就像 JM 在广州已经成为一个茶叶品牌的文化一样。所以对江西的 J 姓子孙来说，无论是 JF 还是广州都不容易与他们直接发生关系，所以江西子孙一定选择重视 JXS 而不是 JM。

另外，江西广昌的 J 姓则更重视清代的军事家 JX 和他的《J子兵法》。笔者发现《J 子兵法》研究会副会长 X 是出身江西的空军大校。他在 2001 年时从一个旧书摊遇到一本发黄的《J子兵法》，从此就成为《J 子兵法》的代言人和弘扬者。他还将他擅长的书法技艺与《J 子兵法》结合起来，进行广泛宣传。他对该研究会早期与政府沟通方面起到很重要的作用，包括在人民大会堂举办《J 子兵法》将军书法展，J 大校利用了很多他专业领域的影响力，并邀请专家和将军对 JX 的历史价值和思想成就进行梳理。虽然 JM 同样是一位将军，但是对于在部队工作的文职军官而言，一位有著作遗世的军事家祖先，显然比族谱中记录赐姓封侯的祖先，更易于在公共场合进行宣讲和表达。同时，他亦因作为《J 子兵法》的发现者，获得了自己在族内和业界的认可。作为子孙，JX 是一位与他更有渊源的祖先，子孙与祖先的共同体在这个角度上亦可以找到证明。因此，本研究所面对的对象并不是简单的社区，而是更接近社群的概念。

二 传统与新传统

"故乡与大城市哪里更重要？"对于出生于粤西廉江的 J 姓精英们来说并不是问题。他们把故乡看作根之所在，而城市是他们伸展开的枝干。他们将乡下的祖屋或父母居住的房子和墓地都修得宏大而堂皇，作为冥冥中他们各种运气的支持，这种"气"就将乡村与城市连接为一个整体。人类学提醒我们，他们和我们一样，都是身处当代全球化社会中的人，所谓小型社区实际上在社会结构和文化传统上都与比它们大的社区保持着千丝万缕的联系。对于研究华南社会的人类学者来说，需要考虑选择更大型和更复杂的社区作为研究对象。自改革开放以来，东南中国尤其是广东、福建的侨乡，很早就开始了被经济全球化浪潮波及的文化变迁。[1] 在这个浪潮中，农民工群体和接受高等教育的年轻群体被关注较多，而对那些在乡村中出生成长但已成功进入城市的新精英人群的研究还未广泛展开。这个类似过去乡绅群体的中间阶层，对当下的乡村社会发挥着结构性的作用。他们带回的资金、信息和发展观念，对乡村社会的文化、经济和价值体系都有深刻的影响。

笔者的田野过程中，有两条主要的线索：一是作为在场者，记录和分析作为新传统的象征物 JM 像的再生产过程；二是作为

---

① 范可：《旧有的关怀、新的课题：全球化时代里的宗族组织》，《开放时代》2006 年第 2 期。

观察者，观察和对比新传统出现前后的 J 姓子孙的祖先文化变迁过程。在笔者的田野中，图像生产过程被还原为一群在城市中的子孙们如何将脑海中的若干想象（images）通过艺术家的画笔呈现为图像（image）的过程。这其中包括了多重断裂的文化传统的碰撞、冲突、妥协和出让过程，以及与生产过程相关各方的立场、出发点和最后达至的视觉呈现方法。这个过程中的多个群体包括了 J 姓精英、画家、专家等不同意见方，以及笔者作为一个协调者和研究者在其中的观察与发生的作用。另外，将祖先观念作为脉络，对比城市与乡村不同场域中祖先与子孙的互动存在以及互相发明。笔者在廉江 J 姓村落中的田野调查，通过对方志、文献的阅读，以及当地自 20 世纪 80 年代乡村宗族复兴过程的追溯，了解了在 J 镇与 J 氏祖先崇拜相关的节日、仪式过程，发现了在不同的城乡场景中的现实需求。J 姓子孙们建构了不同仪式，这些建构都需要持续不断地发明与再造传统。这是否也提出了一个问题，就是传统本身可能就是一个动态的存在，只有不断地被激活与再造，才能保证传统不在隐匿中彻底消失。

小结 "传统的所有者"

中国文化延续不断的一个关键因素即维持知识传播的复杂与体系庞大。任何一个有素养的中国人不仅要记住与过去有关的大量信息，而且要基于有关过去的认知建构道德理性。[1] 虽然国家的意识形态、文化行政的变化对民间社会中传统的再造与发明起

---

[1] 景军：《神堂记忆》，福建教育出版社，2013，第 20 页。

着决定性的影响，但是关于传统记忆碎片的载体依旧要沉淀在具体的媒介中。所以，我们会看到并不是所有的传统都能复兴，也不是所有的传统都有复兴的必要。只有当历史记忆中包含可以重新与新的国家话语体系对话的元素，并且这些元素具有可以为传统所有者带来新的象征资本的可能时，传统才会被再造为新传统。这个新传统从形式到内容可能都会有不同外延的变化，但是传统却一直潜藏在发现、创造并希望使用这些象征资本的群体中。

我们同时看到，即使是在粤西的偏远之地，跨区域的联系并非近30年的发明。据福建与粤西J氏族谱的记载，在清代乾隆年间两地J姓已开始认祖归宗的尝试，这种根系的力量显现为他们在跨越上千年的时间后，依然可以展开想象的动力。而丰城族谱中的老画像，虽然有着明显的符号谬误，但是保存传统的重要媒介，这似乎也提供了传统不一定非以事实才能传承的另一个观察角度。传统之所以可以绵延不绝，正在于传统的所有者持续不断创造性地发挥而不是一成不变地保存。

虽然最初笔者在调查过程中，被这些强势的男权主义者不断的反调查所困扰，当然作为一位关心他们家族文化的研究者，笔者也得到他们很多的帮助，但后来逐渐意识到之所以对他们祖先文化如此好奇，可能更在于笔者对自己故乡的一无所知。作为有一半客家血统的城里人，竟然是在七年来对JM研究会的不断跟踪调查过程中，才有机会路过父亲故乡的地界。笔者的研究态度也从最初对他们的好奇转变为同情，再到理解，并参与共同建构这个新传统的细枝末节中。但是在调查的后期，有一个悖论开始出现。因为在城乡之间的连续跟踪调查以及对文献的梳理，笔者变成了比 J 姓子孙们更系统了解他们家族历史的人，他们会反过来向笔者询问很多不清楚的细节，尤其是不同省份的子孙们更以笔者的讲述作为一种历史证明。这是对整个调查研究方法是否合理的不断挑战，是否存在过度参与也是田野过程中总让笔者担心的方面。而下一代 J 姓子孙由于逐渐融入乡镇和城市的日常生活，一样面临着土地经验逐渐消失的困扰，那么这些传统的延续将由何种方式和什么人群接续就会对祖先信仰的延续提出新的问题；而丧失了村落社会中的传统基础，城市中微弱的祖先认同将从哪里再次获得传统再造所需要的生命经验，也对"传统的所有者"提出了挑战。

第四章　乡村中的祖先与神

在田野调查初期，笔者跟随这些城市里成功的商人、官员、文化人、退休的老先生们，在华南的城市和遥远偏僻的乡镇中热情奔走。他们花费了巨大的精力和时间成本来组织这些活动，在公开场合自然地认同彼此是宗亲，面对异地同姓者时亲切的称呼兄弟，这都让笔者很迷惑这种巨大热情行为的动力来源。2009年JM研究会年会在福建连城举行，笔者换了三四种交通工具才从那个每周只有一班飞机的闽西县城往返广州。在旅程中笔者问同行的副会长YQ，像他们这些忙碌的"成功人士"，为什么会有这么大的动力来参与这些需付出辛苦的活动。他毫不犹豫地说了一句"人总要知道自己是从哪里来的"。① 虽然现实利益的人脉需求和资源结合对这个组织中个体交往有一定吸引力，但是他们话语中对寻根的深刻认同看上去也并不是完全没有影响。因此，笔者带着对JM研究会前后三四年的观察作为对比，于2013年开始对研究会骨干们的家乡粤西廉江J镇村落进行调查，试图去寻找他们对祖先深刻认同的来源所在。

笔者住进J镇之前，通过文献已了解到粤西比其他广东地区

---

① 笔者田野访谈资料，2009。

似乎有更复杂、更生猛的民俗生态，而在讲亻厓人口较集中的廉江市，同样有很丰富的民间信仰存在，萨满仪式亦较普遍①。当真正走进讲亻厓的乡村时，笔者发现祖先与神是他们日常生活中的重要成员，也呈现较明显的"亦神亦祖"的现象。② 在不同姓氏的宗族或村落之间，每当需要进行群体竞争时，尤其是当有些象征性的资源的竞争不方便由子孙自己来言说的时候，祖先与神仙往往成为最好的代言人，而与祖先们之前威望相关的传说和事迹则成为这种话语建构的来源。但是其实自民国以降，粤西的地方政府对民间社会的信仰都采取令行禁止的态度，当年的报纸报道反映了反迷信运动实施过程中的种种问题。③ 即使1949年以后的社会主义改造中，J氏祖堂庙产充公，亦没有让J镇村落的民间信仰绝迹，而是以相对隐蔽的方式进行。J氏祖墓祭祀是到"文革"期间才完全中断的，当时有人还是会偷偷煲熟几条红薯去扫墓。J氏祖祠曾被大队当作学校和仓库之用，后来荒废，最后只剩下断壁残垣。不过改革开放之后，由于这些遗址和遗迹的物质性存在，加上探亲台胞的资助和推动，祖墓祭祀仪式在1985年恢复，祖祠于1992年修复。春分祭祖墓、冬至祭祖祠的仪式此后没有再中断过，一直延续至今，后来陆续恢复的还有J氏族庙企石寺建筑和仪式的重建与恢复。

① 在粤西各方言群体中的仪式中都常有降神现象。
② 贺喜：《亦神亦祖：粤西南信仰建构的社会史》，生活·读书·新知三联书店，2011，第13页。
③ 朱爱东：《民国时期的反迷信运动与民间信仰空间》，《文化遗产》2013年第2期。

第一节　村落中与祖先相关的仪式

JM 研究会的粤西骨干们如果没有什么特别重要的事情，每年春分至清明期间是一定要回乡祭祖的，不只是相近的祖父、曾祖父，还包括从廉江始迁祖下来的十五六代祖公祖婆。如果有特殊原因哪年不能回去，他们也会让亲戚代为捐献一些当年祭祖仪式所需的费用，而这些捐献者的名单会写进祭文里，并且由专人在仪式上花一两个小时唱诵给老祖先听。在研究会还未成立之前，廉江 J 姓族中人士已经通过各种途径的努力，直到 2009 年才成功地让位于 NM 村的 J 氏祖祠成为廉江县级文物保护单位。挂牌庆典时，县政府领导和 J 氏宗亲里重要的官员、商人代表都出席了。在祠堂前隆重庆祝，也是因为那时当地电视台要来拍摄，JM 的神主牌才正式补充进入了 NM 村的 J 氏宗祠。2010 年底的 JM 研究会年会由广东分会和廉江分会承办，在湛江举行。他们又锣鼓喧天地到 NM 村祭拜，那里原本就有着冬至祭祖祠的传统，而且在祭典上还表演了祭祖的"六佾"仪式。

一　墓祭的顺序

廉江 J 氏春季的祭祖非常隆重，从春分开始，到清明结束，历时一个月左右。春分这天一定要祭始迁祖公和祖婆，之后祭从二世到最近的十几世各世祖公祖婆，还有新丧的亲属各分支后人自己约时间分别祭拜。如果那年的春分赶上周末的话，会有三四千人在春分那天来祭拜 DX 公，如果不是周末，中小学生和上班族会少一些，很多外地的也没法赶回去，2013 年春分不是周末，但是也有两千多人参加了仪式。

JDX 墓位于 ZS 村东侧，J 姓后人将祖墓周围整理得非常开阔，墓前有两三千平方米的空地，凤地、丙龙、未山丑向，乾隆孟夏月廿九日卯时立碑。[1] 这个时间与乾隆年间连城宗亲来寻找 JDX 后人时间接近，廉江 J 姓（八世祖）也是自那时起开始编修第一版族谱。

> （廉江 J 姓）始祖墓坐落在 J 镇 ZS 村东侧，风水宝地，飞凤呈祥。建于乾隆丁未年（1787）孟夏月廿九日卯时。丙龙入首，未山兼丑向分金，始祖墓下方约 30 米的岭脚处，附葬二世祖从文公墓。文公无后，附葬于此，一得以傍地势安葬，二则春分祭扫得以就近方便。始祖墓名曰"飞凤拦江"，也叫"飞凤下洋"，前迎源远流长的鸭姆河，自东北而来，向西北流去，只见江水来，不见江水出。大河两岸，田畴万顷，沃野千里，一年四季，庄稼不息，金谷满仓；隔河三星嶂吉星高照，降福降祥。始祖姚温老孺人墓葬 NM 水口旱十牌，卯山酉向兼乙辛分金。[2]

2013 年 3 月 21 日春分这天，各村和各地赶来祭祖的人群和车辆把祖墓前整个道路和村中空地都占满了，晚来的只能把车辆停得很远走过来，但这并不妨碍现场外围很多来做生意的人，通常是些外姓的，有卖水果、饮料、零食的，像一个圩市。春分祭

---

① 《廉江 J 氏族谱》，广东人民出版社，2001，第 1785 页。
② JYS 编《字祖 史祖 J 祖——仓颉》。

DX 公的仪式非常隆重，通常以村为单位轮流献祭。像 JM 研究会这些从外面回去的人单独组成一组，经费也较村子里多，所以通常让他们先拜。但是仪式内容和程序一致，通常是当天早上四五点在村里杀好猪、鸡、鸭和鱼作为三牲贡品。和珠三角不同的是，这些祭品通常是生的，只有祭拜比较近的父亲等人时才用熟的。J 家人说也可以一半生一半熟，但不能用全熟的。李亦园先生将祭品的生熟解释为子孙与祖先之间的远近关系①，在这里似乎是具有解释力的。所有内脏要一起摆放在祭品上。在早上九点多祭祖开始前，祭拜现场祖墓两侧会摆放几十份祭品，分属不同的村，而且之后还会收走，再摆上其他村的。按族谱中记载的祭品清单为：

羊一、豕一、鸡一、鸭一、鱼二、香案棹、烛二、息香二。大祖案烛二、息香二、宝二、帛二、茗三盂、酒五盂、糕一盆、果碟四、荤碟四、食五盂、馔五盂、羹一、盐一、桨二、榔一、匕一、箸五。鼎爵三晋。

除了没有羊，用鹅代替，其他祭品在现场悉数见到。在 J 氏祭祖的过程中有一个他们特别强调的地方，就是当地别的姓祭祖时要先祭龙神再祭祖先，但是 J 氏为了强调祖先赐姓封侯的历史而有仪式顺序上的差异——他们将龙神请下来一起祭拜，这是因为他们认为自己是诸侯后人才用这样的程序。

---

① 李亦园：《宗教与神话》，广西师范大学出版社，2004。

龙神仪注

（引赞两人）。司事者，各司其事。奏乐。主祭者就位。
与祭者就位。诣盥洗所。盥洗。进中。复位。诣龙神土主位
前跪。上香。灌酒。俯伏。兴。奉龙神土主降墓堂成礼。诣
香案前。跪。上香。灌酒。俯伏。兴。复位。恭神跪。皆
跪。叩首。叩首。三叩首。兴。跪。叩首。叩首。六叩首。
兴。跪。叩首。叩首。九叩首。兴。行初献礼。诣龙墓前。
跪。初献爵，献京果。献糕。俯伏。兴。平身诣读祭文所
跪。皆跪。宣祭文。俯伏。兴。复位。行亚献礼。诣神墓
前。跪。亚献爵。献荤。献食。俯伏兴。复位。行终献礼。
诣神墓前。跪。终献爵。献馔。献宝帛。俯伏。兴。复位。
焚祝帛化财宝。诣望燎所。望燎，复位。辞神跪。（行三跪
九叩如恭神）奉龙神土主复位。举恭。复位。举恭。礼成。①

每轮仪式通常有主祭一人，通赞两人，引赞两人，执事一两
人，奏乐两三人，以唢呐、铜锣和牛角号为主。号角、唢呐起，
仪式宣布开始，主祭人带十八位裔孙从右边上至龙神后土位，接
引龙神至祖墓前香火案。然后主祭裔孙十八人就位，通常三排，
每排六人，其他随祭和妇女儿童在后排，可以跪拜，但不行分献
礼。主祭十八人跪拜时通用三跪九叩大礼，接引祖先神来享受供
奉，然后读当年祭文，禀告国事、地方发展和宗族情况。重点是
将出了钱参加祭祖的各位子孙名单读出，每份名单通常上千人，
要读半个多小时，主祭和随祭各位都要跪在墓前听祭文诵读，那

---

① 《廉江 J 氏族谱》，广东人民出版社，2001，第 1774 页。

是一种特别的亻厓话腔调，年轻人通常还不会，都是老年人在做这个工作。春分时节的廉江在烈日下已经很酷热，春分祭祖就算早上有小雨，但是仪式开始通常就是晴天了。很多人听祭文时跪不了那么久，就蹲起来听，但是这十八人不可戴帽打伞，后边随祭的妇女小孩可以。祭文读完后再跪拜辞神，放很多万响礼炮和烟花，焚化祝帛、祭文、财宝，送龙神归位，才算礼成。

这样的仪式会在从春分到清明的一个月左右举行数十轮。有些祭文短的时间就短一些，总之都要报给老祖宗听谁来祭拜过，要把今年求他的事情保佑实现。所以外地的这些子孙后人通常是若当年有特殊的事情要做，就会特地赶回去祭祖，比如说求子、升迁、换工作、生意兴隆、身体健康等事项，求子、保平安和发财通常是对祖先的诉求。

祭完始祖墓后，通常会带上祭品到企石寺后边山坡上的祖婆墓祭拜。这个墓位于一个 20 世纪 50 年代政府修造的架空水渠旁边，风景优美，水渠和渠下的数十个高架桥墩形成的景观，与田垌组合成一个琴桥的样子，因此 J 家人称此墓的风水为"琴坟"，会对子孙的文化修养极有用处。祖婆墓的祭文较短，但是人名也是不能含混的，要念完。过去在祭完祖婆墓之后，就会在附近找山坡支起简易炉灶生火煮食贡品，现在通常回村里舒服的地方再煮食分享。JM 研究会这一组就回到了 NJ 村副会长的有机农业基地，大家聊天喝茶吃午饭，吃完后每人再分一份猪肉带回家里给其他家人分享。这一组是外地回乡祭祖的，共集中了 5000 多元的费用，没有花完，活动办得很圆满，因而作为今年组织祭祖活动的退休飞行员大校副会长很开心。

2013 年春分后三天，笔者跟着 YC 和老校长一起观察记录了位于广西博白 CCW 村的一个祖婆墓的祭拜仪式，虽然要跨省界，但其实路途并不远。这位祖婆姓 W，祖墓号称"猪姆（音 la 二声）地"，每年去求子和还愿的当地女性很多，甚至还有外姓的人需要求子，也会买了香烛财宝去祭拜供奉。这个墓就是被封为"巡天按察"的 J 家四世祖 JRR 妻子的墓。四世祖婆墓在一个靠近村子的半山坡上，空间较小，一轮仪式大约有三四百人在现场，没有见到圩市和赌档。

而位于 NP 村的十世祖墓祭典，形式也与前述仪式类似，不过这里没有听到太多风水故事。他们分享祖胙是在山坡下的村中小学，小学很破败，桌椅黑板都已残破，在简陋的一排校舍旁，有红砖砌的炉灶，空地里可以供一两百人共同进餐。这里的仪式只有两百人左右，但是小学空间开阔，也有两个摆摊卖糖果零食的小摊子。但是在 CCW 和 NP 村的两个仪式中老校长都强调了笔者的研究者身份，对观察有些影响，调查者成为调查对象的资本，也被述说为祖宗显灵，是光宗耀祖的事件。当然笔者以研究会的顾问身份进入，已经让他们摆出了要表演给局外人看的某种心态。这是多点短期田野带来的弊端，所以这部分材料只能作为对 JM 研究会成员之所以会在城市中以祖宗文化进行社会联结的背景参考，而不能作为对粤西社会深入理解的材料来使用。

春分后一周左右，有位副会长来 LF 村祭拜去世几年的父亲。墓地要从村里走二十多分钟的山路才能到，但是墓地空间很大，环境很优美，这是 2012 年二次选址葬下的。风水名"狮子滚球"，而墓前山下刚巧有人今年租地挖了鱼塘，更显得原先略有缺水的遗憾得到了补偿。祭拜的仪式只有副会长自己、他在村里的哥哥、一起从外地回来的妹妹，还有副会长大儿子。祭品不复杂，除了香烛、财宝，就是从外地带回来的鸡鸭鹅等熟食，还有糖、水果等，这个仪式也是先祭龙神再祭祖父的。比较遗憾的是，笔者在田野期间没有观察到葬礼，只是听说廉江 J 姓大都会采用二次葬俗。第一次下葬只看死亡的时间选时辰即可葬下，之后三五年，待找到风水先生选好位址才拾骨二次葬下，如果子孙不旺，还有可能再葬。也有子孙没有能力，或者一次葬下子孙就很旺的，墓地就不再挪动。

二　祠堂里的"六佾舞"

笔者去过 NM 的祠堂很多次，2010 年第一次跟随广东分会会长回乡祭祖时已去探访过。J 氏宗祠位于 NM 村口，一走进村口，就会远远望到一个巨大的水塘，塘后是一组古建筑群，由四座祠堂组成，主座是廉江 J 姓始迁祖 JDX 的总祠，旁边三座是始祖下来三位二世祖 CH、CY、CZ 的祠堂。这些看上去好像浑然一体的祠堂群，其实并不是同一个年代建设的。按照这些祠内墙上后记叙述，总祠重建于 1992 年，几间房祠各有原委。大房的 CH 公祠比其他几间重建都要晚一些，是 1996 年才重建成的。而和 J 氏宗祠一起在乾隆年间建成的是二房的 CY 公祠，这一支系在当地 J 姓人口中也最多。据 JH 说其人口占到一半以上，也就是大约两万人，而现在 JM 研究会中的骨干成员大都是来自二房的子孙们。老校长在他的书里记载了 J 氏宗祠的历史和 20 世纪 90 年代重建的过程。

　　始祖祠堂（J 氏宗祠）建于那蒙村中。此处山青（清）水秀，景色宜人，名胜著于一方，素有"蟹地"之称。祠后雄龙腾跃，祠前山蟹欲动，实为风水宝地，长发其祥。宗祠

创建于乾隆甲寅（1794）年丙寅月甲申日戊辰时；重修于道光
乙亥（1839）年十月乙亥日癸未时；重建于咸丰甲寅（1854）
年四月初十日癸未时和民国甲寅年（1914 年，民国三年）。
二次重建，立甲山庚向兼寅申分针。建国（新中国成立）后
祖尝充公，一切祭祀停止。"文革"期间，十年浩劫，宗祠
惨遭破坏。公元 1992 年由圆下坝爱国台胞 JJ 奉献人民币 13
万多元修葺一新，每年冬至又恢复祭祠活动。宗祠规模宏伟
高大，三进三间，砖瓦椽木结构，总面积 634.363 平方米。
宗祠设计独具匠心，为引导后龙山的巨大龙力，在第一进正
厅墙外设有通风巷，亦叫后天井，旧时亦称子孙巷，为护族
打贼立过殊功，实为护族巷。2006 年广州 YG 回乡领衔组织
机构，筹集资金，修缮 J 氏宗祠及整治环境，补立中华 J 氏
大始祖 M 公牌位，更新祠内全部祖宗牌位，择取丙戌年九月
初八日（2006 年 10 月 29 日）卯时退座，辰时动工修缮，十
月二十五日（12 月 15 日）寅时陞座进香。M 公牌位神签为：

皇汉安道侯显 J 氏大始祖考讳 M 公（妣 Y 夫人）神位①

J 氏宗祠从外观上看较珠三角地区的祠堂简朴，是用砖砌和
杉木建造成的仿古建筑。门口两条盘龙柱也是用彩绘描画上去
的；内部主要墙面刷了灰色水泥漆并用白线描出青砖纹样；地面
是水磨石，内有方胜图案；除了门口台阶，没有用到珠三角祠堂
常见的红砂岩或花岗岩等昂贵材料。祠堂的门楣和内部梁架下彩
绘了吉祥图画配少量灰塑做成书卷收口，画工精细。J 氏宗祠牌

---

① JYS 自编《字祖　史祖　J 祖——仓颉》。

匾之上是一幅八仙图，两侧为描绘的风景，上有题款"远看山有色，近听水无声"，再两侧是锦鸡凤凰的图样，中间还穿插有《陋室铭》句子的书法。祠堂内部梁下图案则以卷草纹和锦鸡、獬豸等有寓意的吉祥动植物图案为主，没有什么人物形象。祠堂不同进厅两侧墙面还有与宗族文化相关的对联和书法，整体看上去倒是古朴素雅，不像有些祠堂过于浮夸。祠堂后座正中的神主位背后的主墙上是丹凤朝阳的图案，两只对称的凤凰。这个图案没有特别意义，是画工执意要画的，为此还与 J 氏族人争执过。

笔者当时进去时，JM 的神主牌已经放在中间最高的位置上了，用木雕金漆装饰的神主牌上写着"皇汉安道侯显 J 氏大始祖考讳 M 公（妣 Y 夫人）神位"，尺寸上比其他神主都要大一些。神主牌大约有七十厘米高，三十厘米宽，大红和明蓝色的填色配上金漆，非常华丽庄重。左边并列的是福建连城始祖"皇宋福建显 J 氏始祖考讳 WL 公（妣 Y 老夫人）神位"，里面还用小字体附带了福建连城的十三、十四、十五、十六代祖先名号。下面一排正中才到廉江 J 氏始祖 JDX 的神位，上书"皇明石城显 J 氏始祖考讳 DX 公（妣 W 老孺人）神位"，再往下排列则为从二世到五世的牌位，按左昭右穆排列，五世之后的都在各村建有分祠，就不再在总祠中列位。笔者比较关心的是 JM 的神位是什么时候放在总祠里的，并就此请教了老校长，他说：

> 那年《羊城晚报》的记者来到 NM 采访 J 家"端四"节，看见神主位上只有 DX 公的牌位没有 JM 的牌位，就奇怪问起："你们不是说始祖是 JM 吗？为什么连他的牌位都没

有?"这才一语惊醒梦中人,应该把 M 公牌位放进祠堂。后来 2009 年又评选(廉江县级)文物保护单位,我们就赶快补做了 M 公和 WL 公的牌位,所以 2009 年电视台来拍摄的时候,就可以见到 M 公牌位也在上面了。①

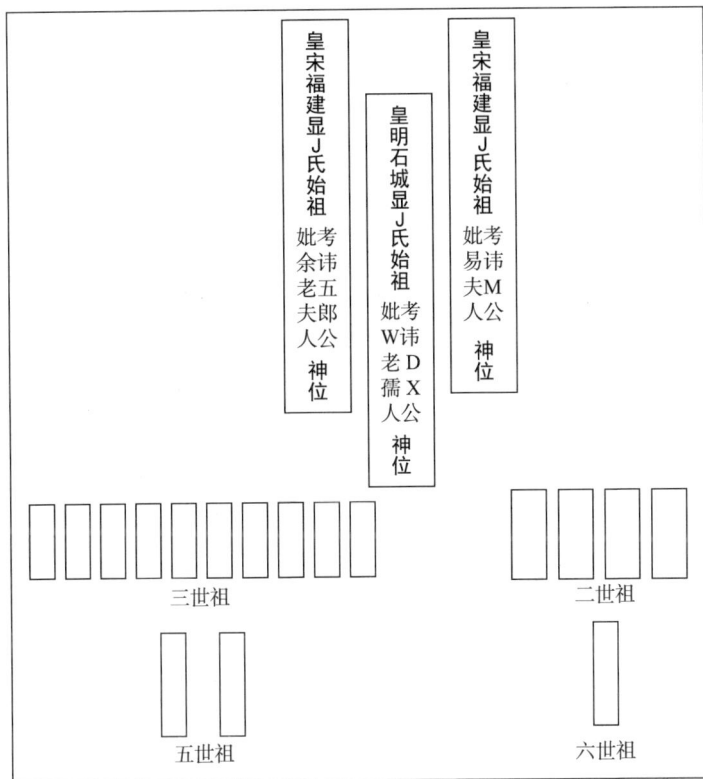

图 4-1 J 氏宗祠神主位置

冬至祭祖祠的祭品与春分祭祖墓类似,也非常隆重,要杀很

---

① 笔者田野访谈资料,2013。

多头猪，但是与春分不同的是在祠堂祭祖中有"六佾"祭祖"表演"。他们在2009年祠堂获得文物保护单位时已恢复了"六佾"仪式，用老校长的话说是跳"六佾舞"。他们选用了天蓝色薄棉单层马褂和大沿棕色礼帽作为仪式中的服饰。笔者最初被他们在粤西偏僻乡村中如此有创造力的发明所震撼，因为《论语·八佾篇》中曾提到当时诸侯在礼仪上的僭越："孔子谓季氏，八佾舞于庭，是可忍也，孰不可忍也？"而后世的"六佾舞"则多于祭孔的仪式中，《新华字典》对"六佾"的解释则为：

> 周诸侯所用乐舞之格局：六列，每列六人，共三十六人；或云，每列八人，六列共四十八人。《左传·隐公五年》："公问羽数于众仲，对曰：'天子用八，诸侯用六……'公从之，于是初献六羽，始用六佾也。"杜预注："六六三十六人。"孔颖达疏："何休说如此，服虔以用六为六八四十八人。"《公羊传·隐公五年》《谷梁传·隐公五年》皆谓"天子八佾，诸公六佾，诸侯四佾"。说与《左传》不同。后世遂以为公爵重臣的乐舞格局。

"佾"是指祭祀舞蹈的行列，用以表明被祭者的社会地位等级。[①] 而笔者问起老校长为什么廉江J氏会想到用"六佾"舞来祭祖，他说这个仪式是按照他们小时候记忆里大概民国时的仪式来做的，并不是凭空想出来的。为此他也按照记忆里的印象，花

---

① 《礼记》八佾八列每列八人共六十四人，六佾则六列每列六人共三十六人。按周礼规定，天子八佾，诸侯六佾，卿大夫四佾，士二佾。

了不少工夫才采购到大致符合记忆的浅蓝色长衫和礼帽,① 用六排每排六人的仪式来祭祖。从老校长的说法看来,似乎J家人强调祖先封侯的历史和身份建构并不是他们离开廉江进入城市以后才开始的,他们过去在乡村中需要用祖先封侯的历史记忆来说事时,就已经开始了这种传统的发明。现在从媒体报道,我们会看到全国各地的孔庙也在尝试恢复"六佾"或"八佾"舞来表演祭孔,只是没有想到在遥远的粤西山村里,会有这样一群老人也在使用同样的仪式。笔者问起为什么L₁家和L₂家不用这个仪式,老校长说:

> L₂家唐朝出过皇帝,按说(可以)用八佾,但是他们不懂这个,所以他们不会。J家在民国就有这个("六佾"),又不是现在搞出来的。②

其实2013年12月22日,笔者在J家冬至祭祖现场时才发现,其实他们的"六佾"仪式也不是按章据典的"六佾"。J氏宗祠一共三进,仪式通常在第三进主堂前的天井里进行,而这个约3米宽、8米长的空间里根本排不下三十六位子孙的跪拜,所以J家的"六佾"仪式中参与三跪九叩的其实是三列每列六人,一共十八人。主堂上另有主祭、正献、通赞、引赞、司事、执事多人,大约穿蓝色马褂戴棕色礼帽者凑齐三十六人,就算符合了"六佾"的说法。在J镇的乡村中,能够让祭祖仪式如此有形式

感就已经让外姓宗族叹为观止，没有那么多文化的外姓人家基本不会留意到他们仪式的欠缺。

冬至祭祖的流程和祭仪在《J氏族谱》中有记载，据说也是按民国老谱继承下来的。每年他们要按当年情况讨论主祭和正献的人选，以及当年出资参与祭祖的列在祭文后的名单顺序。族谱中的要求是这样的：

> 冬祭大祖祠於冬至。其余小宗祠，悉随祭。大祖后，顺序而及。主祭正献皆以宗子。分献则族正副与支子之贤而贵者主之。无宗子或宗子不能行礼。则正献以族正副代之。通引二赞，则选绅衿中之年少习礼者为之。执事则皆少年读书之有衣冠者司焉。冬至前十日，族正经收必议定祭仪，预将尝赀，给值年办祭之子孙。一备办。届期前一日诣祠。亲身看视齐洁。随将行礼时刻。与行赞执事人名。悬示祠门，然后就寝。致齐。
>
> 临祭之日，鸡鸣：族正宗子率众孙子，盥洗衣冠，升堂省视祭仪。一一齐洁，然后行礼。祭毕，族正宗子率支子之赞礼者、执事者、有顶带者，与众顶带之六十岁以上者，佐馂于祠，余不与焉。
>
> 燕毕。族正、宗子、赞礼执事，及绅衿与七十岁以上者，均各颁胙有差。大祖墓如之，各小祠墓如之。①

每次参加"六佾"仪式的人员并不完全相同，因为"六佾"

---

① 《廉江J氏族谱》，广东人民出版社，2001，第1772～1773页。

仪式的恢复和 2009 年 J 氏宗祠被评为县级文物保护单位有关。当时廉江宗亲中在外的"能人"们都赶回来参加盛典，其中的重要人物作为主祭、正献和宗子参加了祭仪。2010 年，JM 研究会年会中一项会议内容也是到 J 镇拜谒 J 氏宗祠，虽然不是冬至，但是作为欢迎各地 J 氏宗亲到 J 镇的重大事件，又以"六佾"之礼来祭拜了各位祖先，因为外省宗亲都来了，所以很多 JM 研究会骨干们都参与了"六佾"的仪式。但是 2010 年湛江年会时笔者刚怀孕，医生要求卧床安胎，所以错过了那次"六佾"仪式的考察。2013 年冬至没有什么特殊的庆祝，因此和 JM 研究会的副会长和秘书长们说起此事时笔者一直颇觉遗憾。但他们立刻表示说没关系每年他们冬至都要祭祖，无非增加一次"六佾""表演"的环节，就打电话给村里平时负责祭祖仪式的负责人 H 老师，并交代了 JM 研究会可以提供补贴给参加仪式的老人们，H 老师就很开心地答应了。2013 年冬至参加祭祖的人也都是在村中较有文化和平时就主事的老人，另有几位当时刚好回乡且出资较多的中年商人也参加了祭仪。商人们没有特殊需要或家中无事不会特意在冬至回乡，但是春分祭祖墓多会回去。"六佾"仪式的发明和"表演"多出现在 J 氏宗族需要向外人宣传 J 氏文化时才被使用，这说明其实 J 氏族人很清楚"六佾"仪式对于子孙的作用是多于对祖先的，这种仪式中的"文化秀"是增强 J 氏文化在地方社会中影响力的资本。但是民国年间当时的 J 氏宗族为什么会采用这个仪式，老人们也说不清，只是说 J 家在当地一直以来读书人比较多，比较重视文化。在笔者之前的访谈中，听到在当地属于小姓的 L 姓村民也这样谈起过：

姓 J 的现在在 J 镇比较厉害了，但是原来在（J 镇）三
大姓中一直比较弱，文人多，L₁ 家则做官的多，又生猛，
（比他们）在当地势力更大。①

2013 年的冬至日，大约九点多钟，J 镇各村已经将各自的祭
品运到大祠堂。这一年各村共送来二十头生猪，摆在主堂两侧的
侧廊里，鸡鸭鹅若干，金银纸宝无数。J 氏族谱对祭礼的要求和
春分一致②，同样是以鹅代替羊，其他祭品由祠堂统一准备。仪
式大约十点半开始，十点钟时确定参加仪式的宗子们开始露天现
场披挂上马褂，戴上礼帽，大家兴高采烈，彼此嬉笑，拿出手机
拍照。但是喧天的号角和唢呐一响起，情境仿佛立刻回到了民国
的片段剧场，各个肃穆庄严。然后是长达两个多小时的祭祖仪式
和读祭文的过程：

冬至大祖祠仪

（注：通赞二人，引赞二人）（通唱）司事者各司其事。
奏乐。主祭孙就位。与主祭孙就位。迎神跪。叩首，叩首，
三叩首。兴，跪，叩首，叩首，六叩首。兴，跪，叩首，叩
首，九叩首。兴。（引唱）诣盥洗所，盥洗，进巾，复位。
诣香案前，跪。上香。灌酒。俯伏。兴。复位。（通唱）参
神跪。（行三跪九叩礼如迎神）行初献礼（唱引）。祖考妣之
神前。跪。（酒祭）。初献爵，献京果。献糕。俯伏。兴。平

---

① 笔者田野访谈资料，2013。
② 参见前文春分仪式。

身诣祭文所。跪。皆跪。宜祭文。俯伏。兴。复位。(通唱)
行分献礼。(引唱)诣左昭考妣之神位前跪。(献仪如大祖)
俯伏。兴。复位。诣右穆考妣之神位前跪。(献仪如左昭)
俯伏。兴。复位。行亚献礼。(引唱)诣始祖考妣神前。跪。
亚献爵。献荤。献食。俯伏。兴。复位。(通唱)行分献礼
(引唱)诣左昭考妣神位前跪。(仪如正献)俯伏。兴。复
位。诣右穆考妣神前。跪。(仪如左昭)俯伏。兴。复位。
(通唱)行终献礼(引唱)诣始祖考妣神前。终献爵。献馔。
献宝帛。俯伏。兴。复位。(通唱)行分献礼。(引唱)诣左
昭考妣神前。跪。(仪如正献)俯伏。兴。复位。诣右穆考妣
神前。跪。(仪如左昭)俯伏。兴。复位。(通唱)奏乐。侑
食。饮福受胙,(引唱)诣饮福受胙所。跪。饮福酒,受福
胙,(通唱)祝嘏。(引唱)叩首,叩首,三叩首。兴。复位。
(通唱)辞神跪(行三跪九叩礼恭神)。焚祝帛化财宝。(引
唱)诣望燎所。望燎。复位。举恭礼成。冬至祭各小宗如之,
但无分献、祝嘏与迎神。

在祭祖仪式的过程中,后面围观的人群颇为安静,到仪式结
束,开始读祭文,众人就放松下来,跪拜的累了就蹲着,后面的
人也悄悄聊起天。祭文后面的子孙名录也很长,通常还要读上半
个多小时,待读完礼成,大家纷纷去祠堂旁边的厨房领胙。每家
能拿到两三斤猪肉的样子,老校长德高望重就得到了两只猪手和
一块猪肉,他要带回廉江家中与家人分享。接下来就是各房子孙
们开始陆续祭拜各自的分支祠堂。

三 节日的发明：端四

廉江 J 氏的"端四"节早在 2005 年就受到省城媒体和专家学者的关注。2005 年的报道是因为《羊城晚报》做端午节的文化专题，听到专家说起粤西廉江有端四风俗，就特地来到当地采访。当时也是老校长接待的记者，因此报纸上的内容大多按照老校长的说法记录了下来：

> 端四是廉江 J 氏特有的节日，通常他们是端四祭祖杀鸡杀鱼，端午过节吃粽子，连过两天。他们自己对这个节日的说法是一个"家族拜"，一个"民族拜"，他们对端四通常的叙述是：
>
> 两千多年前，南越王朝廷张榜，征集忠勇之人率军平息粤东匪患。当时的 JF 县令史定是个勇猛过人的将军，他揭下皇榜，一心要打赢这场仗。皇榜指定的出兵时间是五月初五，正是端午节。为不负朝廷使命，史定决定把端午提前一天过。初四这天大清早，JF 人宰三牲，造米饭，为出征将士提前过节。由于军令紧急，这个提前过的端午节不划龙舟，也没有粽子。匆匆忙忙吃完饭，军队便集结出征。端午这天，史定率军大胜敌寇，班师而归。为纪念祖先的这段战功，J 姓人的端午节从此便从初四开始，连过两天。此后两千多年，J 姓人开枝散叶到江西、广西、福建，甚至远到越南，在这些地方，只要是 J 姓家族，端午节就一定是从初四开始过……还有史定的军队在行军途中，又累又渴，经过一片黄瓜地，瓜农请将士们吃黄瓜。史定说，每人只准吃三条，

吃了各人要付钱。将士们吃完黄瓜，士气大振。付钱时，瓜农无论如何也不肯收下。从此，J姓人在过端四这天，各家各户的祭品中，一定要有三碗黄瓜……端四节本来就是纪念祖先、尊敬前辈的节日，NM村是大宗祠所在地，族中长者从那里开始主持祭祀活动，一个个村轮流，他到达哪里，哪里就开始祭祀。又有J姓人讲出另一种说法，说这是缘于当年史定出征，一路行军，早中晚饭在不同的村子里吃。后人有意根据典故错开祭祀时间，令各个村从早到晚都有热闹活动。①

廉江的J姓子孙们认为这个节日应该所有姓J的人都会过的，是祖先DX公从福建带过来的传统。但是笔者在对研究会其他地区成员的调查访问后，发现并非如此，其他J姓子孙并不知道这个传说和节日。而且在笔者的调查过程中，由于跟随研究会曾去过始迁祖DX公的故乡福建连城，因此还顺便问了连城当地J氏可有过端四的习惯，连城J姓确定也有端四过节的习惯，但是节日来源的说法和JM打胜仗没关系。他们说过去在连城，每到端午节期间，集市里供应的食材不够满足那么多人的需求，因此当地住的偏远的有些人家就提前一天买菜过节，但是并不只是J姓，别的姓氏也有提前过的。② 虽然并没有证实这种说法的普遍性，但是连城当地的习俗和族人的记忆里没有为了庆祝JM打胜仗而过端四是基本明确的。而且江西、湖南、湖北和其他地区的J氏

---

① 樊克宁、纪映云：《"端四"连端午J姓大祭祖》，因匿名需要，引去其他信息。

② 笔者田野访谈资料，2013。

也没有这种说法。这说明的可能是，J氏的"端四"是廉江J氏根据从连城带过来的风俗框架再造了新内容的独有节日。从目前的田野材料来看，这也可能和当初J氏宗族在长山的 L_1、L_2、J三大姓氏族群中偏于弱势有关，"端四"的存在至少让J姓封侯的历史在J镇村落里以节日的方式被坐实。

2013年6月，笔者要求去记录廉江"端四"的节庆活动。JM研究会广东分会工作人员突然说他们也要在广州过一次"端四"，就在广州市中心的J氏酒楼里。笔者后来了解到之前在广州也有J姓村落和熟人间的小型欢聚庆祝，不过没有仪式，而这一年因为已经有了全国统一的JM像，他们很容易搭建一个仪式需要的场所。

J镇那边的仪式是这样的：

端四一早，各村里各家将当天早上杀好的鸡和其他准备好的祭品用带盖的四角形竹编箩筐盛好用扁担挑来，在香火堂中摆了由很多张拼在一起的八仙桌组成的一个 2×4 的长案。长案就放在神位前的二进里，天井位置摆放了三排每排6个一共18个红色跪垫。供案上面每家的供奉通常是熟鸡加内脏、血、一小碟盐，还有煮熟的带皮上肉一块，加上五杯酒、五个碗（碗中饭堆成山尖状的）和五双筷子，没有粽子。这样的贡品大约是十六份，一起摆在供案上，筷子要放在神位那边，也就是筷子头打在饭上向着跪拜的子孙。然后由司仪唱赞，带领村中族老众人三跪九叩，然后诵读口头或事先写好的祭文，赞扬JM公和历代祖先事迹，也有些顺便表扬端四节日中特别的好人好事，祭文读完，放鞭炮，烧纸宝，大约半小时仪式就结束了。但是这次没有见到三碗黄瓜的供奉。

为了不使场景发生在太多地点穿插着讨论会影响对整个问题的讨论，广州的"端四"节仪式及过程，笔者会将其在后面第八章里与其他城市里继续再造的传统放在一起讨论。

四　七月十四的禁忌

笔者是在后文中提到的在 J 镇调查康王诞期间，刚好碰到七月十四的"中元节"。J 镇乡村中的中元节并不像珠三角那样，除了祭拜祖先以外还会在公路边的交通事故"黑点"或者至少在户外祭拜游魂，而是只在香火堂祭祖。但是他们在那天的禁忌是不能出门，最好不要在路上，所以笔者就待在 WL 村。可能这个风俗与讲亻厓村落定期有"打大幡"① 的仪式有关。

第二节　祖先带来的神：企石寺与康王崇拜

一　七月初七康王诞

企石寺是 J 镇当地 J 姓子孙的家庙，附近几十个村子的 J 姓都会来这个寺庙进香许愿"落小心"②。企石寺位于出 NM 村一公

---

① 见本章第二节访谈内容。

② "落小心"（音）是讲亻厓地区的一种风俗，凡是逢年过节村中的信众都要拿上酒肉米饭，香烛纸宝到庙中供奉神灵，如果外地回来的人到家后也要带上类似的贡品到村落周围的所有的庙宇、祠堂、土地伯公坛拜上一拜，就像和神明祖先们请安，报告自己回来了一样。但是他们不清楚这三个字如何书写，用亻厓话讲出来大概就是"落小心"的发音。

里左右的小溪下游独立的山坡下，附近沿路再过去一公里左右就是 WL 村。笔者第一次到达时，企石寺远远看上去是一座外贴红色瓷砖，顶上铺红瓦，有彩色琉璃装饰，檐下有些彩绘装饰的仿古建筑，中间隔了一条通向 NM 村的水泥路，对着庙门是一个钢筋混凝土的仿古戏楼，名为"企石戏楼"。庙祝由 J 姓一位老人担任，他是 DX 公十三世孙的"基"字辈，大概是在世的 J 姓人中辈分最高的。寺里供奉了观音、康王和土地，山门背后有韦陀护法。寺内右边墙上有写在瓷砖上的碑记，简略介绍重建事宜及捐款芳名榜。但是老人们说原先还有一座企石寺遗址，与老祖先 DX 公有关：

> 企石寺共有屋宇两座十间，建筑非常坚固华丽。全用二八砖扮石灰浆砌成，砌砖个个磨靓。上座彩红下座彩青（下座后拓灰）瓦盖两层。上层全灰盖面，下层彩白。屋珑八字，筑起黄龙曲水，屋檐用胭脂木板凿成通花，动植物共有十多种，龙凤名果具备，门前两条红柱上用白灰加彩色塑成狮、兔各两个。鹧鸪、雏鸡、黄杨桃、红荔枝皆用石灰加彩色装成。在门额上绘有八仙过海，在左绘有穆桂英挂帅，右绘大公遇文王。图样栩栩如生，门额大书【企石寺】三字，笔力雄壮苍老。门联左：企颂雍熙周士庶，右：石铭功德仰英灵。寺内左龛供奉康王大帝，右龛供奉土地伯公，正龛供奉观音大士。正龛对面（在下座）供奉韦陀，各个神龛都用好木凿通花装成，彩色放光，丹工十足。各个神像各俏其形，尤其观音大士一尊更为特出慈祥，静霭，确如南海慈悲之容貌。在正龛有一长联。左：企足付仙区，竹叶挥云，一

切生民蒙福阴；右：石坛开法界，杨枝洒雨，五方多士沐恩波。笔画雄健，人人称赞。左右两廊正中用灰浆装成长方形条幅，条幅两边又装有对联，条幅内书以大草书，左廊联：夏科金莲承法雨，春培玉树霭慈云。右连廊：芙蓉花面春风暖，杨柳枝头甘露香。总之此寺在建筑、雕刻、塑造、书法各方面技术皆超出寻常，为廉江西北寺观之魁首。

此寺原在高山，名曰"高山寺"，是我始祖DX公所建。在清乾嘉年间，迁来企石，改名"企石寺"，民国廿二年，在右边加建房屋七间，以成企石学校。又在民国三十年，在左边横建教室两间，礼堂一间，以成安道小学，并补习班。此寺当时成为我姓文化中心区，培育人才甚多。但世事沧桑，此寺已成遗址矣。

——廉江《J氏族谱》

图4-3 企石寺与企石戏楼（2013年）

现在的企石寺是1993年重建的，寺内中央供奉观音大士，右边是康王大帝，左边是土地福神；山门内后侧面对观音还有一尊韦陀大将护法。当地的 J 氏子孙尊称康王大帝为"大帝公"，仿如自家祖先太公般亲近，因此大帝公是此庙的主神，不过观音在神界地位比他高，所以还是观音居中座。寺内有一碑记记载了重建的过程：

《重修企石寺后记》

企石寺，内奉康王大帝，于明嘉靖年间，J 族始祖 DX 公由闽请来，在高山建寺，名曰"高山寺"，加立观音大士、韦陀大将、土地福神，塑像分龛而奉。清乾嘉年间，贡生 JSG 等移寺于企石，易名"企石寺"。清通知癸酉，JCY 等将寺革故鼎新，建筑之固，雕塑之佳，书画之巧，为廉西寺庙之冠。奈因物换星移，寺宇无存，空留遗址，众信憾然。天运癸酉（公元一九九三年），始将四百多年之文物古迹，重建复原，积极筹款之执部人员，镌于后面，以垂永远。

信士　JSY 拜撰

JYS 拜书

碑记中说明，此寺庙于 1993 年重建，按说只有十几年时间，但是到 2009 年时已经和 J 氏宗祠一起被廉江市政府定为县级文保单位。当时这两件事都是老一辈族中长老 JJY 和老校长带领族人在负责具体事务，JM 研究会中的几位会长和副会长也都在筹委会的名单上。这些在湛江和省里都有些影响力的人物也为这个文保资格付出了一些努力。揭幕时廉江 J 氏宗族举行了盛大的庆典，这些研究会骨干都回来参加了。笔者在 HY 家落满灰尘的茶几旁边找到了一本《企石寺 J 氏宗祠挂牌庆典纪念册》，里面用图片和简单文字记载了廉江 J 氏的这一盛典。册中记录了庆典由 J 镇镇长主持，主席台坐了来自湛江和廉江的领导，当然也有 J 姓自己的会长、副会长和顾问。场面非常隆重，还有 J 姓族人的武术表演、醒狮表演和一只身穿红色礼服的乐队在现场，J 姓子孙们在自己编的宣传册中写道："九峰起舞，十里欢腾。"这个通过照片偶然所见的仪式突然让笔者有了很熟悉的感觉，因为这个庆典场所中传达的气氛和逻辑都很像 JM 研究会成员们后来在城市中所做的类似的事情。这时笔者也更加确定，JM 研究会再造祖先 JM 像并不是一件突发奇想的事件。JM 研究会的实践基础正是廉江 J 姓在故乡中进行的围绕祖先话语进行的文化创造实践的一种延续，或者说是当年轻的 J 姓族人进入现代化城市后，发现传统的祖先观念和文化似乎还可以帮助他们在更大的地理空间中进行人群结合和生存竞争，而在家乡中的祠堂和寺庙里所进行的文化实践是他们在进行城市中传统发明实践时的重要参考。过去的经验提醒着这些同时拥有城市和乡村双重生活经验的人群，无论是在粤西故乡的村落还是在华南的城市群落中，祖先信仰都可以成为这个社群用来和地方社会及国家对话的重要媒介。

在 JM 研究会的大部分成员谈话中，很少听到他们谈起康王大帝，也没有人供奉。但是在 J 镇的田野里，企石寺的康王是 J 族的"大帝公"，对于当地来说等于是 J 姓的族神。很多村还请了康王分香在各村中单独供奉，这样年节时就不用排队都请不到企石寺"大帝公"去办事，因为乡村中很多事务的决定都需要神启才能完成，所以大帝公的神职工作在当地是非常繁忙的。田野访谈时，HY 说这位康王的原型是赵构。笔者在相关的康王崇拜研究里发现有学者提到华南的康王的确有几个身份来源，广州的康王是北宋抗金名将康保裔。但是 J 姓的族人们除了赵构他们并没有提起像康保裔等其他人物，只说自己也不太清楚，他们比较一致的说法是"大帝公"是始迁祖 DX 公从福建分香带到廉江来的。后来田野中偶然也听到他们说起，湛江海岸出去的海岛上还有一位南宋末帝的小王子被元兵追杀到那里杀掉，墓地至今还在岛上。据说粤西还有其他庙宇中供奉着"康徽二帝"，即宋徽宗与宋高宗。这两位皇帝分别意味着北宋的结束与南宋的开始。宋代对于华南的影响也许可以在这些边界地带隐约见到，不过还需要其他研究继续深入，此文并不讨论。企石寺中的康王原型是谁，其实对于 J 姓来说并不重要，重要的是这位族神是他们有如家人般的"大帝公"。

在 2013 年"端四"，笔者去田野的时候，偶然得知了农历七月会有康王诞的庆典，就和 J 镇的 YW 说好七月要过来做调查。回到广州告诉 JM 研究会的成员们后，他们却不以为然，说那是村里的族人才过的节，城里的年轻人一般不会太在意这个节日，也不会专门回去。但笔者考虑那是农闲季节，而暑假里调研时间也比较充分，也许可以顺便观察一下 JM 研究会成员不在家乡时 J 镇村落的日常生活。

企石寺的康王诞是七月初七，当地没有像珠三角那样隆重庆祝"七夕"这个以女性为主角的节日，想是与当地女性社会地位低有关，以及那里似乎也没有什么纺织业。康王诞是当地村落一年中比较重要的节日庆典，因为整个诞期在每年第二季稻子插好以后的农闲期，有一个月的时间，忙碌了半年的农民们可以在这个时间休息一下。因此自企石寺重建以来，每到七月初，当地就会请当地的亻厓戏班来企石戏楼唱一个月的酬神戏。戏码大小视

当年的经费和是否有特殊事项来决定；请鬼仔戏（木偶戏）还是
人戏也是如此。人戏因为演员多，化妆繁复所以资费较贵，而鬼
仔戏就便宜一些，只要四五个演员，又唱又吹打就可以唱满场
了。一个月的酬神戏由企石寺订十天，大约三四千元花费，各家
祈福的出剩下的，总共不超过一万元的样子。也就是说，一个四
五个人的亻厘戏班大约每天人工费三四百元，平均到每个演员也
就不到一百元。

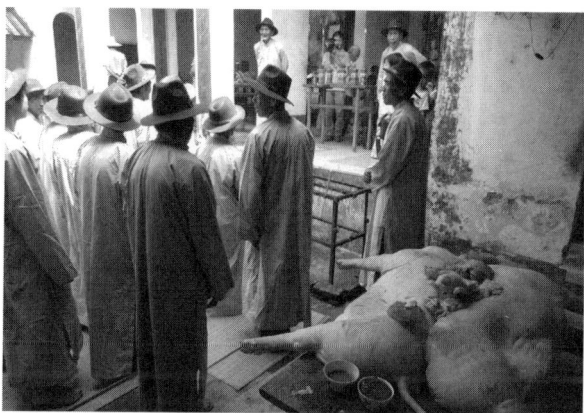

图 4-4　企石寺康王诞仪式（2013 年）

　　戏班七月初三就已经开始唱了，只是到初七正诞才做仪式。
但是那年不巧的是，七月初三时研究会的三位秘书长要去 DX 公
的老家福建连城，因为那年连城 JL 乡有两个 J 姓子弟考上了清
华、北大。他们作为研究会的代表过去祝贺，顺便带上会长的贺
礼给两位，遂问笔者要不要一起去。虽然笔者已在 2009 年冬天
福建分会成立时去过连城，但是那时对廉江 J 姓村落没有太多认
识，因此考虑是否可以通过这样的行走，重新体会一下 JDX 从连
城到廉江的迁移过程，所以就和他们一起去了。而且在连城，笔

者顺便询问了当地是否拜康王，但是连城 J 姓负责人说，JL 乡只有一座类似粤东客家地区的婆太庙，而没有康王。这也让笔者重新思考了廉江 J 姓为什么会说企石寺的康王是 DX 公带去的问题，这个问题的背后应该隐藏了一些粤西本地的其他情况。

在那三四天里，笔者开车走了大约两千公里的路程，七月初三从广州出发到福建连城，初五从连城赶回广州，初六赶到廉城，然后初七早上九点多到了企石寺，好在仪式还没开始，就把从连城带回来的糖果送给 JH。他们很激动，说是老祖宗老家的糖果太珍贵了，就直接供奉到大帝公案前。几个大帝公的分身被请到庙门口的供案上，还有 NM 村那边请过来一起过节的罗周冯三老爷，并排六七位神像端坐庙门欣赏表演。企石寺对面的戏楼里已经坐了很多老人和孩子，中间用铁架搭了一个木偶戏台，中间上方挂着的锦旗上面有"南国红豆、艺苑飘香，J 镇鼎新木偶大名班"的字样。他们一共三四位成员，两位唱，还有一两个伴奏打杂跑龙套，也上场不唱，举举小兵等。戏台下部没有遮蔽，就是个透明的舞台。后来演员们累了还翘着光脚唱。如果观众忽略下部的存在的话，上方的舞台表演还是非常有剧场感的。戏台前方一般不会有观众遮挡，村民观众们坐在戏楼的两侧，和大帝公一起分享演出。

九点半左右，康王诞仪式开始。庙里大帝公供案下方右侧是早上劏好供奉用的生猪，和内脏双拼成整猪，还有鸡和鹅。十点钟，他们把在门口香案上听戏的康王、罗周冯三老爷，还有土地一起请回康王位。十点半左右，唱鬼仔戏的五哥举着一个白衣木偶对着庙门告白，说当天都什么人要过来给大帝公过生日。十一点，J 家在 J 镇的各位族老能人等十八位又穿上蓝色马褂和礼帽，开始行礼。YL 也穿着同样的衣服，站第三排。HY 和浓眉大叔主持，大约一小时。寺里空间很窄，因此也和在J氏宗祠祭祖一样，三排六个人一列，其他女性和观礼的人挤在后面。三跪九叩以后念了一段祭文，放鞭炮烧纸宝仪式结束。他们又把各位大帝老爷请回庙门前，戏台那边正式开始，猪肉抬到旁边按察庙分胙。每村拿回自己的那份，有五斤的样子，猪头内脏拿回厨房煮熟再拿到庙门口大帝公看戏的祭台上再拜，叫作回熟。

之后的一个月时间就是每天从早到晚都在唱戏，中间会有不同的人家来祈福。这个月里会选一本戏，每天唱一折，一般是下午和晚上唱，唱到夜很深，没有观众听也照唱不误。每天开始唱戏前要上香禀告，结束时要作揖报告结束。在粤西亻厓佬地区有四十多个这样的戏班。这个戏班的班主五哥姓钟，40多岁，从小在广西拜师。当年他唱的是《双虎戏单龙》，唐朝故事，主角是陈双虎和单龙，他们读 dan 龙，用亻厓话唱的一出有杀父娶母桥段的戏，还有太子、军师和神、鬼等角色，中间大段念白，通常会加进去荤料，场下这时通常会有笑声。平时戏班还唱一些像《薛丁山》《穆桂英挂帅》等剧目，但是看的人不太多，多是60岁以上的老人和无所事事的中老年妇女，还有一些没上学或在家过暑假的小孩。每天大致相同，戏班的演出风雨无阻，但是有时下雨，晚上笔者就和 HY 两三人在戏楼里听戏。戏楼外下着雨，无边的黑夜，田野村庄都看不见，只有各种虫鸣在低一个声部里作为背景。每天开戏和收戏都要对大帝公告白，不可减省。通常诞期最后一天有一场收妖戏，但是外人不可看，所以这一年里就没见到。

通常这个月中会有一半的时间是提供给各人家来祈福许愿的，那些天的戏班工资由祈福的人出。当年 HY 养女 XY 从佛山回来求子，因此中间这两天是她的仪式。她是 1976 年出生的，属龙，二十岁出头就生了儿子，两年后生了女儿。她公婆人很好，是退休干部，老公家五个姑姐，独子单传。她从佛山带了很多金银纸宝回来，笔者就和她一边聊天一边折元宝和路路通，做了六大盆。她没打过工，学了美容，出来自己开美容院，前两年都赔了，后来不断尝试才成功。因为家人里有人在粤西，所以回来开厂，但是三年前台风把厂子吹没了，她老公是做电器生意的。中午十二点半左右，戏班的（钟）五哥主持 XY 的仪式，好像之前 XY 给了他钱。他们先摆上酒饭鸡肉，然后烧上香，拜完大帝公后在戏台左上角拜唱戏的师傅，也是类似的祭品。五哥在康王像前念念有词，XY 合掌跪在垫子上，说到重要地方就弯腰拜一下或三下。五哥手上拿着一个红绳系着的一对筶（黄铜制，带壳花生大小，贝壳型），说到关键地方就扔一下，烧了之前做的路路通和元宝等金银衣纸，还有骑着马的贵人纸。当天的卦像很好，XY 很满意。五哥平时也帮别家做，认识附近很多人，廉江各镇都去过。五哥做了二十多年，中午用早上拜神的鸡肉和猪肉做了饭，在按察庙旁边的厨房里吃饭，两桌。吃完又开锣，XY 和父母又去跪拜。拜了半个多小时才结束，戏则一直唱。晚上七点半 XY 又回庙里，等我们八点赶回戏楼，她已经跪在那里好久。五哥还在戏楼里唱，她拜完才和笔者坐下并说起和老公商量很久决定"今年再怀一个仔，明年马年出世，今晚的仪式就是为了这个事"。然后她又跪在庙门，五哥在戏台里唱，将她的愿望和大帝公讲。女角拿出仙姑唱了一段向神仙告白，然后收了 XY 的利是，回赠一个玩具娃娃，她放回车上又回来听戏。她的祈福仪式到晚上十一点多才结束，她很满意，电话里传唱戏的声音给老公听，说已经和大帝公祈福求子、会如愿等。

2014 年暑假，因为田野材料太庞杂一直没有消化很好，笔者就抽空又去了 J 镇回访，也是去探望一下 HY，顺便看看这一年的康王诞仪式有什么变化。虽然这些年来唱戏的还是五哥，但是唱的剧目换成了包公戏，隐约感觉他们对国家政策的变化还是很敏感的。这一年的康王诞仪式已经从寺里搬到了企石寺门与戏楼之间的小广场举办。这一年的老人们更加隆重地准备，祭品也比上一年丰盛，参加的人更多。小广场空间比原来寺庙内大了很多。他们在做完仪式后的聚餐时已经开始讨论要扩大企石寺规模，商量扩建寺庙的筹款计划。

二　粤西的萨满与降童

笔者是 2013 年在企石寺康王诞期间偶然见到"降童"仪式的，也就是所谓南方的萨满。[①] 在关于南方萨满的研究中，许多关于汉人地区的叙述都和客家有关，[②] 但其实南方萨满可能还包括华南其他汉人族群。因为笔者在广州附近的增城地区做田野研究时就见过珠三角讲广府白话的村落中有"降神"的仪式，而在粤西地区的"年例"节庆时，在白话和雷州话族群生活的社区中"降童"也是常见的现象。在笔者回到广州向其他来自粤西的朋友们询问时，他们告诉我"年例"时在雷州老家见到过"降童"

---

① 刘丽川：《论客家民间多神信仰及其文化源头》，《中山大学学报》（哲学社会科学版）2002 年第 2 期；徐义强：《客家萨满教的通灵途径、仪式及与台湾的比较》，《宗教学研究》2008 年第 2 期；黄晖菲：《试析闽西客家"神媒"现象及其文化源流》，《广西民族大学学报》（哲学社会科学版）2008 年第 6 期。

② 王建新：《南方民族萨满教研究再议》，《思想战线》2012 年第 3 期。

现象，同样会以"穿令"①的方式证明仪式的有效性，并且银
"令针"长达一米，还要掰弯后环绕头部，待要还神时，需要
"仙童"用个人意志掰直"令针"才能帮助还神，如果掰不直的
话，可能就会"请神容易送神难"，还要请其他人做法式才能解
脱②。所以，笔者觉得今后如果要继续做关于南方汉人萨满研究
的话，范围不一定限制在客家区域，但笔者在 J 姓村落中观察到
的"降童"个案，首先还是放在粤西亻厓佬的地域社会中讨论。

1. 七月初九大帝公降神

向大帝公询问退座时间的仪式是事先计划好的，农历七月十
二那天下着小雨，上午 11 点的时候，来了十来个老人。除了康
王诞那天忙活仪式的几位骨干以外，还有 CT 村的，那天的企石
戏楼里只有几个小孩、老太太听戏，偶尔几个村民来"落小心"。
几位老人家先拜了拜庙门的大帝公像，将五六尊大帝公的分身都
请回神座，按高矮顺序排好，插上香。神座前纵向放了两张方
桌，靠近神座的桌上是七份米饭、肉和酒杯，外面那张桌子上则
放了两碗米，米里还叠放着一块不太干净的一元人民币，两个惊
堂木、一只令针、一把用红色布带复杂缠绕起来的一尺左右长生
锈的刀和一瓶用矿泉水瓶装着的酒。

仪式有一个主持和一个执事主持，HY 则和其他七八个老人
在主持身后一起跪拜仪式后开始，后面的老人们则歪坐在地上的
草席上。主持对大帝公详细禀告了退座事宜，扔了三次筶，确认
了信之后，两个主持就开始念降神咒和敲击惊堂木，间中撒米，

---

① 大多是银针，现在有的地方用不锈钢针。

② 笔者田野访谈资料，2013。

"仙童"这时才进来，坐在方桌左手边靠墙的长条凳上抄着两只手不说话，眼睛不太睁开，随后其他人开始帮忙敲击"仙童"对面墙下的大钟和大鼓。惊堂木和钟鼓敲击的声音节奏越来越快，半个小时左右"仙童"突然跳了起来，两位敲惊堂木的执事拿起桌上原来包着刀的两条红布带绑在他额头和腰间，扶着"仙童"转身过来面对大家坐在祭台前中间的长条凳上，他闭着眼睛艰难地用右手把一根银针塞进嘴里，一直闭着眼睛，然后那位执事则跪在前面问他退座升座时间，"仙童"等了一下就含混地发出声音，笔者听不清楚好像是本地方言，所有老人都伸着耳朵听着，老人们后来好像还问了下第二年的农事，然后执事就过来拆开红带并拔出令针帮他拍背，"仙童"吐了一口水出来，站起来就正常了。仪式结束，他们马上找来纸笔，记下刚才大帝公宣布的时间：九月二十九辰时退座，十月初一卯时升座。然后抄写了几份给几个人分别拿着，就出来在戏台旁聊天喝茶。

中午，我们和参加仪式的所有人加上戏班的人一起在戏楼的舞台前吃饭，饭后戏班的女演员过去打趣那位"仙童"，摸了一下他的脸，看看有没有洞，还问他喝汤会不会漏出来，大家哄笑起来，"仙童"只是微微笑。大家还讨论了脸上那个位置可能因为是肌肉的缝隙没什么血管，所以不会出血；其实作为外人，只会看到"仙童"脸上一条长长的皱纹，就算有洞也是夹在里面的，从外表也看不到。

2. "问马"

HZP 村位于 J 镇东部山区，是 J 镇人口较多的村庄，全村有130 多户，1200 多人。因为 HY 冬天在廉江没有回 WL 村住，笔者无法住他家，所以就直接和 LGS 村的 H 老师联系。他也是 J 氏宗族居住在 J 镇和村里的文化人，原先是 J 镇小学的语文老师，现已退休，对族里和村里的事务和文化比较热心并很希望获得大家认可。他很熟悉 RR 公的神迹和风水说法，但经常会夸大二房这一支子孙在族中的作用和功劳，以致其他房支不以为意。他说当天下午会有降童"问马"的仪式。HZP 村内有两间祖堂和一座白马先锋①庙，唱戏的这间名为凤仪堂，是开村始祖之一 J 氏七世祖 FY 公的祖堂。顺着村屋间弯弯绕绕的小路走到用砖红色瓷砖和琉璃瓦装饰的 FY 堂，可以看见祠堂前用钢管、竹子和红蓝白彩条布临时搭建的六米高戏楼。就在祠堂正对面的空地上，戏台上挂了三层帷幕，颇有气势，戏台旁公告板上写着"廉江×××剧团今晚演出古装剧《三大运》"。HZP 村人口多，后代也比较兴旺，所以年节时的费用也较充足，可以冬至请戏班慰劳父老。戏班演员们就搭了床在祠堂里，都还在休息整理。五色斑斓的戏装挂在横杆上有三四米长，架在祠堂进门的两侧，戏箱也堆放在旁边。

　　大约到了四点半，上次康王诞见到的那位"仙童"又来了。仪式设在祠堂的后座神主位前，康王的神轿放在右侧里面的墙边，祠堂中间摆放了六张方桌拼成的神案，案上请来了康王大帝、罗周冯三老爷、巡天按察、白马先锋等各位本境神仙。康王大帝在中间最后排，两侧各一金漆木雕神主牌，左侧为"王母显应游山太子白马先锋大人之神位"，左侧上并列镂刻"显应敕封义勇黑马先锋、开天盘古大帝、敕封五显华光大帝、敕封义勇黑

---

　　① 粤西桂东南的白马先锋，可能是伏波将军麾下一名军官，但是当地人说不清具体来历。有些学者认为这类民间神祇是地方社会对征服史的一种记忆。

马先锋神位"，康王右手神位过去是白马先锋像，左侧对应位置是巡天按察 J 四郎 RR 公像；前排为罗周冯三老爷，右侧一金漆木雕神主牌，上书"显应通天洪圣大王神位"，左侧无神主牌，再外侧两个捧印护卫像，大小一共八座塑像；最前面是用芭蕉干插的七面红纸写的神位，从左至右分别是"显白衣秀才大人之神位前""显鹿甘境内各白马先锋神位前""一切有鑒神祇之神位前""显 J 罗周冯侍奉先祖之神位前""显周一娘娘神位前""显总摄军粮道揭智四郎神前""显鹿甘境内各社官大人神前"；再前方是两个蜡做的莲花苞，最前面是香炉盆和两侧红蜡烛。案前三杯茶、五杯酒、六碗米饭，六双筷子放在神像那边靠在饭上，碗中还有生的鸡和猪肉，另一满碗生米。大约五点钟，仪式开始。

这个仪式和大帝公降神过程基本一致，不过"仙童"转达的神谕不同，"仙童"还神后被大家马上围着询问，刚才说的是不是"白马先锋旁边"？一些眼明手快的人已经走到神案上的白马先锋神像周围找寻各种可能的信息。据说之前他们请神问马时中了多倍的彩头，在当地就形成了请神问马的神启传说，这次的"白马先锋旁边"还并不知道要花多少脑筋才能猜中，因为这个解谜的工作既需要当地宗族的历史知识，又需要对六合彩规则的行业知识，及多种地方性知识，外人几乎没有插足的可能。

在粤西田野中笔者所观察到的这两个降神仪式的特点主要有以下几点。

第一，两个仪式虽然不会张贴告示广而告之，但是仪式现场并不十分隐秘。路过的人士皆可旁观，只要没有特殊的剧烈活动，该进香的进香，该"落小心"的摆上自己的贡品跪拜。第二个问马的仪式里，妇人、孩子皆可进出祠堂。从这些现象可以看出，这种仪式在J姓村落中是经常发生的事件，但凡涉及神灵的各种活动，以及他们日常中解决不了的问题，他们都会考虑用神启的方式来寻求答案。

第二，据说粤西这边的"仙童"并不固定，很多人在某种情况下都可以做，可男可女，但是其中有一些人是经常做的，具有家传和八字上的特质。但是"仙童"平时还以农业或其他活动获得收入，并不是专职人员。

第三，降童在当地不是特殊的仪式，而是既可用于与信仰有关的神圣活动，也参与到日常生活中风险较大以及需要神示来帮助判断的事情中，比如择日、看风水、问马。

三　打大幡与道公佬

在粤西讲亻厓的民间信仰系统中，会见到有些与其他讲粤西方言的群体类似，有些又有显著差异，而与桂东南的博白、陆川的风俗相似。当地讲白话、雷州话、海话和黎话的人群，有在正月的时候过热闹而疯狂的"年例"的习俗。

> 光绪《高州府志卷六·舆地六·风俗》：二月祭社，分肉入社，后田功毕作。自十二月至是月，民间多建平安醮，设蔗、酒于门，巫者拥神疾趋，以次祷祀，掷玫悬朱符而去，神号康王，不知所出。乡人傩，沿门逐鬼，唱土歌，谓之"年例"。或官绅礼服迎神，选壮者赤帜，朱蓝其面，衣

偏裘之衣，执戈扬盾，索厉鬼而大驱之，于古礼为近。[1]

　　从相关粤西民俗文化研究来看，年例属于定期举行的祈福醮仪，但粤西讲亻厓的地区并不过年例。在笔者的田野中，对于讲亻厓的 J 姓来说，他们日常每年循环的节日都围绕着祖先展开，没有类似"年例"中的祈福醮仪，而是有另一种叫作"打大幡"的清洁醮仪。这种仪式花费巨大，通常要十来万元到几十万元的费用，所以在讲亻厓地区是不定期的。一般国泰民安时，十年左右做一次；如果遇到大的瘟疫灾祸或者附近地区接连出现多次意外亡故事件，会因为"（地方）不干净"而考虑举办。"打大幡"通常是由周围几个乡集资或由宗族筹资主办，而 J 姓村落的"打大幡"仪式，则是以企石寺为中心组织起来的。

　　据说，企石寺上一次举办"打大幡"的仪式是在六七年前，近期没有什么"衰事"。所以笔者田野调查期间并没有见到这个仪式，只是通过访谈的叙述中了解了一二。不过，其他研究桂东南客家的学者在邻近的陆川讲亻厓地区见到的相关仪式描述可以作为参考。[2] 笔者向 HY 问起这个仪式时，他的描述大致相似。但是他讲不了这么完整，但有些细节可以作为补充。

　　　企石寺打大幡一般系秋天割了禾以后，那时候禾田干
　　爽，就在企石寺对出的田垌空地上（举办大幡仪式），其他

---

① 杨霁修、陈兰彬：《广东历代方志集成·高州府部（三）》，岭南美术出版社，2009。

② 刘道超：《桂东南客家大幡醮仪及其价值》，《龙岩学院学报》2013 年第 6 期。

季节就很难有那么开阔的地方；最后果日，由道公佬担任的大幡师用竹同白纸白布扎一个五六米的大幡鬼，伸着长长条舌头，在各村各境走一遍，把那些"不干净"的"孤魂野鬼"请出来，带到大幡场超度。打过大幡后的村落之后就干净了，可以连续很多年风调雨顺。[1]

粤西地区各方言族群都有傩文化的流传，主要在雷州半岛的湛江、雷州、吴川、廉江、徐闻等地，因各地表演形式及所祭祀的神灵不同而名称有所差异。[2] 但笔者问了 HY，他说 J 姓这边没有做过傩戏，他们的各种仪式通常由道公佬来做法事。

七月十一的时候，YL 告诉笔者说 TB 村进修堂会有一个"脱契"的仪式。那天因为要去 J 镇参加 JM 研究会廉江分会欢迎笔者来调查的一个见面会，事先已答应下来不能推辞，所以回来时仪式已经开始了一个小时。仪式分成几段，做完一部分会休息一下。道士佬是 L 村的，姓 L，YL 的儿子和 LG，女儿 CH 和观音脱契。仪式还是使用全猪和三牲。上契和脱契仪式，一般是出生以后算命八字和父母不合，就要认个契爷或者契哥，有契石头、

---

[1] 笔者田野访谈资料，2013。

[2] 傩舞类如湛江麻章湖光镇旧县村称"考兵"；东海岛称"打将"；雷州松竹镇东角村、塘仔村，南兴镇东市村、下田村称"走清将"；吴川市大岸村称"舞二真"；博铺镇则叫"舞六将"。傩戏类廉江石角镇名"解怨"，徐闻新寮岛路云村名"萝卜戏"，此外还有麻章麒麟村的"爬刀梯"，雷州北和镇的"穿令"、雷高镇的"翻棘床"、雷州市城区的"下火海"等，均是湛江傩文化的重要组成部分。庞洁：《湛江傩文化印象初探》，《广东省民俗文化研究会成立 25 周年〈神舟民俗〉杂志创刊 25 周年暨民俗文化发展研讨会论文集》，2014。

契康王的，由八字先生来定。

仪式中有一个重要的大印，据说可通阴阳；还有个镇纸，一堆纸旗插在中间。道士佬也用筶，祭品里有枋，三种形状。道士佬的费用每人一两百元，J镇附近J姓人士大都是请这两位，摇旗那位做了二三十年了。一人吹牛角号，手里拿着铁的铃刀敲着，另一人拿着直边的锣在敲，两人你一句我一句地唱。在最后那次唱完科仪书上的唱词，最后才是脱契的仪式，把筶和三个铜钱编织的绳子搭在一起，用剪刀剪断，筶落地，撒一元硬币，大约二十多个，捡起来给CH和她弟弟。LG的仪式比较长，要用到米和盐，一边扒一边抛撒。三个多小时后礼成。我们随后去了后院平台吃饭，遇到在田野中一直困惑的"日子馆"馆长。这个择日的机构是属于旁边HY村村主任的，他伯父是学医的。他家从伯公开始就会择日。HY村和TB村紧挨着，中间隔着田，入口有个文化楼，有图书室和老人活动室。CH在东莞工作，讲白话和普通话。笔者问起多妻的事，她说在QQ上有人问她时她就潜水，她觉得可能是廉江一些地方的现象。她不会接受，那些接受的多数是依赖心重的女人。年轻人通常不太懂古老嘢，契完和脱契也不会有太大感觉，按着父亲安排来做就是。她结婚时没脱契，这次她弟弟生了长子要脱契，她就回来一起做。

之所以将访谈到的仪式也放进材料中，是因为笔者在廉江的田野时间比较短，但要将粤西地方社会中的民间信仰作为一个整体进行分析，对这些仪式的描述可以帮助笔者理解在城市中研究会成员们的行为及其背后的观念来源，比如多子与祖先信仰的关系在现实中是如何实践的。祖先信仰的复兴不会是孤立发生的，而是与其他民间信仰一起在相似的社会关系中被激活的，祖先的再造与其他民间信仰的再造之间需要放在同一地域文化变迁的框架下理解。

第三节 亦祖亦神：风水信仰与按察庙

"儒家的礼的空间、风水师的有能量的空间以及需要符咒与护身符保护的神秘之地。"[1] J 家人说起自己的人丁兴旺会非常自豪地说起"祖婆比祖公多，大嫂比大哥多"的传统。的确，和其他地区的 J 氏宗族比起来，廉江 J 氏确实在四百多年间从一个人发展出近四万人口的速度，而他们祖先 JDX 的故乡福建连城 JL 乡，福建始迁祖 JWL 自南宋绍兴十三年从江西广昌迁到连城至今八百多年，至今不过两千多人口。这可能和廉江 J 氏的多子多妻风俗有很大关系，但是他们的解释是廉江四世祖 JRR 是一位著名的风水师，在他之前，J 家多是单传，在当地人单势薄，自 RR 公重新葬了几位祖公，改了风水之后，J 家才开始开枝散叶。不同的祖先祭祀空间"场"的形成，集中体现了汉族社会祭祀祖先的一个基本特点，即在结构上的多层性与形式上的多样性，这使得汉族的祭祀空间形成封闭性的祭祖循环系统。这一祭祖文化仪礼空间的形成，集中反映了汉族社会的一种文化理念。这一理念不只是追宗及远的单向恩泽，还是一个由远及近、由上至下的反馈过程，即祖宗和子孙是有来有往、互为因果的一体关系。而在这一祖先和子孙之间、具体的空间祭祀场与所处的生态空间之

---

[1] 白馥兰：《技术与性别——晚期帝制中国的权力经纬》，江湄、邓京力译，江苏人民出版社，2006，第 123 页。

间，一个重要的介入变量即风水。在他们看来风水的好与坏，对祖先和子孙有着直接的影响。①

笔者第一次去 J 镇时，就发现在企石寺的旁边有一间按察庙，但是不知道供奉的是哪位神灵。后来在和 J 家人谈起他们的子孙人口数量惊人时，他们反复讲起四世祖 RR 公，笔者才得知这位已经成为神灵的祖先的故事。据说，也是康王大帝降童所说，J 家四世祖 JRR 因为看风水很灵而被封为"巡天按察"，协助大帝公管理周围 J 姓乡村的各种事务。笔者翻查族谱时，确实见到在四世之后，二房这一支至今发展出了两万多人，而其他几房人口较少，而现在 JM 研究会骨干中的关键人物也大多出自这一支。虽然大多数 J 家人在任何时候都可能提起风水的作用，二房这边的子孙尤甚。将他们所有的风水传说集合为一个主人公，就是四世祖 RR 公。庙中碑记描述了 RR 公成神经过。

当思

人立功立德者，万民共仰

神降福降祥者，万姓同瞻

缅

玉封游天按察，我四世祖 RR 公 J 泰一郎，天性孝幼，秉质聪颖，心怀恻忱，济窘扶危，承江公之秘，学通地理天文，术继青囊，为免为 R 姓、陈姓、李姓、周姓、龙姓、以及各姓，安妥先灵，赐福甚大。受其福者，人才鼎盛。对国

---

① 麻国庆：《永远的家——传统惯性与社会结合》，北京大学出版社，2009，第153 页。

家对民族大有贡献焉。

公生前禀赋优良，赐福于人者又多，感动上天，逝后，玉封游天按察，威灵赫濯，保佑万民，汤寇伏魔匡扶百姓，成为最显之神也，与康王同座、同舆、同行，共理民间阴阳大事，运今企石康王庙重修落成，我按察公，亦应立庙祀奉，众心所向近察公灵，谨半载鸠工告竣，庙貌辉煌。于戏，公得所，赤子欢腾，尤其是坡仔 JYB 当筹建之初慷慨解囊捐款千元，众信士亦踊跃献金，各理事人又勤俭建庙，因此迅速而成美举。故将理事与献款人芳名立碑后。

赤子：黄埔 JSY 拜撰

赤子：横州坡村 JYQ 拜书

公元一九九五岁次天运乙亥孟冬月望二日谷旦

顶梁对：

人群瞻仰神灵 特建神宇辉煌永锡人安物阜

瑞气盘旋祖庙 更衬祖宗赫濯长占瑞吉祥和

大门对上：按察庙

左：按南针而维宇宙

右：察北斗以正乾坤

按察庙是企石寺和三世祖榜修公祠旁边联排的一座两进带天井的庙，庙里有按察公像一座，但经常被请出去，所以几次都见不到他真身。供案上除了香炉烛台，还有一套四库全书，落满灰尘，有时左厢房里会有一个神轿。他出门"办事"会坐轿，或与康王同舆，但康王有两三个分身，他没有，这也可能是他总是不在庙里的原因。笔者的房东不是这一支的，对按察公没有好感，说是占了他们这一支的好风水才发。这个神是按察公后人自己封的，按察公后人有两万多，确实是人丁最旺的一支。他们封神建庙的事还需要继续访谈，或者有机会参与一些活动才能弄清楚细节。

碑记里所说按察公拜师于江公，据说指的是清代风水国师江任泉。在粤西和桂东南都有关于他的传说，笔者也确实在一些风水网站里查到过这位风水师的简介。① 网上资料基本和 J 家人描述近似，也说是国师，但非本支系后人就说他是偷师的，本支系含混地说为拜师的。总之是跟高人学到了很厉害的风水堪舆之术，现在 J 家依然有不少人爱好也实践此术。盖房葬风水（二次葬）时一定要的，买楼开公司也要有这个程序，各种择日看坐向的需求很多，因此也有退休 J 姓族人以此为副业。说起 J 家风水，J 镇其他姓氏的人倒没有提按察庙的 RR 公，但是都会说起 J 家祠堂那块"蟹地"。螃蟹多子，因此人丁兴旺，但是 J 家蟹地是山蟹，不是水蟹或海蟹，不算最好，但发人也算多。

小结　源流之中的传统

这一章主要讨论了 JM 研究会骨干的故乡廉江 J 姓村落中的祖先崇拜仪式与其他民间信仰及其相关关系，宗族观念和祖先信仰的复兴在乡村中并不是孤立的现象，而是在民间信仰广泛复兴

---

① 江任泉，生于清朝，年号不详，江西人，早期经常在广西陆川、博白，广东省廉江一带活动，现在博白旺茂镇有江任泉手迹名坟一座，本地人叫黄糖坟，是朱姓的，后人显赫一方。江任泉后被朝廷所重用，封为钦天监（国师）。有地理文献《千金赋》流传。

的环境下出现的。祖先与神灵，都是乡土社会中重要的民间信仰，并因祭祀圈的不同而成为构造当地社会的重要因素。这些信仰的背后折射出乡村社会的权力、经济与文化关系。从祠庙到文保单位，及从得姓始祖变为地方文化名人，乡村与城市中的传统之间显现了相似的文化逻辑和行动路径。因此，如果脱离乡土中的传统根源，也就很难展开分析都市中新精英群体选择以再造祖像作为建构象征资本的深层逻辑。

乡村中的传统复兴脱离不开国家意识形态和文化政策的指向，亦需要地理单位中原先遗存的物质性遗产的支撑，当然最重要的还是当地社会中并未消失的信仰观念。这一族群自明代中期迁移此地后繁衍生息四百多年，近一百多年是他们再次向其他地方大规模播迁的时期。在革命、改革、传统复兴多种力量的影响下，J姓子孙将会以什么样的方式来面对他们日常生活中的各种遭遇，如何解决每个阶段需要面对的生命过程，祖先经验对于他们来说还有什么可能性，都需要将城市与乡村作为一个整体来观察才可能找到阐释的线索。

对于民间流传的庞大的与祖先信仰相关的图像系统，需要意识到其背后更为复杂多元的民间社会的祖先崇拜传统。作为中国人最重要的信仰与礼仪系统，其中有关视觉象征部分的讨论还远远没有展开。除了追忆祖先所绘制的图像以外，还有祖先还在世时或刚去世时绘制的图像，那些与真实人物相关的图像生产过程及其与社会现场中子孙们的祖先观念的关系还需要等待其他个案来讨论。在廉江J姓村落的田野调查，帮助笔者逐渐理解了JM研究会骨干成员们祖先观念的由来。这个理想化的"田野模型"虽然不能直接用于解释JM画像最终的成因，但是基本解释了画像符号变换背后的观念源头，也大致呈现了 J 姓祖先文化传统的源流关系。粤西的地理位置偏远、自然和气候生态都较恶劣，在艰难的生活场景中粤西的民众创造了丰沛的神灵观念和祖先信仰，但是这些中断的传统是如何激活的，这一轮传统复兴的地域背景及激活的机制是如何整合运作的，还需要分别叙述。

第五章　流动中的群体与传统的激活

过去一百年来，历次"革命"的发生固然使廉江 J 姓村落发生了巨大变化。但是如果撇开政权交替的是非功过，回到粤桂交界的偏僻乡村的社会场域，就会发现"革命"并没有对粤西乡村生活中的信仰和观念层面带来颠覆性影响。[①] 物质性的遗产如祖墓、祠堂虽然荒败，但地点还在，族谱也被族人以隐秘方式保存了一些。这些传统残留的碎片成为改革开放以来传统复兴的火种，一遇外部环境的复苏就重新被点燃。

20 世纪 80 年代以来，中国民间社会从沿海到内地都开始出现大规模的传统复兴运动。这场运动发生的起因与国家层面对传统文化的重视有关，也与此时期各地域文化中复兴传统的主体人群的文化需求密切相关。正如霍布斯鲍姆、兰格认为，在任何时代和地域中，都可以看到这种意义上的传统的"发明"，传统的发明出现的频繁时期通常是在传统的需求方或供应方发生了相当大且迅速的变化时。[②] 粤西亻厓佬 J 姓的宗族文化复兴呈现了从隐匿到续接，再到再造与发明的过程，并且这一过程中地方社会

---

① 吴重庆：《孙村的路：后革命时代的人鬼神》，法律出版社，2014。

② E. 霍布斯鲍姆、T. 兰格：《传统的发明》，顾杭、庞冠群译，译林出版社，2004，第 5 页。

与华南区域社会、海外华人以及全球化的人群流动和观念碰撞有密切关系，像华南的大部分地区一样，台湾地区也是廉江 J 姓宗族复兴的重要线索。

第一节　以台湾地区为线索

华南农村，尤其是福建和广东的农村地区，是国内改革开放以来最早出现宗族组织及其他民间传统文化复兴的地区。这种普遍性的复兴和再造传统的现象与华南地区社会结构的特点密切相关，因为这两个省份都是侨乡，同时由于经济政策的开放与宽容，这里也是港澳台同胞在地理途径上最容易回来省亲的地区。海外华人回乡的主要目的是寻根问祖、探访亲友，同时带来了多样化的经济资源和外界讯息，因此这股随着文化流动的经济浪潮也打破了华南乡村的意识形态禁锢，并带来了传统观念复苏。[①]

民间社会对宗族文化和祖先信仰的自觉，并不只是随着社会转型而变化，而是和过去一百多年来中国精英社会对传统文化的全面否定和批判态度的转变有关。事实上，在 20 世纪 70 年代以后，中国台湾的宗族活动首先进入一个活跃期，它直接地推动了世界范围内华人寻根活动的开展。[②] 1987 年以后，台湾地区出台

[①] 杨志刚：《当代中国大陆和海外、台湾宗亲会活动述论》，《复旦学报》（社会科学版）1996 年第 3 期。

[②] 据台湾《新生报》统计，1979 年全台登记的宗亲会达 222 个，其中单姓 198 个，联宗 24 个。1977 年，台湾成立了"宗亲谱系学会"，1978 年在台北举办了"宗亲谱系资料展览"，1982 年起还到各地巡回展览，并举办多次谱系研讨会，1985 年出版了《谱系与宗亲组织》，全面介绍了 19 个世界宗亲会，58 个省市宗亲会的情况，包括姓氏源流等内容。20 世纪 80 年代中叶（转下页注）

寻根探亲政策之后，许多宗亲会组织与台胞个人开始了大规模回祖籍地寻根谒祖的活动。①持功能社会学视角的朱虹认为，不能忽视宗族复兴中的经济效应因素，返乡华侨能带来的经济利益因素，是基层政府对乡村宗族活动默许甚至支持的原因，这与地方政府希望依靠港澳台同胞招商引资、促进地方经济发展有密切关系。②

而粤西 J 姓寻根问祖的起源也是从 20 世纪 90 年代初，始迁祖 JDX 十四世孙业字辈的台湾商人 JJ 回乡开始的。JJ 是 1949 年国民党撤退到台湾时过去的士兵，出生于廉江 J 镇 YXB 村，去台湾后退伍经商，做过房地产生意。在台湾，JJ 居住在桃园县，当地有 J 姓四五十人。在改革开放前已与故乡有渊源，他在香港的古董店里发现流失海外的廉江永安寺镇寺铜钟。他花巨资购下并希望有朝一日可送回故乡，没想到 90 年代初这个愿望竟然达成了。在 1994 年廉江当地重修永安寺之时，他派人将铜钟送回。90 年代以后，JJ 多次回到廉江探亲访友，曾捐助廉江人民医院等。JJ 回到 J 镇老家后看到 J 氏祖祠败落，非常痛心，因此在廉江 J 姓的几位耆老的帮助下，开始出钱出力重建了 J 氏宗祠。J 氏宗祠在几十年间被他姓村民拆了祠堂上的梁木去修自家的房子，只

（接上页注②）有学者对台北做的调查表明："宗亲组织的发展，表现出蓬勃而富朝气的趋势，至少在数量上远比十五年前为多。此外，许多老的家庙重新翻修整建，有的迁往郊区山清水秀之处进行扩建，更有许多新设立的宗亲组织，将其办公室供奉先祖的神位，设置在公寓式建筑内，或店铺的顶楼。此外，还有一些宗亲组织热切地讨论兴建祠堂或庙庙。"台湾宗亲谱系学会：《谱系与宗亲组织》，台北：成文出版社，1985，第 231 页。

① 孙先伟：《"宗亲会"的性质及历史渊源》，《经济研究导刊》2011 年第 18 期。

② 朱虹：《乡村宗族文化兴起的社会学分析》，《学海》2001 年第 5 期。

剩下墙基，因此由 JJ 发起的重修祖祠拉开了 J 氏宗族重建的序幕。在他的影响下，J 镇的 J 姓各村都模仿宗祠重建的组织模式在富裕的子孙中筹款，逐步地将各个房支的分祠重建和新建起来。围绕 J 氏宗祠的周围也就形成了 J 氏始迁祖和二世祖三个房支的祠堂群落，从物理空间上带来了 J 氏乡村中宗族重建的开篇。笔者在 J 氏宗祠的山墙上找到一幅碑刻，名为《修葺 J 氏宗祠后记》，记录了当年重修 J 氏宗祠的经过。

> J 氏宗祠始建于清道光初年，民国三年（一九一四）再由十二代孙 JC、WX 等重建，迄今已历七十八个春秋。因年久失修，墙垣破裂，瓦面塌漏，祖位无存。
>
> 十四代孙 YY，字 J，旅居台湾多年，现是台港实业家。近来多次回乡寻根谒祖，目睹祖祠如此破败，感慨万端！认为如不及时加以修葺，则将崩圮以致湮没。今后散居祖国各地及海外之 DX 公子孙后代将无以追本溯源！为此，YY 出于报本之虔，首倡修祠，率先奉献巨资，作为修葺费用，遂于辛未金秋，特邀在廉、湛工作及经常之兄弟叔侄 JY、YS、YM、YL、YX 等集议修葺宗祠方案。继而在辛未冬至日，乘全族兄弟云集宗祠拜祖之机，讨论修葺项目和成立组织机构。决定在原有墙垣基础上，进而修葺，恢复原貌，以资永远纪念。当即推定 GY、SY 分别组成修葺 J 氏宗祠理事、顾问小组，领导修祠事宜。由 SY 涓吉壬申年三月十六日，此日经族内外行家盘定，均称吉利，遂如期竣工。历时半载，工程告竣。
>
> 此次修祠工作得以顺利进行和圆满竣工，全仗 YY 之首

倡与慷慨解囊和全族兄弟叔侄之诚心奉献。有钱出钱，有力出力。尤其十三代孙 GY，年过古稀，劳心劳力，事事躬亲。深得全族赞赏，堪为后辈楷模。谨撰此文，以资存史教化。

十四代孙 JY

十五代孙 YM　拜撰

一九九二年岁次壬申金秋吉旦理事小组立

（注：据考 J 氏宗祠始建于清乾隆甲寅，即公元 1794 年。道光己亥，1839 年重修）

图 5-1　台胞 JJ 捐款碑记

JJ 在改革开放初期回乡并定居廉城的事件，对于当时依然大部分困在穷山沟的 J 家人来说如一阵春风，很多年轻人听说了他的个人经历和商业奋斗发展史以后，被激发起走出去的决心。JJ

带回来的大笔资金，也让他们迅速亲身体验到经济资本在现实社会中的巨大能量，后来这批走出去的年轻人有不少做了大小企业的老板。JJ 捐款修祖祠的举动也让他们重新建立起一种与祖先命运切实关联的理解，激发了 J 氏宗族在地方社会中进入再一轮紧密团结的时期。当时负责接洽 JJ 的就是老校长，那时他刚刚退休，还年富力强，参与了修建宗祠和建设企石寺的活动。现在的 JM 研究会的各位骨干成员，那时还是二三十岁的青年，很多也刚刚到外地工作，大多处在比较基层的岗位。粤西当时交通也极为不便，往来需要花费一天的时间，因此他们并没有直接参与 J 氏宗族在乡村中的复兴行动。但是当他们回乡过年节时听说了 JJ 的事情以后大受鼓舞，意识到商业和经济的力量，很多后来 JM 研究会的骨干那时候纷纷辞去公职下海经商。可以说，JJ 为 J 镇的宗族复兴以及 JM 研究会后来的成立留下了火种一般的意义，重新激活了历史留下的祖先信仰的传统碎片。JJ 重修祖祠功劳很大，族里就为他和太太二人留了合影在碑上，以作纪念。但是族中还有其他老人觉得男女两人在一起的照片放在祠堂里不合适，老祖先都还没有像，放他的像怎么可以，所以就把那张有照片的瓷板抠掉了。而在 JJ 之后，他的子女和其他台湾的 J 姓族人就很少与 J 氏宗族再发生过什么联系。这可能与年轻的台湾 J 姓后人没有粤西生活的经验有关，这中断了故土情节。

第二节　多重边缘

21 世纪后，见证了 20 世纪末乡村 J 氏宗族重建的廉江 J 姓青年人逐渐进入中年，更为重要的是，廉江的 J 氏宗族这时已逐渐涌现出一批拥有不错经济能力的中年商人。他们大多定居于广州、深圳、湛江、南宁等大城市，而经济发展也让粤西的交通条件改变了很多。他们甚至可以一天内往返于故乡和都市之间，形成了一种新的城乡连接方式。但随着活动范围的扩大，他们也越来越对罕见姓氏"J"不被认知带来的困扰感到不满，希望找到一些更好的自我介绍的方法，来界定自己在华南社会及更大的世界中的定位。

一　姓氏文化的边缘：小姓的寻根

在外多年的工作生活中，"J"在姓氏文化中的罕见字义与发音让他们在日常生活中不堪烦扰，尤其是对于需要在社交场合极速建立自我身份表述的情况时。困扰 J 姓人士多年的小姓边缘感越来越让他们不满，对于独特姓氏的意义需求越来越急迫地浮现出来。他们开始在日常生活中不断寻求突破的可能。"姓氏起源是分子人类学重要的研究领域，分子人类学家大多利用基因组采样以及确定 DNA 遗传信息的方式来研究人类起源、民族演化、古代社会、文化结构等问题。但是在文化人类学领域，姓名是一种分类系统，在社会交往中形成，和社会实践密不可分，具有丰富的文化底蕴和重要的社会功能。姓名不仅有"物质外壳"，是一种物象，也有社会意义；不仅用来指称，也描述特征。它是象似、标指、象征的交融一体。姓名的人类学研究涉及社会分类、社会记忆、政治操控、经济和政治交易、国家治理，也涉及如何造就和培养社会人。[1]

---

[1]　纳日碧力戈、左振廷、毛颖辉：《姓名的人类学研究》，《民俗研究》2014 年第 4 期。

　　汉人社会最重要的姓氏制度今天能见到的最早的是成书于战国晚期的《世本·氏姓篇》，继之有东汉时期班固所撰的《白虎通·姓名篇》，王符的《潜夫论·志氏姓》和应劭的《风俗通·姓氏篇》。不过，东汉以前，姓氏来源大都牵强附会，甚至对姓氏有别也茫然无知。直到清初，顾炎武开始明确指出："男子称氏，女子称姓。氏一再传而可变；姓千万年而不变。""春秋时犹论宗姓氏族，而七国则无一言及之矣。"[①] 目前，学术界对中国早期社会姓氏制度的相关研究中，关于"姓"的来源有两种观点：一是"图腾说"，认为姓与图腾有关；二是"地名说"，认为姓是得姓者母家所在之地名、山川名，或最初的姓多由地名转化而来。而在《说文》女部中，"姓，人所生也。古之神圣人，母感天而生子，故称天子，因生以为姓"。中国最古老的姓都带"女"字，如姬、姚、姒、妫、媿、姞、姜、嬴，说明姓可能产生于母系氏族初期，开始外婚制，《白虎通义》中所说"崇恩爱，厚亲亲，远禽兽，别婚姻也"。而"氏"与"姓"不同，更接近族名。《左传》隐公八年，"胙之土而命之氏，因以为族；官有世功，则有官族，邑亦如之"描述了周代时"氏"的来源，如有熊氏、伏羲氏、颛顼氏、玄鸟氏。姓与氏有共同点，但也有差异，概括而言，"姓"构成的人群主要属于血缘性联系，而"氏"的人群更包含有政治性联盟的性质。[②]

　　在中国传统社会，关于姓氏文化最为普及的读本是用于幼儿开蒙的《百家姓》，也是民间宗族和姓氏文化爱好者主要参考的

---

①　（明）顾炎武：《日知录》，载黄汝成《日知录集释》，上海古籍出版社，2006。

②　参见雁侠《中国早期姓氏制度研究》，天津古籍出版社，1996，第50~62页。

文献。百家姓中人口众多的大姓和常见姓排名靠前，小姓和冷僻姓排名偏后，因此，J 姓人士会很在意自己的姓进不了《百家姓》，而只能在他们找到的一本《千家姓》里排第二百多位。按 JM 研究会这两年编修族谱所做的 2012 年以前的大致人口统计，中国大陆有 20 多万人口姓"J"。那么放在 13 亿人口中，占比约为 0.0154%，也就是说在 100 万人口中，我们大约可能遇到 154 个姓"J"的人士。相对于"王"这样的大姓来说，频度为 7.59950，就是说 100 万人口中，会遇到大约 7.6 万姓王的人。这应该是小姓与大姓最基本的差别。①

在 JM 研究会出现以前，各地的 J 姓人士都会谈起从小就会遇到的经历，尤其是在过去名字大都以手写体为主的年代，近年来多为电脑打印，略微改善了这种状况；但是作为一个非名词的姓氏，人们还是很难解释和界定意义，只能用与 J 有关的带有较少负面意义的动词来解读。还有经常要面对的就是被询问是否是少数民族，这对于讲着客家话和亻厓话的 J 姓人来说，也非常烦恼。因为自罗香林先生在 20 世纪 30 年代开创了客家学研究以来，客家人已经逐渐摆脱了客家族属的争论，更有各种研究的梳理，论证了客家来自中原南迁汉人，甚至是中原贵胄。在这些讲客家语的族群中，对汉族的认同比非客家汉人还要高出许多。虽然可以想见的是这些南迁汉人在艰苦的移民过程中，一定不可避免地要与原先的百越民族通婚。②

---

① 何晓明：《姓名与中国文化》，人民出版社，2001，第 91~93 页。
② 谢重光：《畲族与客家福佬关系史略》，福建人民出版社，2002。

二 族群边缘：成为客家的亻厓佬

讲亻厓的粤西 J 姓，在粤西当地其实很少用客家这个概念，而更多直接用"讲亻厓"来表明自己的族群所属。而当离开粤西桂东南的聚居地，"讲亻厓"变成了难以辨别的语言属性。因为对于华南社会来说，客家才是易于沟通的自我介绍。2004 年 10 月，JM 研究会的几位核心骨干——那时还是廉江的 J 氏族谱编修理事会委派的外出调查小组成员，和与 J 家交往频繁的潮学学者一起，以廉江族谱校核祖源、理顺世系为由，开始对 J 姓各地聚居地走访，希望了解各地 J 氏人口、文化、经济发展情况。这一次十四天的走访途经粤、闽、赣三省九市十八县，行程五千多公里。他们在从福建明溪赴江西广昌途中，无意中发现了宁化石壁的"客家公祠"，祠内奉祀有"J 氏先祖神位"，但在介绍客家各姓氏祖源、流徙等方面情况的姓氏碑廊中却没有 J 氏碑。这让他们很没有归属感，就在 J 姓内部广为宣传此事，同时集资在石壁立碑树传，试图先加强 J 姓在客家文化圈里的知名度。2006 年 12 月，80 多位来自广东珠三角、粤东汕头以及福建连城、建宁、明溪、宁化、清流等地 J 氏族人一起到福建宁化石壁客家祖地，举行了 J 氏碑的揭幕庆典仪式。碑文主要简述了 J 氏来源，J 氏家族的迁徙，J 氏先贤等方面的内容。他们希望此碑成为纪念 J 氏发展的见证。碑上文字如下：

J 氏碑碑文

J 氏，出于史姓。始祖 JM 公，原姓史名定，汉武帝时，为护驾将军，随严助往谕南越，羁为 JF 令；元鼎六年（公元前 111 年）挈地归汉，收平两越，武帝旌其忠，诏封为安道侯，赐姓 J 名 M。故，J 氏皆始于 M 公也。

后裔袭汉爵于 JF，历沧桑之变，朝代更迭，自唐末战乱及五代十国，遂离开 JF 向江西播迁，在江西繁衍生息，为江西之名门望族。至宋、元、明时代，部分 J 氏族人随客家迁徙之大潮，由江西经宁化向闽、粤、桂及海外迁徙。故，今 J 氏后人遍布华夏及世界各地矣。

J 氏，自汉武帝封侯赐姓，两千余年，椒衍瓜棉人才辈出，汉和帝时，JJ，任翰林中书；唐代，JZ，任袁州刺史兼御史大夫，封上柱国；元代，JXS，为翰林大学士，主修辽、金、宋三史，与虞集、柳贯、黄溍称为"儒林四杰"，与虞集、范椁、杨载并称"元诗四大家"；明末，JCX，任永历朝兵部尚书兼都御史，总督兵事，英勇抗清，不幸被捕，从容就义，凛然之民族气节彪炳史册；明末清初，JX，为军事家，科学家，论著涉天文、地理、历史、哲学、军事、数学各个领域，真知灼见深为海内外学者所推崇，其《兵经百篇》与《孙子兵法》齐名。

噫嘘！今我 J 氏，枝蔓中华，业容世界，诗曰：三千年内人才盛，二十四朝中伟绩存，代有梁材擎玉宇，风骚各领永传薪。

二〇〇六年九月立

JM 研究会的骨干们越来越开始认可将"讲亻厓"等同于客家人的身份，而且这种久违的归属感也让他们第一次体会到团结起来的力量。他们还撰写了祭文，在仪式上向 J 家的历代祖先禀告了此事。

祭 J 氏客家先祖祭文

维公元二零零六年十二月二十二日（农历丙戌年庚子月乙酉日）J氏裔孙某某……（等），谨以猪一、羊一、香烛宝帛、青酌庶羞之仪，致祭于中华 J 氏客家始祖考、妣之神位前。

伏惟 J 氏，出于史姓；始祖 JM，原名史定；汉武帝时，护驾将军；往谕南越，羁马县令；元鼎六年，挈地归汉；武帝旌忠，封侯赐姓。JM后裔，袭爵 JF；唐末战乱，历尽沧桑；五代十国，朝代更张；遂离 JF，播迁豫章；繁衍生息，望族名门；宋、元、明时，国常不靖；部分族人，迁徙四方；由赣经闽，客居他乡；此等先人，乃 J 氏客家始祖也！

噫嘘，J氏！联曰："源溯 JF，功垂大汉，赐姓封侯，裔蕃华夏，蛰蛰斯荣海宇；流芳闽省，马骋南疆，开基创业，派衍神州，绵绵瓜瓞蔓环球。"

《易经》云："天行健，君子以自强不息；地势坤，君子以厚德载物。"我 J 氏客家始祖，绍箕裘而不畏艰险；恢先绪而奋发图强。德馨大地，秀挺南天。其裔孙艰苦创业，肯构肯堂；英才辈出，豪杰代生；薪火永传，风骚各领。

噫嘘！宁化石壁，客家祖地；钟灵毓秀，山水凝光。木本水源，切勿遗忘；敬宗睦族，和谐四方。今值冬至，佳节时光；天朗气清，惠风和畅。我等裔孙，千辞千里，云集至此；俯伏献礼，虔诚祭祀。祈望我祖，来格来尝；佑我裔孙，降福降祥！工、农、兵、学、商，锦途坦荡！各行各业，业绩辉煌！大兴伟业于四海；大展宏图于八方！

诗曰：千秋俎豆荐馨香，敦睦族谊吾辈当；浩浩宗功垂宇宙，拳拳赤子耀华邦。（JJH 撰写）

行文的 JJH 是研究会从早期一直坚持下来的几位对 J 姓文化极有感情的中年商人，早年毕业于湛江师范学院，做过 J 镇中学的老师，后来做生意经常在广东、广西两省走动。他在广州和廉江都有住宅，经常往返两地居住。他的叔父 YM 是廉江的退休公务员，也是廉江族谱编委会成员。这位叔父和 JJH 平时都喜爱做旧体诗和创作楹联，是中国楹联协会会员，有出版诗集。每年廉江春分祭始祖的祭文也大多由 JJH 执笔。他在 J 氏碑落成时撰写的祭文与廉江《J 氏族谱》中的文体颇近似，不过也许为了突出 JM 的武将身份，他在文中将 J 氏子孙的职业排序写为"工、农、兵、学、商"，而不是传统中国的"士、农、工、商"。

但是曾骐先生知道他们立碑的事件以后，提醒他们其实按照《J 氏族谱》流传的记载，J 姓的历史与那些认为自己是唐宋以后从中原迁移到石壁的汉人，然后继续迁到客家聚居地的客家人不同。J 姓族群到达岭南的历史相对更久远，与岭南的历史牵连也更紧密，但这也并没有让 J 姓族人感到立碑事件可惜或者多余。因为历史早还是晚是考古学家关心的事，总之多了一个介绍 J 姓文化的公共空间还是很有意义的，至少可以帮助他们宣传 J 姓的由来，宣传的越多那些因小姓带来的困扰才越可能更快得以解除。

三　文化地理边缘：粤西、闽西与赣南

在对进入粤西廉江 J 姓村落做田野调查的感受，与对福建连城和江西丰城等几个主要的 J 姓聚居区的调查感受进行再次审视时，笔者发现作为汉文化边缘的粤西 J 姓群体无论是在祖先历史记忆的丰富性，还是在祭祀祖先的仪式内容以及与祖先文化相关的墓地、祠堂等象征物的保留上，都显得更为完整。这就引发了笔者对粤西地域社会的进一步思考。为什么是由粤西的 J 姓来发起了这个同姓组织的建构和运作，而不是福建人和江西人？粤西的地理边缘里是否包含了某种"反常识"的机制存在？

其实关于祖先的历史记忆，在这几个地区的 J 姓人士中并不是统一的。在 J 姓主要聚居的不同地区，离他们的生活更近的著名祖先显然对他们来说更重要，像江西丰城的 J 姓会更强调元朝著名文学家、书法家、史学家 JXS，江西广昌的 J 姓后人则强调明末清初著名的军事理论家、天文学家、哲学家和数学家 JX，福建明溪的 J 姓会把明朝一位将军 JH 当成重要的叙述内容。各地子孙对祖先的认同重点会有非常不同的差异，好在对 JM 是得姓始祖这个问题基本上已经没有什么疑义。

粤西地区的 J 姓承认从族谱中可考证的有记载的祖先都来自江西广昌，然后散播全国各地，粤西这一支是先迁移到福建长汀，然后明代中期再迁移到了粤西。从历史和地理的正统性来看，江西比广东更适合作为 J 家的祖居地而获得祭祀主角的位置。粤西 J 氏应该很难以地理边缘的劣势与江西和福建客家聚居区的宗亲们抗衡，但是也许正是作为地理边缘、小姓边缘、汉民族边缘的几重原因，让粤西 J 氏借助华南经济文化中心的区域优势，产生重归历史时间与地理空间坐标中心的实践动力。

费孝通先生在研究宗族时指出应当兼顾血缘和地缘两个方

面，既要进行分别的研究，也要将两者结合起来考虑。① 研究总会的会长由粤西宗亲中一位从事房地产工程的商人担任，首先是因为他的经济能力在 J 姓群体中较为突出，同时他也是地方上的政协委员。在外省的其他宗亲中，虽然也有与他在各方面条件上相匹敌的人选，但是他们所能调动的经济资本、政治资本和文化资本都无法和粤西 J 姓相比，最重要的还是没有粤西 J 氏那么强烈的祖先认同。因此，重新造像的权力似乎也成为宣布粤西 J 氏在某种意义上成为宗族正统的象征。这一边缘支系通过组织研究会和画像等一系列象征性的活动获得了在宗亲会内部主流的话语地位和叙述宗族历史的权力。

第三节　盛世中的宗亲会组织

美国人类学家格尔兹运用"族群内心情感论"（primordialists）解释人们进入都市时认同建构的心理和文化基础。而汉人社会中的新移民（包括海外华人、少数民族）融入大都市的过程，则意味着大都市市民意识和身份的形成过程，也是族群性地域认同群体的形成过程。② 以"同姓"作为族群认同标识起源于明清时期开始兴盛的民间联宗活动。③ 如果说"同姓"是人们区分"他－我"的外显性标识，那么，其作为符号所隐喻的血缘关系则是人们宗族认同的心理依据，或者说是一种"内源性依据"。在以父

---

① 费孝通：《乡土中国　生育制度》，北京大学出版社，1998，第 70 页。
② 巫达：《社会人类学的都市族群研究》，《民族学刊》2012 年第 1 期。
③ 钱杭：《血缘与地缘之间——中国历史上的联宗与联宗组织》，上海社会科学出版社，2001。

系继嗣为原则联结在一起形成的血缘团体中，团体成员的认同被一种"同宗同源"的原生情感所维系；人们"在对祖先的追忆中不断地强化着集团的社会认同"。① J 姓子孙反复强调的"天下 J 氏一家亲"似乎也可以看作对这种拟制血缘坚固的想象。

其实在田野中，笔者一直担心的是这个操着宗族话语的群体实质上只是一个利益共同体，参与其中的人只不过在进行各种资源的交换和整合。这个主要以新城市精英为核心成员的组织在很多情况下都显得与现实利益之间有着过于紧密的联系。黄海妍在对清代广州的合族祠的研究中发现有一类合族祠并不是基于"宗族"的观念而建立的，类似 JM 研究会的这类宗亲会组织。从清代中期开始，广东各地的宗族就已经开始在省城建立这种以"合族祠"为名的同姓联盟。②

2007 年 6 月，城里的 J 姓子孙们组成代表到韶关讨论成立"JF 先贤 JM 暨中华 J 氏研究会"的有关事宜，包括研究会的章程和组织机构等具体工作，并推荐了 JM 研究会会长候选人。因为在筹建过程中他们与福建的族人互动紧密，并且在族源上广东石城 J 氏与福建连城 J 氏一脉相承，所以 2007 年 11 月在福建某县"JF 先贤 JM 研究会"的福建分会几乎与总会同时成立，甚至在时间上比总会更早。由于总会的成员以广东族人为主，在组织功能上广东分会并没有迫切成立的必要，所以广东分会其实是 2010年才成立的。福建分会的组织结构包括名誉会长 1 人，副会长 6

① 钱杭：《论汉人宗族的内源性依据》，《史林》1995 年第 3 期。
② 黄海妍：《在城市与乡村之间：清代以来广州合族祠研究》，生活·读书·新知三联书店，2008，第 16 ~ 17 页。

人，其中一位副会长兼秘书长，常务理事 13 人，理事 11 人。秘书处设副秘书长 6 人，内设联络组、财务组、课题组。经过四年的筹备，研究会的各项事宜都基本具备，在成立和最初的各种活动中，族人对于始祖 JM 的精神认同达到了第一个高峰期。成立之后，研究会的成员一起发起、参与各种社会活动，通过各种现代媒体和传播方式，努力提升研究会的内在凝聚力和社会影响力。

2007 年 12 月，"JF 先贤 JM 研究会"在当地民政局注册为民间组织。当地政府领导、专家学者 50 多人，以及全国 15 个省份的近 300 名 J 氏族人代表参加了会议。会议选举 JM 研究会名誉会长 3 人，赣、粤、闽各 1 人，为政府官员；会长 1 人，来自广东廉江 J 氏，商人；副会长 18 人，多为商人，大额捐款人，有学者 1 人；秘书长 1 人，副秘书长 10 人，为族中商界但又有文化修养的人士，以广东 J 氏人为主，闽、赣都有；常务理事 70 人，以及各省分会会长、副会长、秘书长，当时包含了前述的正副会长和正副秘书长人员；同时邀请了广东省和潮汕地区的一些专家和部门官员作为顾问和理事会成员，大约 30 人。JM 研究会逐步建立并完善研究会的组织机构和其下属机构——办公室、课题组、财务组、联络组，确定各组负责人；明确会长、副会长、秘书长、副秘书长的工作范围和责任；确定各下属机构的工作职责。JM 研究会的章程中规定，研究会每 5 年换届，可以推举新的会长人选，也可以连任，但具体的选举方式和表决方式没有在章程中说明。会议还制定了有关财务制度、资产管理监督制度、办公室日常工作规则，并提出不定期出版研究会会刊。2004 年 12 月，研究会的这些发起人组织了一个"纪念 JF 先贤 JM（史定）诞辰

2165 周年学术研讨会暨 JX、JRY 书法篆刻展"。这个研讨会由当地市政府主办，因两位书法家是在北京工作的部队干部，会议也邀请了地方上的文化行政官员和中央的部队领导参加，加上一些海内外专家学者。这时候已经有越来越多的各地族人参与到这样的活动中。

JM 研究会自 2007 年成立后到 2010 年湛江年会以前，是发展的高潮期，宗亲们对这个组织充满了热情。他们在各地组织分会，经常性地聚会和联络；他们参与公众媒体的文化节目制作，梳理家族历史和文化遗产如出版《J 子兵法》，重新绘制祖先 JM 的画像，也针对族内老幼病残宗亲的情况组织公益救助，并试图展开在经济及其他相关事务的跨领域合作。政府并未鼓励过于强调宗族文化的相关活动，所以通常这类活动又与其他文化复兴活动杂糅在一起。

　　2008 年 1 月 12 日，JF 先贤 JM 研究会应邀参加广东电视台某频道的节目录制。参加者有 LY、ZX 一家，YS、YG，H 夫妇，YL、YQ、WL、HG 等十几人。LY 介绍了研究会概况，并强调了始祖 JM 的丰功伟绩。同时，展示宣传牌标语"JF 先贤 JM 研究会""J 氏同根同源同脉，广东和睦和平和谐""古 JF 首任县令 JM 是南粤先贤"。该节目最后的鸣谢字幕标出"感谢 JF 市委、市政府大力支持"和"感谢海内外专家学者严谨论证"。

　　2008 年 4 月 26 日由中国孙子兵法研究会、江西省广昌县委县政府、JF 先贤 JM 研究会、J 子兵法系列丛书编委会联合主办的《J 子兵法》一书首发式暨新闻发布会在北京人民大会堂隆重举行。

2008 年 5 月 26 日，由中央电视台拍摄、录制的反映 J 氏历史渊源、文化的电视专题片《J 氏传奇》于中央电视台国际频道栏目对全球播出。

自 2008 年 8 月起，为尊重历史，还原历史史实，研究会决定成立 JM 画像课题组重画 JM 像。查阅大量古代历史资料，还原 JM 作为护驾将军与安道侯时的服饰。次后又征集了大量 J 氏宗亲的相片进行分析、比对，并结合遗传学等人类学科知识进行研究，形成了 JM 画像初稿。J 氏宗亲对 JM 公画像初稿进行了多次的交流和讨论，三位名誉会长也十分重视 JM 公画像的事宜，多次提出修改意见。在南昌年会也征求与会者的意见，经过一年时间，JM 公画像定稿，公布于中华 J 氏网站。

2008 年 12 月 20 至 21 日（冬至），JF 先贤 JM 研究会 2008 年常务理事会在江西省南昌县召开。来自广东、福建、江西、湖南、湖北、云南、四川、安徽、江苏、浙江、山东、广西等 12 个省份的理事代表共四十多人出席了本次会议。本次会议适逢南昌县莲塘镇溪东 J 氏举行"纪念忠公诞辰 940 周年暨会修族谱爱谱大会"。

继 2008 年《J 子兵法》出版后，其姊妹篇《J 子战法》一书，2009 年由军事科学出版社出版。这部书被军史专家誉为近代战术百科全书，这是继 1859 年木刻版后首次再版。"J 子兵法系列丛书"已由军事科学出版社出版了《J 子兵法》《J 子战法》《J 子兵法书法大展作品集》；2009 年还将出版《J 子问天》《J 子道性》；今后将陆续出版《J 子兵法精释》《J 子兵法与当代商战》《J 子兵法·篆书》等。

2009 年 5 月，闽粤两地 J 氏宗亲，获悉 JX 宗亲身患白血病，纷纷献爱心，慷慨解囊，捐款资助 JX 对抗病魔，挽救一个年轻的生命。据统计，闽粤两地 172 位 J 氏宗亲和三个社团组织，共捐款 38791 元。

2009 年 6 月，经广东文史馆专家、学者考察和审评，批复 JM 列入广东历史文化名人。

2009 年 8 月 14 日，湖南长沙、华容、澧县、津市、永顺、溆浦、桃源、望城、永兴、桑植等县 J 氏宗亲代表五十余人，相聚素有"稻油丰稔甲湖广，棉桑凤著震九州"之誉的历史名城澧县，举行 JF 先贤 JM 研究会湖南分会成立大会。研究会组织机构其他成员，以及广东分会、江西分会、湖北分会、云南等地 J 氏宗亲代表近二十人列席会议。交流会上，多位企业界的 J 氏精英在研究会会长的号召和带动下，纷纷表态支持中华 J 氏总谱的编纂工作，认捐资金共 73 万元。

2009 年 9 月 5 日下午，"《J 子兵法》与现代商战论坛"在广州市珠江之滨 J 氏酒楼举行。论坛由 JF 先贤 JM 研究会、广东（廉江）商会和珠江商学院共同主办，珠江商学院承办。JF 先贤 JM 研究会会长、副会长以及在穗工作、经商的 J 氏宗亲、廉江籍企业家等近百人参加了这次活动。

2009 年 11 月 21 日 JF 先贤 JM 研究会 2009 年工作会议于福建省连城县连城大酒店召开。会议由 JF 先贤 JM 研究会、JF 先贤 JM 研究会福建分会主办，福建连城 J 氏宗亲承办。会议表彰乐捐善款的宗亲，并颁发名誉会长、会长证书。

2010 年 4 月 2 日下午，"JF 先贤 JM 研究会广东廉江分会成立大会"在廉江市江都大酒店召开，大会选举产生了 JF 先贤 JM 研究会广东廉江分会的组织机构，推荐和聘请了广东廉江分会的名誉会长、顾问、会长、副会长、秘书长和副秘书长。

2010 年 4 月 16 日，JM 研究会广东分会去往广东廉江、湛江、高州考察，拜访当地宗亲，并筹备当年年会及将军书法展具体事宜。

2010 年 5 月 30 日，来自江西、福建、广东、湖南、湖北、云南等地的三十多位 J 氏宗亲聚集广东韶关，隆重举行了中华 J 氏族谱编纂启动仪式。历经一年多的中华 J 氏族谱编纂筹备工作已圆满结束。中华 J 氏族谱编纂工作正式开始。

2010 年 7 月 10 日，JF 先贤 JM 研究会江西分会于江西省井冈山市和谐苑举行成立大会。JF 先贤 JM 研究会名誉会长、会长、副会长等总会成员参加了成立大会。来自江西南昌、宜春、新余、抚州、吉安、赣州、上饶、景德镇等九个市将近四十个县的 68 位 J 氏宗亲参加了成立大会。广东、福建、湖北、云南、广西、山东、江苏等地分会或筹备组的四十多位宗亲代表应邀列席了会议。

2010 年 9 月 4 日，JM 研究会总会秘书长、广东分会会长与秘书长、专家们一同探访广东河源分会宗亲，祝贺河源分会成立。

2010 年 11 月 7 日，在深圳的一小部分 J 氏的宗亲聚会，由"中华 J 氏家族深圳群"发起号召，群主 JAH，管理员 JS、JF、JYS 发起的集会令，本着同宗同亲、血脉相连、同是一家人，参加此次聚会。这只是一次小规模的聚会。[①]

到 2010 年的湛江年会，JM 研究会的活动达到最高潮，由广东分会主办，会长对这次年会寄予重望，称一定要把广东 J 氏的实力和风采展示出来。所以从 2010 年春节过后，广东分会的骨干们就开始筹备。颇为遗憾的是，这次会议在筹备的半年多笔者都有参与，但是到 11 月时却因为怀孕不能长途劳顿而没去现场，后来只好通过聊天、访谈和收集图像资料来了解事件经过。这次会议是 JM 研究会成立以来最为铺排的一次活动，筹备时计划同时举办的书法展是"J 子兵法——海峡两岸将军书法展"，最后因为联络和申请报批上有些问题难度太大，改为"2010 年中国（湛江）J 子兵法百名将军书法展"。开幕时来了三位退休的将军，湛江市委、市政府和市文广新局的有关领导也来道贺。JM 研究会的成员以及来自江西、福建、广东、广西、湖南、湖北、浙江、安徽、江苏、山东、四川、重庆、云南、贵州等分会的宗亲代表大约四百人参加了活动。会议晚间有当地的文艺团体专门为会议编排的晚会，名为"天下 J 氏一家亲"，有主旋律舞蹈和歌曲，也有宗亲的即兴节目。会议第二天，所有参会人员去了 J 镇的 J 氏宗祠祭拜，J 镇完整的祖墓和祠堂系统让外地来宾大开眼界，祭祖仪式中的"六佾舞"和武术表演，以及专门设计的会议礼品和印刷品赠送给所有参会者等种种细节安排，让所有来宾叹为观止。这次会议的高规格让所有外省宗亲为粤西 J 氏的强大实力折服，也感叹他们在当地的组织能力与经济实力。这个活动整体展

---

① JM 研究会年会资料。

示了粤西 J 氏在各个领域的实力，以及对于祖先文化的重视，但是从那以后，就不再有外地分会提出承接年会的想法。因为虽然有些分会也具备相当的能力，但是始终没有粤西 J 氏这种强烈的表达和展演欲求。

2010 年以后，由于经济大环境和国家政策调整的影响，愿景中的某些事情并未按照他们计划的方向发展，研究会的活动开始安静下来，每年年会因为没有外地分会提出承办，所以都在广州简单举行。在研究会上层的态度中，也可以感觉到这种冷却与回避。因为 5 年换届的年限已到，最后在这几位坚持者的努力下，2012 年 11 月，还是在广州番禺的一间商业酒店举行了 2012 年年会，除笔者以总谱编修顾问组成员身份参加外，没有邀请其他族外人士。会议过程中大家推脱避让关键问题，下届会长人选只有提议，并无公开讨论表决，总谱的编修也暂时停顿下来。

第四节　望祖与地方历史名人

JM 研究会的出现有一个主要的原因，就是江西丰城《J 氏族谱》中收录的据传为宋代苏过所写《史 J 合序》成为讨论西汉时期潮汕史的重要民间文献。J 氏族人受到第五届潮学国际研讨会的邀请。说到潮学研究会，必然会提起潮州籍国学大师饶宗颐先生。1993 年，饶宗颐先生在香港积极推动举办了第一届"潮学国际研讨会"，自那以后"潮学"正式成为关于潮汕地域社会历史文化研究的学术领域。潮学国际研讨会自第一届以来，举办了十一届，J 姓子孙获邀参加的是 2003 年在 JF 举办的第五届。JF 是潮汕地区最早见诸史籍的县份，在潮学研究中拥有独特的地位和价值。那一届研讨会为期两天，中心议题是以古 JF（榕江）先秦两汉考古研究为重点，内容包括古 JF 先秦两汉文物考古、潮剧研究、海外潮人、潮汕民间风俗、潮汕方言、潮汕民间文学、潮汕民间工艺美术等多个方面。J 氏族谱中苏过所撰的《史 J 合序》成为这次会议讨论中对于重新发现潮汕历史的一个重要发现，一些有影响力的潮学研究学者撰写了相关文章对这份材料进行研讨。

虽然 JF 目前并无 J 姓村落，这也一直是 J 氏在后来编修全国总谱时比较困惑的问题，即使是目前 J 姓中最早从明代流传下来的江西丰城《J 氏族谱》，也无法讲清楚从汉代 JM 之子 JDS 到唐代迁回江西丰城之间的历史，并且在 JF 这个得姓之地的区域附近完全没有 J 姓村落的存在。今天在名为 JF 的邻近地区工作的只有从粤西出来到潮汕地区做公务员的 LY。他是和江西丰城的 HY 一起带着族谱参加了这次学术会议的成员之一，也是后来研究会的秘书长，是对 J 姓文化有着最深厚情感和认同的核心人物。潮学研究会的国际化视野也让 J 姓的宗亲们看到一种脱离乡土叙事与更上层的社会平台沟通的方法，因此与潮学研究会的互动成为后来 J 姓的同姓组织没有以宗亲会、联谊会命名，而是以研究会作为其组织名称的一个主要原因。

潮学研讨会之后，对潮汕史有兴趣的学者从史籍、方志、族谱等文献中考证撰写研究文章，试图厘清 JF 历史以及史定与 JM 之间的关系。这些潮学研究者认为在潮汕史研究领域，由于战乱，唐以前的潮州地方社会留下的官方文献资料很少，而三国时期属于吴国管辖的粤东地区，历代墓葬被破坏，物质性的遗存也不多，因此中古时期粤东地区的研究资料也相应缺乏。而这时来

自民间族谱文献的，又是由北宋时期对后世编纂族谱影响很大的
苏家父子参与的历史口述史资料《史J合序》的出现就显得难能
可贵。因此，学者们认为其有可参考的价值，可以作为潮汕史研
究的参考思路，成为第五届国际潮学研讨会中的新发现。那届会
议饶宗颐先生因有事没有参加，但是他也看到了这份材料，并在
研讨会后的《选堂感言》中写道：

> 找到史定后人，发现汉武帝为降汉的 JF 令史定赐姓
> "J"，改名"M"，而且厘清了史定与任嚣、史禄、史焕诸人
> 之关系。有关问题，徐先生文章皆有论证。尤其令人感奋的
> 是，此次大会还邀请史定后人 J 氏三先生亲临 JF，并携来
> 《J 氏族谱》参与讨论。我早就论及 JF 令史定乃《史记》与
> 《汉书》所记载的历史人物，国史之所论必有根据。如今行
> 见潮汕史此一重要问题即将得到彻底之解决，精神不禁为之
> 振奋不已，欢然为之欣喜终日。①

饶先生的肯定以及历史学家和潮汕史研究者的研究论文让 J
姓族人很激动，因为在这个会议之前，大多数 J 姓族人只知道老
人说起老祖宗是汉武帝赐姓封侯，但在历史和现实中的具体描述
对于他们来说都是虚无缥缈的回忆。很多没有生活在乡村中的 J
姓人连老祖宗的这个传说也不知道，而且除了自己出生的地区，
他们也不清楚其他地方有没有人和他们同姓。这些专家的文章出
来之后，最初参与这个事件的几位来自廉江的 J 姓族人逐渐意识

---

① 饶宗颐：《选堂感言》，《潮学》2003～2004（合刊）。

到祖先历史的重要性。他们觉得之前大多数 J 姓人都经历过的小姓歧视突然有了被破解的可能，并且这段历史的发掘可以为他们带来某种精神上的力量并有转化成某种姓氏文化资源的可能。

从 2003 年潮学国际研讨会以后，J 姓宗亲会逐渐筹备成形。2004 年 3 月，他们首先在汕头中华传统文化研究会的名义下，申请成立了"汉安道侯 JF 令 JM（史定）及其家族研究课题组"，并申请了相关研究课题。这为日后 JF 先贤 JM 研究会成立时的舆论宣传和文案资料整理等做了基础性的准备。2007 年，J 氏族人在民政部门注册了"JF 先贤 JM（史定）研究会"。这个组织以得姓始祖为认同原则，并试图模仿历史上的宗亲会进行一些联宗的实践，但是这种超越血缘世系和地域限制的同姓组织，从成立之初就显现出了非常松散的特征。研究会的会长、副会长由前期在筹备工作中出钱出力最多的人担任，以廉江籍为多，成员多来自江西、福建。也因为第五届国际潮学研讨会的影响，JF 先贤 JM 研究会成立时，政府非常重视。当地主要领导参加了成立大会，并认为政府同样可以联合民间力量，共同挖掘地方文化资源，同时欢迎成功的 J 氏宗亲到当地投资，进一步促进当地经济的发展。在 2007 年 JF 先贤 JM 研究会的成立大会上，从当地政府领导的发言中可以看出地方政府对这个民间组织的定位和期待，即将子孙对祖宗的缅怀化为地方文化资源。

2008 年 8 月，由 JM 研究会名誉会长和代表出面，向广东文史馆提交了申请书和有关资料，并与省文史馆座谈。文史馆也颇为重视，于 2009 年 6 月专门组成了评审组前往 JF 考察认定了 JM 为"广东历史文化名人"，研究会称这个事件为"J 氏家族政治上的一件大事和喜事"。此后，JF 市政府在修建 JF 楼时，已将

JM 定位为 JF 历代名士中最重要的人物，并在 JF 楼流芳阁上立雕像为记。JM 是《史记》记载中的史定一说已被坐实为地方的历史叙述。虽然汕头负责历史文化研究的部门至今不愿意承认史定就是 JM，因为和 JF 比起来，汕头多强调其自清代以后作为商埠发展史，肯定比讨论以 JF 为中心的西汉潮汕史更利于表达汕头在潮汕地区的文化重要性。

小结　传统再造的路径

处于多重边缘的小姓族群的宗亲会组织 JM 研究会的骨干们，在都市化过程中依托祖先信仰的传统建构出新的社会联结，并与地方社会的发展有机结合。麻国庆认为可以将这种新的社会结合关系形象地理解为"祖先的张力"。① 而景军则认为任何一种被创造的传统必须符合地方社会中原有的文化习俗及以往社会实践的轨迹，通过不断沟通与商榷，才可能被整合成为民众信仰或历史记忆的一部分，并且其有效性和持久性才可与社会组织纠结在一起。② 从 JM 研究会出现的原因来看，传统再造及内部细节的发明，还可以见到围绕祖先认同而产生的象征理性③，成为新传统建构机制中的结构性因素。无论是在乡村还是在城市中，这些 J 姓子孙们寻找"祖先"的过程，同时可以被理解为是其为自身寻

---

① 麻国庆：《文化生产与民族认同——以呼和浩特、银川、乌鲁木齐为例》，社会科学文献出版社，2012，第 117~119 页。

② 景军：《神堂记忆》，福建教育出版社，2013，第 53 页。

③ 马歇尔·萨林斯：《文化与实践理性》，赵丙祥、张宏明译，上海人民出版社，2002，第 2 页。

找各自在地理空间和历史时间中的定位，其外显的形式在乡村中为宗族的复兴，在城市中则成为与地方发展和国家政策倾向的主动呼应，即利用历史文化名人与文化产业发展将祖先整合进官方话语叙述的逻辑中。

当然，对比中国历史上存在了千年的宗族传统和一两百年的联宗实践，这种新形态的持有宗族话语的城乡流动组织发展的时间还远不够长。仅从这十年来 JM 研究会的实践来看，我们也很难评估这个民间组织在未来的境况会怎样、会面对什么样的挑战。但是可以确定的是，这种"离散"与"流动"的存在以及未来的不可知性，决定了这个民间组织选用了更具有传播价值的方法来建构组织的象征物，尤其是在面对媒介革命带来的图像时代。围绕祖像临时建构出的公共空间是一种流动的"祠堂"，没有什么比一张具体的祖像更利于子孙们述说祖先记忆并对他人宣告 J 姓族群的存在。

第六章　子孙们的文化实践

在对 JM 研究会的观察中，最令人觉得吊诡的是无论他们怎么强调希望脱离地域和乡土限制，成为现代城市中的民间组织机构，他们都不认为自己等同于其他会员制的现代民间组织。他们在所有场合中一定称呼彼此为宗亲或兄弟、姐妹，而且宗族与研究会两个概念在这个宗亲会组织的筹划阶段被混合使用。研究会的骨干们自觉地根据现有的条件和资源进行了各种方式的文化实践，尝试将学者的关注、学术资源、国家政策以及地方政府的文化发展需求与同姓组织的文化之间建立起某种联系。这种现代与传统的多元混杂，以及精英传统与草根传统互相渗透、互相发明的过程，在 JM 研究会的个案中相当明显。

第一节　会员与宗亲

在广东地区，源于拟制血缘认同的宗亲会组织"合族祠"自明清以来就一直存在。虽然 JM 研究会套用了类似学术机构的研究会名称，但是从文化根源上说是来源于民间社会中拟制宗族的同姓集团，内部彼此互称为宗亲则显得更为合理。这一宗亲认同的基础来自对始祖的选择，而对于作为小姓的 J 姓来说，汉代始祖 JM 在历史上已被各地 J 姓认可，无论是从时间上还是从地理范围上都便于团结全国各地大部分 J 氏宗亲。

其实对于大姓而言，一个远古的同姓望祖同样利于团结同姓。例如，建成于嘉庆二十二年的（1817）苏氏武功书院，苏姓宗亲们找到的共同认可的郡望与始祖是眉山的眉阳三公——苏洵、苏轼、苏辙，虽然我们知道苏姓起源没有那么晚，但这并不影响苏氏武功书院吸引了广东全省"五府二十二县一百二十三房"的苏氏宗族加入。对于聚集广东全省一百多房同姓宗族共同在广州城中建立合族祠，发起人之一的苏述曾有一段叙述。

> 广州，岭南一大都会也……衣冠之气独盛，白沙、甘泉诸儒之风教犹有存者。若置书院于此，我族姓子孙岁试、科试、乡试，与夫负笈从师，或远或近，必皆由院而进。非徒朝于斯、夕于斯得以聚首言欢，亲无失其亲也，而且可以藏修，可以游息，为父兄者所见无非子弟，为子弟者所见无非父兄。教之先率自谨，而孝悌之心与以油然动，仁让之风于以勃然兴。其近者固不失之远，其远者亦乐而得近，同族俨同一家，又奚至觌面如不相识也哉。[1]

到清晚期，广州城已经存在三百多间合族祠的规模。其作为城市和乡土之间的普遍连接方式，可以很清楚地让人看到并不是只有小姓在做这样的文化创造。与 JM 研究会接触的这些年里，

---

[1]　黄海妍：《在城市与乡村之间：清代以来广州合族祠研究》，生活·读书·新知三联书店，2008，第 23~24 页。

笔者发现他们非常爱用研究会与课题组这样的称呼，而不是宗亲会或联谊会，如在研究会章程中使用的是会员的说法，但是他们之间并不认为彼此只是会员间的关系，一定是互称为宗亲或兄弟姐妹。笔者询问他们个中缘由，他们说："会员多生分啊，肯定是宗亲啦！"就像接触过 JM 研究会成员的郭伟川先生也谈道："见到他们（J 氏宗亲）彼此之间的兄弟姐妹血浓于水的情景时，深深地领悟到姓氏确实是血缘永不褪色的印记。"[1] 关于会员与宗亲称呼的矛盾，在研究会成员来看并不是问题。

JM 研究会以参与潮学研究会为发端，将 J 姓宗亲会组织的发展与 JF 地方发展整合为互动资源，得以"JF 先贤 JM（史定）暨中华 J 氏研究会"之名于 2007 年在民政局顺利注册。从研究会注册时的章程来看，源于都市文化的"会员"与乡土传统的"宗亲"完美地糅合在一起，除了同姓称为宗亲外，其他参与者才被称为会员。笔者看到在会员资格的条款里，不但包括了同姓宗亲，还包括了异姓的专家、学者，并进一步扩大到同姓组织可能团结的人群。

几年后，当研究会的主要工作重点转移到广州时，"JF 先贤 JM（史定）暨中华 J 氏研究会"更被简称为"JM 研究会"。从称呼上可以看到研究会的宗族色彩日渐冲淡的趋势。脱离了地方的限制，JM 研究会看上去更像一个会员制的祖先文化集团。当代社会真正可以成为宗亲的，有谱可查世系的联宗组织大多局限在小范围的地域社会中。在这一轮城市化和全球化时代的宗族复兴中，位于经济中心城市以宗族观念和祖先认同为基础的

---

① 2010 年笔者田野调研访谈资料。

实践人群团结的方式，大多倾向选择以宗亲会组织或祖先文化集团为主。

第二节　对国家的想象

国家与社会的一体性，越来越导致传统民俗文化成为两者之间相互渗透、相互博弈的场所，也使得建立在社会传统和国家意志基础之上的某些新传统得以进一步衍生与发展。反观最近30多年，传统文化在国家和民间两个层面上的复兴，也并非毫无取舍、全盘继承，诸多传统或由于人亡艺绝而无法恢复，或因为地方层面上缺乏对国家意志和政治的整体性解读而失落。[①] 政治精英作为 JM 研究会成员中的重要组成部分，虽然很少参与其中的直接经济活动，但是他们的视野和政治阅历决定了他们具备与国家对话的丰富经验，并指引了 JM 研究会在各个领域充分展开政治性实践。

一　重要的相遇

人民大会堂作为一个"地方"两次出现在 JM 研究会的十年大事记里，第一次是两位 J 姓人大代表的握手，第二次则是《J 子兵法》出版时的发布会。在廉江 J 镇的村落民居中，偶尔也见到一进门的神主位上是红纸写的"天地国亲师"，这是民间对王朝时代儒家"天地君亲师"的另一种理解。对于百姓来说，他们

[①] 麻国庆、朱伟：《社会主义新传统与非物质文化遗产研究》，《开放时代》2014 年第 6 期。

并不会去区分"君王"与"国家"明显的差异。"朝廷"一直是民间社会想象力的结构中心，而 JM 研究会的出现也恰好是在国家与祖先认同之间的结构中展开的。

高丙中先生在讨论华北的"龙牌会"时提到，传统民间文化复兴时，如果能够成功地规避国家的力量，就比较容易顺利地开展活动，但有时候越是能够成功地利用国家的力量，却越是容易发展。① 推动 JM 研究会成立的几位骨干成员来自公务员系统，在得知了老祖宗的历史以后，就一直试图将自己的个人发展与 JM 的历史建立某种潜在的隐喻。这是研究 JM 历史的地方学者对他们的介绍。

> JLY 先生是廉江 J 镇 LF 村人，JM 的第七十五代裔孙，1985 年从戎，在汕头机场空后服役，1988 年冬分配到汕头市工作，已育有一子。查明清以来，J 氏仕潮者共有三人，为明嘉靖通判并署海阳令 JH、澄海教谕 JN（均为福建归化人），清乾隆大埔训导 JZZ（广东廉江人），但都未见有落籍或后代的居潮记载。为此，似可以说 JLY 先生是 JZ 之后一千一百余年来，第一位回潮定居的 J 氏族人。这不能不说是由《J 氏族谱》带来的又一个令人欣慰的信息。②

在 JM 研究会中，对国家力量的强调，莫过于他们经常反复

---

① 高丙中：《民间的仪式和国家的在场》，《北京大学学报》2001 年第 1 期。
② 徐光华编《纪念 JF 先贤 JM（史定）诞辰 2165 周年学术研讨会论文及资料汇编》，中国文联出版社，2005，第 122 页。

讲述的那个"春天的故事"：两位姓 J 的人大代表通过检索代表
名录发现了对方的存在，满怀期待地通了电话，并约在人民大会
堂"握手"。这成为研究会述说同姓组织建立起点时最重要的传
奇。在 J 姓宗亲的心目中，JM 研究会成立的起因来自"朝廷"，
具有先天的合理合法性。2013 年，笔者跟随研究会会长一起去武
汉祝贺湖北分会成立，笔者问起江西来的一位 J 姓官员，他来参
加这种宗族文化活动，会不会被单位的组织批评，他的说法是：

> 我们不是叫研究会吗，而且研究会里有那么多成功的企
> 业家。我来也是为老少边穷地区招商引资的，应该没有
> 问题。①

陈春声在谈到潮学研究的区域史方法时，提醒研究者要将地
方性问题放到国家制度的层面考量。有些看来很具有地方性的宗
族制度的发展，其实是国家的礼仪在不同地方的表达过程；而其
中有很多看似"反制度"的行为，还是在制度的框架内发生的故
事。② 同姓组织在清代后期就出现在珠三角，尤其是广州的三百
多间合族祠中，有一部分就是这种没有血缘世系关系的同姓集
团。甚至就像科大卫、刘志伟指出的，明清以后在华南地区发展
起来的所谓有世系的"宗族"，是明代以后国家政治变化和经济
发展的一种表现，是国家礼仪改变并向地方社会渗透过程在时间

---

① 笔者田野访谈资料，2013。
② 陈春声：《从地方史到区域史——关于潮学研究课题与方法的思考》，《区域
　社会史比较研究中青年学者学术讨论会论文集》，2004。

和空间上的扩展。①

二　广东历史文化名人

JM 研究会想了很多方法，积极为得姓始祖 JM 申请列入"广东历史文化名人"。2008 年 8 月，JM 研究会向广东文史馆提交了申请书和有关资料，并与广东省文史馆的领导座谈。广东省文史馆领导也颇为重视，于 2009 年 6 月专门组成了评审组前往 JF 考察并认定 JM 为"广东历史文化名人"。研究会称这个事件为"J 氏家族政治上的一件大事和喜事"。从这个话语中，我们看到 JM 研究会的成员们清楚所谓的历史文化名人像历史上那些获得国家正祀的民间神祇一样，与群体或地方利益相关。自宋代以来，国家就开始通过赐额或赐号的方式，把一些地区比较流行的民间信仰纳入国家信仰即正祀的系统，通过国家与民间社会在文化资源上的互动和共享，一方面提升地方在国家中的地位以利于本地区发展，另一方面通过收编地方信仰以利于进行社会控制。② 在当代的中国社会中，各地方文史馆所做的"历史文化名人"认定工作，可以将民间社会中具有一定影响力、凝聚力的历史人物建构到地方社会的历史记忆中，以统一各种纷杂的传说和观念，更便于国家管理。

国家当然非常清楚这类行为对于地方社会的建构和稳定所具

---

① 科大卫、刘志伟：《宗族与地方社会的国家认同——明清华南地区宗族发展的意识形态基础》，《历史研究》2000 年第 3 期。

② 赵世瑜：《国家正祀与民间信仰的互动——以明清京师的"顶"与东岳庙为个案》，《北京师范大学学报》（社会科学版）1998 年第 6 期。

有的积极意义。① 在 JM 历史的考证过程中,专家的参与对于 JM 研究会的成立和发展起到了关键作用。在田野研究的过程中,我们可以看到作为民间组织的 JM 研究会与作为国家象征的文史馆之间的互动,不过短期内还无法看到这个事件对 J 姓族群所在的华南社会以及在未来对南越史和潮汕史的叙述的影响,那需要更长时间以及其他条件的促动。

三 《J 子兵法》

民间个体与组织都努力以各种方式与国家发生互动,但其中的关键还是那些身兼国家官员与民间组织参与者双重身份的成员。JM 研究会还有一位很特殊的人物,就是那位发现《J 子兵法》的部队书法家 X,因为《J 子兵法》及其作者广昌人 JX,也是 JM 研究会非常看重的文化资源。

> 《J 子兵法》是 J 氏的文化品牌,与《孙子兵法》同为兵书之瑰宝。
>
> 研究会注重家族历史文人书籍的挖掘和出版,发扬和传承 J 氏优秀文化。几年来,研究会积极协助编辑、出版《J 子兵法》系列丛书,组织和筹办了《J 子兵法》百名将军书法展在全国巡回展出;举办了"《J 子兵法》与现代商战论坛"等多项文化活动。
>
> …………
>
> 由 JM 研究会主办的,X 主编的"子兵法系列丛书"第

---

① 雷戈:《文史资料委员会建立的前因后果》,《炎黄春秋》2011 年第 8 期。

二部《J子兵法》，2008年4月初由军事科学出版社出版发行，并在人民大会堂联合举办《J子兵法》一书首发式。

…………

2013年2月，在JX诞辰400周年之际，《J子兵法（汉英对照）》由军事科学出版社出版。至此，"J子兵法系列丛书"已经出版7部，即《J子兵法》《J子战法》《J子兵略》《J子问天》《J子道性》《J子兵法研究文集》《J子兵法（汉英对照）》，共173万字。11月，在江西抚州举行了《J子兵法（汉英对照）》一书首发式，代表世界76个国家的7位高级将领上台接受赠书688册。JX的军事思想、哲学思想、科学思想、和谐思想为全人类做出了重大贡献。

这些文化活动，加强了J氏与海内外专家、人民军队以及书法展所在地的联系与交流，更好地梳理了J氏文化品牌形象，促进了J氏文化的传播，为J氏文化发展注入新动力、开辟了新途径。

JM研究会推广《J子兵法》，最初是因为汕头的地方学者并不承认史定就是JM的观点，这使研究会的骨干们开动脑筋采用迂回的策略。通过《J子兵法》书法展的形式，让将军们和学术专家们都参与到这个事情中，从而JM可以和JX的《J子兵法》被打包成为整体的J姓文化，这才将JM就是史定这个说法渐渐在官方话语中坐实。加上随之而来的官方媒体的专题报道与宣传，加之JM被评为"广东历史文化名人"，最后JM雕像落成于JF楼流芳阁，算是基本完成了对JM历史的完整建构。一般情况下，也不会再有人花时间去质疑"史定即JM"这个与现实中各方利益并无过多瓜葛的且无法证伪的学术观点。2012 年以后，国家政策导向开始变化，这对 JM 研究会的影响是显而易见的，民间社会对国家的转向立即做出了回应。从 2007 年 JM 研究会成立到 2012 年，研究会的各种文化活动轰轰烈烈，紧锣密鼓，2012 年之后则有些偃旗息鼓，只有 2013 年在抚州举办的《J 子兵法（汉英对照）》首发式还热闹了一下，虽然高调仍在，但是研究会的参与已没有那么多，地点也从人民大会堂回到地方上的小城市。这些变化虽然有研究会成员间的矛盾影响，但也有很大一部分出于研究会对政策变动的顾虑而选择稳妥发展的考虑。

第三节　大众媒体与新传统传播

大众媒体在现代社会中的作用在 JM 研究会的发展早期起到了很重要的作用。广东省文史馆的专家学者们为了认定 JM 是"广东历史文化名人"的资格而组团去廉江 J 镇考察。一位随行记者听说了 J 家过"端四"的说法很感兴趣，就对这个 J 姓特有的节日做了详细的采访和调研。报道非常详细，这让 J 氏子孙们第一次体验到大众媒体对于姓氏文化传播的作用，虽然记者报道"端四"的目的是丰富那一年关于广东地区端午文化专题的内容。

> 2005 年 6 月 11 日，《羊城晚报》记者去 J 镇采访，在端午特刊中报道了 J 氏宗族的"端四"节。……登载让廉江 J 氏族人颇为骄傲。①

---

① JF 先贤 JM 研究会第二节代表大会会议文件。

当年记者采访时，并不十分清楚那之前两年 J 氏族人为 JM 历史文化的复兴所做的事情，只是从研究会成员口中得知 JM 的历史。但是到了当地后，记者发现老校长既然可以叙述如此清晰的端四节，而对 J 氏宗祠里没有 JM 牌位感到好奇。这一问题的提出作用非常大，因为后来在 2009 年时，J 氏宗亲们为 J 氏宗祠和企石寺一起申请县级文物保护单位时，JM 的牌位已经堂皇地安在了祠堂中央。这个牌位的添加对于后来 J 氏文化的整体宣传产生了一定的推动作用。

乡村中的 J 氏宗族再造祖先传统的实践对后来的 JM 研究会影响很大。他们也开始留意在各种媒体中露面的机会，而电视媒体中的传播对 JM 文化的建构产生了更大的推动力量。从这些活动的参与人员组成来看，他们大多就是后来 JM 研究会中重要的骨干，是 JM 就是始祖的认同核心。他们的强烈认同和努力坚持，构成了 JM 研究会组织得以出现、存在和继续的保证。

研究会成员们也在各种大众媒体中到处搜索与始祖 JM 有关的蛛丝马迹。在别的文艺节目中出现的以 JM 历史再创作的文艺作品，也是他们引以为豪的事情，并通过中华 J 氏网广为宣传。

在 2004 年到 2010 年那段情绪高涨的时期，他们经常讨论继续扩大宣传的方法，甚至计划筹资拍摄关于 JM 传奇的电视剧，请国内第一流的大腕导演和演员来创作一部像《大宅门》①那样的历史正剧，请威武英俊的男演员来扮演 JM。但是这个计划的投入不是简单地捐款就可以解决的，而 JM 研究会的运作中，经费

---

① 21 世纪初由中央电视台播放的，以老字号北京同仁堂的家族变迁为主题的著名电视剧，知名度很高。

的筹集问题一直非常尴尬。

第四节　JM 研究会的经济

由于 JM 研究会还处于宗亲会组织建设的起步阶段，全国总族谱还未修成，各地宗亲对组织的合法性认同没有那么高，又不像"合族祠"那样有建好的祠堂以入主牌位为名义募款。而且因为宗亲的概念，其也不便按现代民间组织会员制来收会员费，因此经费来源一直是困扰 JM 研究会发展的瓶颈。

一　捐款

在 2004 年研究会发起的早期，研究会骨干们对于这个既可以满足他们情感需求又可能带来某种人脉资源的组织充满期待，因此踊跃捐款。但是坚持到 2010 年湛江年会后，大家开始发现有些答应的捐款迟迟不到账，以及一位江西 J 姓宗亲借了一百万元不还的事件，都让研究会的成员们在经济问题上越发谨慎起来。商人们逐渐意识到在同姓的人脉上投入经济回报甚微，就不再像早期刚找到罕见的同姓宗亲时那么激动，逐渐失去捐款动力。

从表 6 - 1 的认捐和到账数额来看，捐款不到账现象一样会出现在以宗亲为名的同姓组织中，而且无宗法约束的宗亲会组织对于没有到账的认捐款几乎无能为力。因为捐款原本就是出于自愿原则和对祖先文化的认同，并不完全像社会公益组织会涉及在公众中的形象和信用，所以他们唯一能做的就是在研究会的公开会议等场合和网站等媒体，尽力表彰捐款到账的宗亲，让熟人之

间的面子来轻微地"牵制"一下"诈捐"的个人，可想而知作用
微乎其微。到 2015 年 2 月，表 6 - 1 中的研究会部分捐款经费已
见底，而 2014 年韶关年会的会务费还未结清；族谱编纂部分还
剩下 4000 元左右，也已经影响到每月开支上万元的族谱办是否
还可以继续租用房屋和雇用编辑族谱的员工。

表 6 - 1　JM 研究会历次捐款情况

时间	地点	事由	认捐额	捐款人
2007 年 5 月	广州番禺	筹建"JF 先贤 JM（史定）暨中华 J 氏研究会"	认捐 81.18 万元到账 64.53 万元	在广东工作的 J 氏宗亲，主要是后来的研究会骨干
2009 年 8 月 15 日	湖南醴陵	族谱编纂	认捐 106.9 万元到账 78.96 万元	研究会总会骨干和各省分会会长

资料来源：数据来自 2010 年 JM 研究会年会上宣读的年度财务报告。

二　J 氏酒楼

其实这些年笔者参与的 JM 研究会的许多活动都发生在位于
广州珠江新城附近珠江边的 J 氏酒楼，由研究会副会长兼广东分
会会长经营的 J 氏酒楼在 JM 研究会的发展过程中起到了重要作
用。他是一个对 J 氏文化有深刻认同但是又很理性的商人。J 氏
酒楼占地面积非常大，主体建筑有五层楼，是由过去广州周边城
中村中未拆的制衣厂房重新装修改建而成。因为珠江新城开发变
为城中旺地，这幢建筑的位置由于位于江边，所以非常有气势，
经营者将楼顶加建了若干盘龙柱装饰，可以想见主人在创建过程

中意气风发。站在酒楼顶层可以俯瞰珠江从脚下流过，酒楼主人希望这艘像航空母舰般的建筑可以所向披靡。酒楼也以经营潮菜为名，价位很高，但也有很多粤西风味的菜式。酒楼的蔬菜、猪肉和湛江地区著名的走地鸡多由 J 镇 NP 村的农场供应，而且酒楼主人也将 JM 的传奇作为这间酒楼的文化品牌推出，注册了"J 子茗茶"商标，销售位于 J 镇茶园出产的茶叶。粤西 J 氏族人在这里可以吃到他们熟悉的家乡菜，喝到家乡的茶，形成很好的城乡联结。因此，在 2009～2014 年 JM 研究会的宗亲们几乎将这里看作位于广州的 J 氏会馆。

外地来到广州的 J 姓宗亲们通常先被 J 氏酒楼的宏大气势和精致粤菜所震撼，之后也很有荣耀感并心生敬畏。这里也是 2013 年和 2014 年广东分会庆祝 J 氏"端四"节的地点。后来因为国家严格控制了政府部门的餐饮开销，商业机构也顺势减少了应酬开支，J 氏酒楼因而像广州城里大多数高端酒楼一样，转向开始经营家庭菜式。但是家庭餐的微薄利润和商务餐是无法比拟的，副会长在支撑两年后，将经营重点转到了健康食品的开发和食品电子商务上，也将酒楼放租给了一位顺德老板。顺德老板以做顺德菜为主，J 氏族人无法在这里吃到家乡菜也就较少在这里聚会了。但是无论怎样，这里是会被记载进 JM 研究会发展史的重要地方。

三　JM 集团

JM 研究会从发起以来，就一直对"JM 集团"有很高的期待，这里所指的"集团"是指商业性质的企业组织。他们希望集合各位宗亲的股份，将 JM 公司做大做强争取上市，因为 J 姓宗亲里面还没有一位上市公司老总。在 JM 研究会成立后，每年的年会上他们都会将这个愿望提出来。

> 关于组建 J 氏企业集团。J 氏企业集团的组建是 J 氏家族事业发展的大计，J 氏事业的发展必须要有可持续的资金。我们研究会是非营利性的组织，而开展工作需要足够的资金，光靠宗亲捐款不是长久之计，需要发展我们的经济组织，筹集到更多的公益基金，为族谱的编纂、子孙教育、扶持困难宗亲、弘扬 J 氏文化等事情创造更加良好的条件。组建 J 氏企业集团，从 JM 研究会成立就开始酝酿了，但进展缓慢。我们要集全国宗亲之智慧，举全国宗亲之力，就 J 氏企业集团如何组建、经营、发展进行探讨和实施。期待我们宗亲加强合作，有条件的企业逐步联合，创造条件共同发展，创建我们的 J 氏企业集团。

但是从当下的时局和 J 姓子孙的实力来说，这个共同资产的梦想在他们内部都还需要继续讨论。

四　公益慈善

作为民间公益组织，JM 研究会一直尝试做一些扶助老幼的事情，包括有年轻的 J 姓子孙考上清华、北大时，还派专人从广州送礼金去福建祝贺，并在中华 J 氏网上宣传；各地分会也开展捐助困难学生、奖励优秀学生和资助 60 岁以上老人的活动；2008年汶川地震时，研究会及时组织了善款捐助。

四川汶川"5·12"大地震后，J氏宗亲时刻关注灾区的抗震救灾情况，情系灾区J氏乡亲，在JF先贤JM研究会的倡导下，积极捐款，支援灾区的兄弟姐妹。

截至今天，J氏宗亲献爱心有30人共捐42720元，此外，还有部分宗亲来电关心问候灾区的亲人，并表示竭力支持灾区的抗震救灾和灾后重建。目前，研究会已首次支付3000元给四川广元受灾的JZL乡亲。同时，其也给研究会寄来了感谢信，信中表示：一定要发扬先辈的光荣传统，不怕困难，重建自己美好的家园。

小结　不同传统的互相发明

在这一章可以看到，在JM研究会过去十年来的历程中，J姓子孙们利用可以把握的各种资源在华南社会许多领域进行着多角度的尝试，逐渐去建构并接近他们内心中关于祖先在历史和现实中的想象。当然也可以观察到，在经过了一百多年的断裂后，残留在民间的草根传统资源并不像我们想象的那么丰富，可以和现实社会衔接起来再次发展的就更加有限。即使将这些文化碎片借用最高级的国家公共空间来宣传，进入官方电视台的文化节目，使祖先成为政府认可的历史文化名人等实践，但是缺乏经济系统在背后支撑的祖先信仰以及缺乏真实血缘地缘关系的证据，都让J姓子孙们觉得祖先认同依然还不够真实，而不能坐实的祖先传说也会成为影响他们建立经济平台的阻碍。因此，关于祖先与子孙互惠一体的概念隐含在子孙们的精神血液中，这也意味着激活祖像崇拜传统是一种无可奈何之后的选择。

并且，在祖先图像的传统再造过程中，来自国家层面对传统复兴的文化政策是对这一机制启动的最大动力。没有这一层面的文化场域存在，即使再多草根传统的记忆碎片也会因缺乏土壤而不能发芽生根。民间社会积极地呼应来自各方的需求，从地方到全国，这个祖先记忆的共同体精英成员们在各种可能的环节中追溯传统同时也植入个人及群体的发展欲求。而这个组织的特殊性在于这些发起人还未远离乡土社会草根传统的实践经验，因而让他们具有了比其他姓氏子孙更多元的文化资源和可供使用的历史记忆。在各种不同传统的互相碰撞和发明当中，一种新的传统渐渐显形。JM 研究会的子孙们为处在流动和即将处于越来越离散状态的中国人，提供了一个思考的角度，即未来的我们，如何解决我们与祖先和子孙的关系，祖先崇拜将以什么样的形式存在于全球化时代中国人的生活里。

从 JM 研究会骨干们过去十年的实践中，处处可以见到草根传统强韧的生命力。这些传统的所有者不断以草根视角丰富了精英文化的建构过程，比如"广东历史文化名人"和地方政府对 JM 历史的认可，或多或少都会影响到华南社会历史叙事的细节，并延展至未来。这一动态的互相发明过程，意味着还需要反思过去已经被广泛认可的传统。也就是说，有可能有些被广为认可的传统并不是一直存在于精英的历史中，其中可能充满了草根智慧的挑战。在 JM 研究会祖先图像生产的个案中，其通过图像生产过程的逻辑，将草根社会隐藏的想象显现为具体的图像证据，将琐碎纷杂的实践行为统一为简洁的历史叙事，所有的意念通过画像的发明，并通过意象刻画进不易察觉的集体记忆中。J 姓子孙由于尚未远离乡土文化的血缘性、地域性认同，通过模拟地域宗族的理想而超越地域的限制，再造的传统对于进入城市后的流动人群具有的象征性价值，使其结构性地嵌入现代都市社会的文化之网中。

第七章　图像的权力与权力的图像

如前文所述，我们见到在几重断裂传统的碰撞下，作为 JM 研究会的象征物——祖先 JM 像的生产具有其历史社会文化的广泛背景。这个图像显然不是来自艺术家的个人想象和个性化发挥，并且在画家和研究会的不断争执、磨合和调整过程中，争论的焦点还涉及什么是祖先的形象、什么是祖先之美、祖先美的观念是如何形成的等问题。在 J 氏家族历史传统中留下来的那幅模糊而晦涩的木刻祖像的基础上，各种权力话语投射在新祖先图像的视觉语法中，这个通过集体创作出来的宗族象征物并不是随意被再造出来的。

第一节　社会性躯体：祖像的图式来源

在 J 姓子孙的话语中，JM 是位带兵打仗、挈地归汉的护驾将军，虽然在专家们的考证中，还没确定 JM 到底是王恢的护驾将军还是汉武帝的护驾将军，但总之是一位武将是没有错的。那么在描绘一位"其貌豪雄"的武将时，即使不像画像课题组那样完全按照出土文物资料来重现汉代将军形象，那么也应该按一些特定的概念表达程式，如"络腮胡""剑眉怒目"等武将形象来夸张。可是让人意外的是最终研究会讨论出的 JM 像看上去更像一位性格内敛、不怒自威的儒雅大臣形象。

一　神像

据 YW 和 JH 说，2009 年他们在讨论这幅画像时，专门去了成都的武侯祠，他们在参观过后，一致认为祠中诸葛亮的形象很适合作为 JM 像的参考。在汉人社会的民间神中，三国人物中诸葛亮的影响力仅次于被封为"关圣帝君"的关羽。诸葛亮的信众大多来自原先蜀汉范围的西南地区民众以及从事堪舆风水行业的成员。虽然后来历代朝廷并未再予诸葛亮封赐圣号，但是"诸葛武侯"的形象和名字已经伴随《三国演义》在民间深入人心。即使没有民间信仰的普通中国人，对诸葛武侯的传奇也都不陌生。西南地区广布的武侯祠、庙数量众多，但是影响力最大的还是位于成都武侯区的武侯祠（汉昭烈庙）。这座祠庙建造于公元 223年，是中国唯一的一座君臣合祀祠庙。[①] 武侯祠中君臣合祀的方式达到了一位人臣可期待的最高规格，因此武侯祠中的空间格局、建筑形制、造像画像、楹联额表都成为民间修建祠庙时经常参考的范本。祠中刘、关、张、赵均有塑像，但其中诸葛武侯像最为儒雅庄严，该塑像和刘备像建造较其他塑像早，塑于清康熙十一年（1672），泥胎彩绘贴金。诸葛武侯是一幅标志性的穿戴着羽扇纶巾蜀相模样，非常容易辨识，不过祠中即使是武将身份的赵云、张飞也都身穿朝服而非将军铠甲，除了张飞头戴一顶金

---

① 成都武侯祠博物馆，http://www.wuhouci.net.cn/Class_Main.asp?ClassFlash =3&LineImg=2&ClassBar=7&BigClassName=2。

盔之外，不会过于强调武将特征。封侯赐姓一直是 JM 对于 J 姓子孙来说最重要的特征。J 姓一说在正史和方志中没有确凿证据，但封侯是《史记》《汉书》中都有记载，可以大书特书的；虽然六百户对比我们经常在戏文里听到的万户侯来说也不算什么，不过对于描述赐姓的来源却足够了。所以当 YW 他们和笔者说起当年选择 JM 形象的标准是参考了武侯祠中诸葛亮的形象，特别强调了"武人文相"才是武将的最高境界时，笔者也觉得他们的想法颇有些辩证的道理。

图 7-1 成都武侯祠中的诸葛亮塑像
资料来源：笔者拍摄。

JM 研究会当时讨论确定一定要以封侯时的年龄为准，即 51 岁的壮年形象作为依据，并且要用朝服的形象，而不是横刀立马。持这种观点的多是来自研究会和廉江 J 姓中的核心人物，他们是在每个时间低潮中都坚持将弘扬 J 姓文化视为己任的人。JH，50 多岁，20 世纪 80 年代从湛江师范学院的"民师班"毕业，曾做过 J 镇中学的民办语文老师，后来下海经商，在粤西做药材，也做过广西林场的生意。其实他是"英"字辈，不过60年代出生时没有用字辈名。他文学功底好，大部分重要祭文或碑文都由他起草或撰写，早期廉江重修祠堂和编修族谱时就跟着他的叔父YM开始介入，属于在J氏宗族文化的重建实践中参与过程最完整的一位。YG，60岁左右，早年家境贫寒，中学毕业参军入伍读了飞行学院，作为空军飞行员驾驶运输机参加过20世纪70年代末的对越自卫反击战，部队转企业时进了进出口公司，直到退休。YW也是从头至尾一直坚守的研究会骨干，50多岁，早年也当过兵，参加过对越自卫反击战，转业后在廉江家乡农场中学教语文，再后来下海经商。他们几位骨干早期在编修廉江族谱去各地寻访时到过四川眉山寻根史家，也曾一起去成都拜谒武侯祠，特地仔细观看和讨论了武侯祠中诸葛亮的形象。他们认为诸葛亮的韬略第一，武将文相是武侯之表率。民间社会最熟悉的王侯将相中，诸葛武侯可以算是最容易联想的参考图式，而诸葛亮服务汉室宗亲刘备，与JM平复两越、挈地归汉的结构看上去也很吻合。

参考神像来绘制祖像的传统由来已久，柯律格在讨论作为"社会性躯体"的祖像时，提到明代末年的《醒世姻缘传》里，也记录了一段绘制"祖先像"的经过。这部作品中放荡的主角晁源在第十八回中为去世的晁父安排画像之事。

晁源找了一位画士，命他将晁父画为身着蟒玉金冠，而晁父生前并未有过高官的蟒衣玉带，金冠更是未曾戴过。画士表示异议，晁源则以主祭的猪牲与免费画像为赌注和画士打赌，说确有一项金冠，死者生前曾经佩戴。赌毕，画士开价二十五两白银，愿意做三幅画像，一幅朝服，一幅寻常冠带，一幅公服。画士随即画出草稿，众人都批评道"有几分相似"。画士反驳说，至少在晁老生前还会过他本人，"所以还有几分光景；若是第二个人，连这个分数也没有的"。但晁源打断他说："你不必管像与不像，你只画一个白白胖胖、齐齐整整，扭黑的三花长须便是，我们只图好看，哪要他像！"画士先是担心会为其他亲戚怪罪，待顾虑解除之后，便从众神仙中拣选了司管文章学问之文昌帝君的样貌，依前议作了三幅不同的画像。①

自诸葛亮去世后，其在蜀汉属地的民间社会中就开始被普遍祭祀，成都武侯祠的武侯像可能是唐代时塑造的②，其羽扇纶巾白面长须的形象已深入人心。但是在民间社会的视觉经验里，对于武将的形象观念流传更广的莫过于关帝（关羽）。但是 JM 研究会不选取关帝而选诸葛武侯，一是对于关羽来说"汉寿亭侯"远没有"关圣帝君"著名，与 JM 的事迹不好挂钩；二来可能和他们希望避开的"忠义"的概念有关，避免讨论 JM 到底是"属汉"还是"降汉"，虽然在汉书里被称为"及粤 JF 令史定降汉，为安道侯"。而司马迁在《史记》中提到的是"属汉"而不是"降汉"，在当前国家统一的话语下，"属汉"会比"降汉"在政治上显得正确很多，所以避开"忠义"和"降汉"的讨论，只强调"封侯"才可以更加强烈地梳理其祖先的威名。而且诸葛亮的

---

① 柯律格：《明代的图像与视觉性》，黄晓鹃译，北京大学出版社，2011，第 133 页。
② 李兆成：《成都武侯祠塑像沿革与保护》，《成都大学学报》2010 年第 6 期。

文武双全也比关羽的武将身份显得更为有智慧，亦可以将老祖先"降汉"之说间接地解读成为一种生存智慧，这种智慧中隐含的审时度势对于 J 姓的祖先与子孙们来说都显得更有象征意味。

二　领袖画像

20 世纪早期以来的中国社会，从国家层面就开始出现以象征政权正统的肖像来建构公共空间的传统；在地方社会尤其是教育机构中，原本供奉在私塾和贡院中心的孔子像也被马克思、恩格斯、毛泽东等伟人的肖像占据。肖像除了作为权力意志的象征以外，更是不同社会意识的结晶，获得国家合法政权的群体借由画中人物的目光来宣布造像者的存在。

虽然领袖形象在公共空间中呈现各种细节上的差异，但是通常标志性特征从未被忽略过，很多相术中描述的特征被用来解释后来功绩的原因，也成为他们获得合法性在冥冥中的保证，领袖们的形象集结了民间社会对世俗命运中的"天命"解释。JM 的形象其实未必需要如此隐晦，但是领袖像几乎是民间堪舆相术从业者最愿意拿来做参考案例的形象。作为 20 世纪五六十年代出生的研究会骨干们，领袖形象也是他们不可能忽略的关于英雄的视觉经验来源。研究会骨干们经常会提起关于著名领袖的各种描述，研究会秘书长在他老家和城里的住宅里都会悬挂新修 JM 像。他并没有因像的存在设立祖先神案，只是装了镜框挂在墙上，他的说法是"就像以前挂领袖画像那样"。① 这时的祖像对于子孙而言，因空间结构的一致性获得了领袖画像所具有的

---

① 访谈资料：LY，公务员，50 多岁。2015 年 2 月 25 日，电话访谈。

位置和功能。

三　戏剧人物

整个新修 JM 画像事件中，最让笔者意外的还是画像最后以电视剧《汉武大帝》里的主要人物丞相魏其侯窦婴的服饰作为依据。虽然中国大陆的现代影视界向来以制作历史正剧为长，舞美和戏服设计都尽量参考历史依据，常见到历史学家会作为顾问参加影视剧的创作。因此，历史剧从剧本到舞美都比较有历史感，但是经过舞台美术创作后的古代人物形象离历史事实还是有很大差距的。自 20 世纪 70 年代末改革开放以后，电视剧取代了地方戏逐渐承担了大众文化中最主要的娱乐功能。① 电视剧在黄金时段的播出为中国人提供了这个时代最主要的视觉经验，并且电视剧《汉武大帝》所描述的年代和内容刚好与 JM 封侯的年代相符，这种整体的虚构形成了一种系统的真实感。在这个意义上，可以把现代的电视剧理解为乡村中庙前戏台上的表演，他们的功能和影响似乎是接近的，也是一致的。从笔者的田野中还可以见到，电视剧的出现也是乡村野台戏式微的其中一个重要原因。戏曲人物是民间人物形象视觉传统的最重要组成部分，在不同的场景和典故里，用象征的方式在不同的仪式空间中传递着传统的观念、态度和理想。也可以将电视剧及其他电视节目视作一个桥梁，作为从精英传统文化下传至草根传统文化的重要载体和传播媒介。

---

① 尹鸿：《冲突与共谋——论中国电视剧的文化策略》，《文艺研究》2001 年第 6 期。

从 J 氏各地流传的祖先图像更可以清晰地看到戏剧人物作为民间祖先图像蓝本的影响。历史题材的电视剧是电视台最受欢迎的节目内容之一，在各个电视台和卫星台重复播放。这些历史剧中的桥段在民间耳熟能详。在市场经济冲击下民间伦理价值冲突的当下，因其内容中所包含的主流价值观和主旋律所弘扬的民族主义与爱国主义精神，历史剧还为大众提供了面对价值观困惑时的抵抗。[①] 电视剧《汉武大帝》因其华丽的汉代风格舞美设计，满足了很多电视观众对汉代历史想象的需求。JM 画像参考的人物是剧中的重要角色丞相窦婴。《汉武大帝》在黄金时段播出，并在观众中得到了很好的反响。各地电视台也相继多次播放，产生了一系列的影响。对于没有受过专业历史学训练的普通人而言，正史与正剧和官方电视台所描述的"历史可能性"，已经可以满足大致想象，不过穿上宰相服的 JM 形象已接近万户侯。从 J 姓族人 2003 年开始不断探索姓氏根源到 2007 年 JF 失贤 JM（史定）暨中华 J 氏研究会成立，《汉武大帝》正是在那个时间充斥着他们脑海中的想象依据，所以他们选取这部电视剧的视觉形象是较合理的借用。但是需要进一步思考的是，为什么在 21 世纪的第一个十年里，从国家到民间社会都出现了如此普遍的对于疆土完整、寻根溯源的意识，为什么在全球化的多元文化冲击下，地方社会中的普通民众却萌发了更强烈的从传统文化中寻找皈依和自信的路径。

---

① 杜莹洁：《论中国历史电视剧的基本美学特征》，博士学位论文，中国传媒大学，2005。

第二节　子孙的"自画像"

当社会意识发展到一定阶段，可以通过特定的社会结合方式来表达自我建构和改变身份时，在区域经济中心，如何将内部和外部的社会资源转化为可演说的文化资本？宗族这时就变成各个群体最合理最顺畅表达的媒介。而对于祖先的各种夸大的描述又满足了中国人好面子的心理，他们并没有夸耀自己，只是敬仰祖先，这在中国文化中是可以被默许甚至赞美的。[①]

一　保护者与代言人

与大多数文化相似，汉人最早的祖先象征系统可能来自动物图腾。在早期原始社会，从具有神秘生殖崇拜意义的蛇、鸟、鱼、蛙到孔武有力的熊、虎、牛，都曾经成为中国人对自己来源的想象和猜测。汉人社会中关于婚姻隐喻的观念，则来自古老的蛇部族与鸟部族发展出来的龙部族与凤部族，这两个部族化解冲突达成合作的历史遗迹最终留在了民间联姻神话的传统观念中，谓之"龙凤呈祥"。[②] 当古人类发明工具征服动物之后，被祭祀崇拜的祖先又演化为具有繁殖力的人类自身的母神形象，表达了生殖期女性的繁殖力对于族群发展的重要性。这些早期的保护者形象随着人类对自然的认识和征服一步步演变，适应不同环境的差异竞争优势，演变为一种生存竞争中关于"强者"观念的变化

[①] 科大卫：《皇帝与祖宗：华南的国家与宗族》，卜永坚译，江苏人民出版社，2009。

[②] 闻一多：《伏羲考》，上海古籍出版社，2006，第33页。

史。这种"功利"的祖先认同，一直存在于祖先崇拜的结构中，但是这种"功利"的存在似乎也可以理解为一种生存智慧。在不同的社会结构中，"以祖之名"是一种看似更加具有合法性的叙事。借由祖先的不同特质，去获取相应的抽象或具象的资源与资本，祖先成为强者的隐喻，偶像也就成为凝结社会意识的结晶。

也正因为这一结构的存在，不同历史时期的祖先图像大多呈现为相似的形态。在相似的社会结构中，当时社会竞争中功利原则的相似导致了图像的画面结构相似。单国强先生在其《肖像画类型刍议》一文中说道：

> 一般庶民肖像画很少出自知名画家之手，应承者多为民间肖像画工。他们以画像为主，创作带有很强的商业性，为经常应付急需，一般都事先制作好不同身份的几类画像，仅留面部空白。一旦主顾需要，即补绘被绘者面容。同时，对生像、遗像、寿相、福祥等形式，也早已形成一套画法上的固定程序和格式。画家对被绘者既不需要也不愿意深入体察，更谈不到感情共鸣。因此，这类肖像画，形貌虽各迥异，神态殊少生气，格式大同小异，构思缺少新意，程式化因素较浓。故清华翼纶在《画说》中指出："且画而求售，骇俗媚俗，在所不免，鲜有不目下者。"存世的诸多"影像""寿相""揭帛"等庶民肖像画看多了真有千篇一律之感。①

在 JM 研究会这种宗亲会组织中，JM 由于其在中国历史和 JF

---

① 单国强：《肖像画类型刍议》，《故宫博物院院刊》1997 年第 2 期。

地方社会中存在的可能性，成为 J 姓族人最具有集结话语资源的载体，因此被拣选为群体的化身。这位祖先更具有代言人的作用，子孙们借由祖先 JM 的"强者"隐喻的代言而获得仿佛相似的自我表达。这个隐喻所使用的图像语法则由子孙们与 JM 的"其貌豪雄"的相似的外貌构成，子孙们似乎也具备了同步的荣耀。民间在叙述祖先与子孙的关系时，常说"光宗耀祖"，但是当子孙们对现实的期待超越获得的成就时，就希望获得进一步发展的上升时期，也许寻找一位更为显赫的祖先可以起到"光子耀孙"的作用，为子孙们的发展做一些"名正言顺"的协助。

二 肖似子孙的祖先

当然在这个事件中，我们也清楚地看到，所有的争论最后以名誉会长理性的判断，为最终的祖像做出了决定："谁也不知道老祖先长什么样，看久了就像了！"这个决定对于祖先图像的最终结果至关重要，也使笔者在与之前的公共艺术实践的经验对比中再次获得印证，"最高权力长官"决定了一个公共图像生产的最终结果。各地族谱将讨论过程中的各种图像印刷在不同版本的 J 氏族谱中，相对比广东的 J 氏，其他各地人群文化水平更加不一，对图像的运用又显示出多义的理解和阐释。不过笔者因由参与这幅图像的生产而得到各地 J 家老少的认可，他们对笔者表达的敬意，显然有很多是出于对这幅祖先图像的敬意。

在他们的会议和活动中，从会场布局到会议流程的各种文件，以及文件中描述内容的修辞方式，看上去都更像一个政府行政机构的模式，而不是一个宗族。他们发言的顺序以及会后聚餐时敬酒的顺序，也严格遵守从官阶级别到经济实力再到文化地位高低的顺序。这种政治、经济、文化的排序方式，亦和大多数行政机构的组织架构极为相似。在绘制过程中，除了研究会拍板的几位会长、秘书长以外，下面各地的 J 家人有着各种各样的话语冒出来，有的说什么"女人画的，所以不够阳刚"；外地的还说"他们广东人出的钱，当然像他们自己"；甚至越来越多人认为，画像中老祖先的形象其实最像行政级别最高的名誉会长们。对女画家的微词其实并不太多，研究会的几位主要骨干成员都是女性，她们在现实生活中也是成功的女商人和已经进入政府学术机构的专业学者，而女画家的美术学院毕业资历和大学老师的身份，也让这种议论听起来更像是一种吃不到葡萄说葡萄酸的嫉妒。

在画像确立下来之后，J 姓子孙们开始了各种使用图像的实践。LY 将新绘制的 JM 像悬挂在 J 镇老家的新修祖屋中堂，并在汕头家中同样挂了画像，还教导两三岁的幼子早晚与祖先请安。他对祖先 JM 的理解是这样的：

> 别人一到我（老）家，进门就可以看到正中就是老祖先的像。当时挂这个像的话，我哥不同意，他说"挂父母的像可以，老祖宗的不要挂"。但是我说："没有老祖宗怎么有父母呢？父母的都可以挂，老祖宗怎么不可以挂呢？"有文化的人来（我家）做客，有些官员朋友来我家，或者生意成功人士，一看见就觉得庄严肃穆。我家进门就是官厅，正中间是老祖宗像；左边是一幅书法《沁园春·雪》，我们的江山就是毛主席打下来的；右边挂一幅牡丹，国画。餐厅那边是鲤鱼，年年有余，书房是书法"海纳百川，有容乃大"……别人一到我家来，就知道我们家是有文化的，从老祖宗下来

的文化。①

子孙们并不会描绘所有祖先的像。汉代王充在《论衡·须颂篇》中已叙述："宣帝之时，画图汉烈士，或不在于画上者，子孙耻之，何则？父祖不贤，故不画图也。"不贤者不画，画像之用意在于作为子孙的榜样，而优秀的子孙才可以作为描绘祖先的参考，这与上古时子孙为"尸"的功能并无二致。

三　图像的所有权

他们现在使用的那张标准照，其实是后来美院的数码绘图专家在电脑里重新描绘胡须部分的图像。研究会从未要过那张原作，可能有损的画像对于他们来说已没有意义，而电子版 JM 标准像已可以满足他们编纂印刷族谱和举行会议活动时的所有功能。比如在广州过"端四"节时，他们可以立刻临时打印一幅两米高的画像贴在三合板上，或像海报广告那样绷在金属框架上，立刻就可以营造出一个礼仪空间来。所以从另一个角度来说，与历史上的传统不同的是，新修祖先 JM 像处于一种"数字化生存"状态。我们已经知道有很多用于编纂族谱的软件和网站，族谱早已数字化。2013 年 12 月 22 日，笔者再次去 J 镇考察 J 氏冬至祭祖的"六佾"仪式，作为田野礼物，特地装裱了一张用电脑微喷技术喷绘的新修 JM 像卷轴。希望观察这幅在省城制作的祖先图像本身对于地方社会中的宗族意味着什么。

自从去廉江笔者被介绍给 YS 老校长开始，他就一直是笔者

---

① 笔者田野访谈资料，2015。

在 J 镇最重要的联络人和报道人。他是 2009 年版廉江《J 氏族谱》的编委会主编，并且在第一次见面时就赠予三大卷他私人珍藏的 2009 年版族谱和他撰写的关于始祖仓颉的书，对本研究帮助很大。作为廉江 J 氏中目前社会地位最高的族老，在多个条件的评估下，笔者认为应该将新修 JM 画像交给他才合适。因此，那次冬至的调查，虽然得到了 H 老师的帮助，但是最后画像并没有交给村落中的族老 H，而是交给了居住在廉江的长老 YS。为此笔者得罪了村中族老。这让笔者意识到，从中心城市到地方县城再到乡镇和村落，呈现一个对祖先图像层层递减的生产权和所有权。

当然，在仪式上笔者还是见证了图像中的 JM 接受子孙供奉的殊荣。在祭祖的"六佾"仪式完成后，老校长站到了祠堂的中央，向大家宣布了 JM 像重归宗族的好消息。他还要封一个红色的利是来代表全族人感谢，然后他们将画轴展开，两位蓝马褂帮忙举着画像走到了神主牌前，JM 像放在了神案之后的贡品前。来参加仪式的 J 氏子孙们非常激动，纷纷拿起手机拍照，大家也很活跃地走上来和整个仪式一起合影。而后，老校长宣布画像将保存在廉江的族谱办公室，和其他家族文献一起放到文件柜里，不过谁也没有说他们是否会在以后的仪式中使用。

第三节 造像事件的局内人与局外人

一 政治精英

如前文所述，在 JM 研究会的发展变化中，就像历史上的宗族一样，始终见到国家的在场。无论是社群内部，还是与社群发生密切关系的其他社会力量，国家与宗族的联系往往由身处其中的官员作为媒介和桥梁。就像前面谈到的两位 J 姓官员在人民大会堂的握手，官员一直在研究会组织的各个层面发挥作用。JM 研究会及各地分会的年会等重要会议，地方官员都会到会祝贺，发表贺词，并就 J 姓文化与地方社会发展进行宏观上的交流联系。

这十多年来国家非常重视儒家思想对于中华文化复兴的重要性。国家主席习近平 2014 年 9 月 24 日参加曲阜的"纪念孔子诞辰 2565 周年国际学术研讨会暨国际儒学联合会第五届会员大会开幕会"上的发言，无疑让民间社会更加意识到了儒家思想及其在现代社会和文化复兴中的重要作用。参与宗族复兴活动的人士听闻消息大为鼓舞，除了 J 氏，笔者还了解到其他宗亲会的一些与宗族文化相关的活动，他们所使用的话语方式和组织形式也都比较相似。从前文所述可以看到，JM 研究会三位发起人一起携带《J 氏族谱》参加了第五届国际潮学研讨会。公务员的职业经验让他们更熟谙与政府办事的规则，包括与地方官员努力沟通，让地方政府也意识到 JM 的历史同样可以成为地方的文化资源。这些文化资源还有可能成为为当地争取更多有利于地方发展的象征性话语和文化资本，从而才有了 2004 年举办的"纪念 JF 先贤 JM（史定）诞辰 2165 周年学术研讨会"的开端。而正是对老祖宗文化的弘扬才保佑了子孙们继续在职业生涯中顺利成长，他们对祖先文化传统的爱好和职业生涯积累的政治经验和策略，也让他们成为这个事件中的核心。并且他们的祖先信仰并不只是挂在嘴上诉说，而是在日常生活中践行，比如在家中悬挂新修 JM 像，并对所有来到家里的宾客反复介绍老祖先的荣耀事迹；也会将仪式现场中的特殊自然现象，立刻解读为祖先显灵，并编写"神启显灵"的短信消息在宗亲中广为发布，用行为将祖先精神与自我表达糅合为一体。

在JM研究会发展的过程中，名誉会长的作用也是显而易见的。他们各自在地方和行业中的影响力为JM研究会带来了很多便利，尤其是作为行政官员参与的活动，地方政府会派当地同级或最高级别的官员来接待，这种政治文化让JM研究会俨然也成为一个有类似级别的民间机构。这些政治精英对宗亲会组织的发展方向、组织形式、章程文件拥有最终的决定修改权。他们的把关让JM研究会可以在微妙的社会政治走向中把握好合适的分寸和机会。他们在宗亲会组织中获得的赞美和尊敬，除了有衣锦还乡的作用，可能也有利于他们组织自己可信的社会交往平台，而泽及宗亲也被看作弘扬儒家传统的做法。这些政治精英还有一个愿望，就是希望可以找到JM的墓地，让JM就是史定的这个说法得以坐实。但从目前的考古情况来看，在粤东地区出土完整西汉墓的可能性还是比较小的，而且也没办法评估未来可能的时间。除了地方社会中的本姓官员，在JM研究会几次举办的成立大会、年会中都会伴随书法展，也有外姓的退伍军人参与，甚至达到将军级别，这些官员对J氏祖先文化的肯定和积极弘扬起了重要作用。

二　商业精英

JM研究会中负责组织执行的骨干们则大多有经商的经历，或仍然在从事商业活动。他们对于这个宗亲会来说，提供了最主要的推动作用和经济上的保障。最早提供给JM研究会活动经费的商人是后来的会长YB和女副会长ZX。2004年时，他们在得知粤东地区建立了"M公后裔、J氏家族"网站后非常激动，就提供了5万多元的资助。他们当然不只是为了弘扬祖先文化，对于他们来说这个研究会和其他商会或同乡会一样，可以获得各种信息或可能的合作机会。主要的捐款来自生意比较成功的商人，各地分会会长也多由当地最出色的商人担任。他们除了参与总会的活动，还捐助自己家乡J氏村落中的各种年节庆典、修路建桥、扶助老幼、奖助学习等公益事项。祖先对于他们来说是一种信仰，可以保佑生意兴隆，事业发达；不过对于始祖的强烈认同，商人们并没有像政治人物那么深刻。可能对于J姓商人来说，从封侯赐姓的JM公身上并不那么容易直接投射于对自我身份职业的表达。

但是JM研究会中，一直推动组织发展和执行具体事务的是几位生意做得不算太大的商人。可能是其兼具了商人的实际，又具有文人的情怀，加上对小姓偏见的深刻不满，以及基于希望改变自己在整个J氏宗族中象征性地位的种种原因，他们成为从头至尾都是具有较强祖先认同的研究会骨干。

三 专家

因笔者接触到JM研究会时，其已正式成立一年，因此其早期的发展经过的了解要通过资料搜集和相关访谈来完成。当然这里面令人惊奇的是，他们大量使用研究会与课题组的话语方式。虽然他们大多数时候的对话更像个模模糊糊的宗族，而他们反复提及的潮学研究会显示出了在组织称呼上的相似感，以及潮学研究会的专家们为什么会重视J氏族谱中《史J合序》这份文件。范可在谈全球化时代的宗族组织时，也提到其他学者在闽南地区有关官员和学者介入的学术研讨会与宗族复兴的关系。① 历史名人作为文化资本对于地方的作用被普遍重视，这与 20 世纪末以来地方希望以发展文化产业带动经济增长等政策指向有直接关系。

从搜集回来的早期资料来看，在 JF 举办的第五届潮学国际研讨会是 JM 研究会早期产生并成立的关键。2003 年第五届潮学国际研讨会时，J 氏族谱被带到会议上，地方学者后来又根据这个线索写出关于地方历史考据的文章。JM 也就开始引起专家与学者们的注意，也得到国学大师、潮学研究的倡导者饶宗颐先生的肯定。② 而饶宗颐先生的学生、香港容斋出版社的郭伟川先生为 J 氏族谱考证所撰写的论文，则进一步梳理了 J 氏的得姓史与潮汕古史有渊源的可能性。③ 专家们的潜心研究让 J 氏族人大为惊讶和受到鼓舞，他们将郭伟川等赞誉为 J 氏家族的"当代苏过"，再一次为这个小姓宗族厘清了模糊的历史根源。参加了第五届潮学国际研讨会的考古学家曾骐先生也对《史 J 合序》的描述进行了考察，认为这份北宋的口述历史在很多文字描述的细节中与正史多可互相印证，具有一定价值，并从当时的南越史记载推论，认为史定"归汉"比较接近事实。他认为 JM 是一位可与马王堆的轪侯利苍相比较的诸侯王，对于 JF 历史的梳理也具有民间史料

① 范可：《旧有的关怀、新的课题：全球化时代里的宗族组织》，《开放时代》2006 年第 2 期。

② 见前文第五章内容。

③ 郭伟川：《J 氏族谱考证》，《潮学》（2003～2004 合刊）；JF 市潮学研究杂志编辑部合编《纪念 JF 先贤 JM（史定）诞辰 2165 周年学术研讨会论文及资料汇编》，中国文联出版社，2005，第 56～116 页。

意义。①

专家们的论文给予 J 姓族人莫大的鼓励，他们马上就成立了一个"汉·JF 令 JM（史定）学术研究会（筹）"的临时组织，并于 2004 年在 JF 举办了一个"纪念 JF 先贤史定（JM）诞辰 2165 周年学术研讨会暨 X、RY 书法篆刻作品展"，这个会议得到当地政府的重视和支持。会议后，临时筹委会还与 JF 市潮学研究杂志编辑部合编了一本由中国文联出版社正式出版的学术研讨会论文及资料汇编，将上述研究论文及其他相关学者和 J 姓的家族文化精英们所写的所有文字资料收录在一起。这种收集整理资料的方式非常具有现代化与学术化，是早期 JM 研究会骨干们希望脱离乡土、进入更大区域社会设想的外化表达。在那之后，他们在各种活动中都基本沿用了这种研究会思路，对组织研讨会和出版相当有热情。梳理这些专家的文章可以发现，这些文章大多发表于潮汕历史文化中心下属的 JF 市研究会主办的非正式出版物《潮学》，而不是潮汕历史文化中心主办的学术刊物《潮学研究》。在现代的潮汕史表述主体上，JF 的名声远不如潮州和汕头，这可能也是 JF 市政府领导和地方学者对 JM 历史重视的原因。因为如果 JM 的历史一旦坐实，那么 JF 可以来自正史的证据在潮汕地区内部文化竞争中获得更多的话语权，将自己塑造成为地域文化早期的中心，挖掘出更多的区域竞争中潜在的文化资本。

在 JM 研究会的各种文件中，笔者也是他们认为的专家，首先是帮助他们成立 JM 画像课题组，其次是将 J 氏祖先文化作为

---

① JF 市潮学研究杂志编辑部合编《纪念 JF 先贤 JM（史定）诞辰 2165 周年学术研讨会论文及资料汇编》，中国文联出版社，2005，第 30 页。

博士论文研究的内容。可能是因为对人类学学科的陌生，他们以为笔者也是对 JM 历史感兴趣的研究者，可以继续将 JM 的历史史实进行进一步的论证。不过在长时间的观察和参与之后，他们大致模糊理解了笔者的研究是和 J 姓文化有关，也非常欢迎，为笔者的研究提供了许多支持和便利，包括介绍廉江田野里的关键报道人如老校长和 H、YL 老师等。但是笔者在田野中经常会被他们反调查，甚至作为"城里来的教授"在乡村仪式中成为抢手资源。由于参与的时间比较长，因此 JM 研究会也将笔者纳入他们的成员中，作为新编 J 氏总谱的顾问，一直参与总谱编纂的很多具体问题的讨论，这为笔者提供了深入的参与机会。当然笔者也需要额外为他们提供关于总谱的装帧及礼品设计的意见，有时笔者只是以艺术家的经验给出建议，有时则担心会不由自主地希望他们进一步推动组织认同和发展，比较纠结的是这种参与的"度"如何把握。人类学研究者如何在研究过程中始终保持价值中立，如何不带情感地对田野现场发生的情况进行客观和理性的判断，都是巨大的挑战。

不过对于整个 J 姓族人来说，这些专家给予了他们对宗族文化价值的肯定，以及在历史时空中相对精准的定位。这些专业工作由具有专业社会地位和影响力的外人来完成显然比宗亲们自说自话要有力度得多。因此，从古代社会中的文人士大夫到现代的文史专家们，这些"苏过"与"当代苏过"都从未远离宗族的建构现场。正是这些宗族内部与外部的文化精英共同推动了宗族复兴及其文化建构的共谋。

第四节　被遮蔽的精英：女性宗亲

历史上的女性一直被视为宗族的附属而不被视为宗族中的主要成员，处于宗族的外围。未嫁女多跟从父兄，只能在宗族中需要人力参与的事务中帮忙，媳妇则跟随丈夫录入夫家宗谱，很少以独立的个人身份作为宗族中的重要组成。但在这一轮的宗族复兴运动中，女性独立的社会身份和社会成就，以及乡村中少子化与无子现象的普遍，反而使女性获得了在宗族中的一席之地，成为宗族文化中变化最大的群体。

一　女官员

自 20 世纪 80 年代以来，即使是乡村的宗族都会遇到的普遍问题就是越来越无法忽略女性族人的存在。现代社会中的女性成员因教育、就业等机遇进入城市社会，并因各自的努力和成就获得社会认可，她们的事业成就和社会地位给传统宗族理念带来了巨大冲击。HY 村有一位女性宗亲 L，20 世纪 60 年代初出生，她的祖父和父亲都曾是地方志的编纂者，原本在廉江 J 氏中就是族望。她的父亲亦是当年台胞 JJ 归来后主持重修 J 氏宗祠以及 80 年代编修 J 氏族谱、重新复兴廉江 J 姓宗族的主要人物。"文革"期间，年轻的 L 参加工作去了政府农场的文工团，改革开放后升职到湛江地区。她因从小的家学以及在工作中的学习和深造获得事业上升迁的机会，因此担任了政府部门里一个局级单位的负责人。这个官职对于乡村中的宗族而言，是很大的功名，如果是男性族人，在族谱中是要大书特书的。但是因为她是女性，那些一直生活在乡村中的族老还曾讨论试图阻止这位女宗亲的名字入谱，不过长期在廉江工作的以老校长为代表的知识分子们就坚持一定要将这位女官员的名字写进去，而且他们也反过来质问乡村里顽固的老人们："你不把她的名字写进去，下次过年过节她来的时候，你怎么面对（她），族里老少平时也有很多事情要（她）帮忙。"① 这次争论以后，就不再有关于女性宗亲是否可以入谱的讨论，进入谱中名人录的标准不再以性别为限制。2009 年版的《J 氏族谱》的名人录里不但录入了 J 姓的女性，也记录了受过教育、有工作成就的 J 姓媳妇的资料。虽然 L 没有直接参加研究会的活动，但是她与廉江宗亲们之间交往甚多，对城里研究会新修 JM 像也很支持。

二 女商人

在城市成立的 JM 研究会里也有几位来自商界和教育界的女性，在研究会里发挥了很重要的作用。位置最高的是一位副会长 ZX，除了名誉会长，她在研究会成员排名中位列第三，是一位成功的女商人。她 20 世纪 60 年代出生在湖北监利，早年教过书，80 年代末下海去海南，后来去云南与丈夫一起在西双版纳经营翡翠珠宝生意。她负责公司的财务及管理业务，有两个儿子，事业成功，生活幸福。湖北监利的 J 姓族谱记载中没有详细记录 J 氏祖先从江西到湖北的原因和确切年代，但是从江西迁出是没有问题的，那里的宗亲们其实很多连得姓传说都不太清楚。但是她踊跃参加早期研究会的活动，负责 JM 研究会总会的所有财务账目

---

① 笔者田野访谈资料，2013。

处理，每次开年会时由她对所有宗亲做财务报告。她尤其对研究会里的女性成员有关照，叮嘱她们要安排好自己的婚姻、家庭和事业，大家都尊称她"X姐"。2010 年移民加拿大以后，她就较少参加研究会的活动了。不过 2014 年湖北分会成立时，她专门飞回来担任湖北分会的名誉会长。不过，她提到在国外生活时对祖先存在的感受。

> 我在加拿大读语言学校时，一次课堂上老师让我们谈自己的家族故事，叫作 family tree，只有我可以从两千多年前开始讲，而且讲得清清楚楚祖先封侯赐姓的由来，其他人会羡慕我们的文化传统。这个事情让我觉得 JM 研究会过去这些年所做的事情太重要了，我们在远离故乡的外国，才真正感觉到家族的重要，根的重要。

有趣的是，她的形象很有 J 家特色，宽宽的脸庞，浓眉大眼，很豪爽的样子。作为湖北分会的名誉会长，在接受电视台采访时，记者认为她与会场正中央老祖宗 JM 画像的形象颇为神似。当然，普通人会对这类礼仪图像的真实性无条件地相信，或是没有意识到需要质疑，这可能是因为图像所处的神圣空间，对于"谁也没见过祖先却可以画出祖先的形象"都呈现"集体无意识"。

另一位副会长是廉江的 YQ，一位 20 世纪 70 年代出生的"育"字辈女性，非常厉害的商界女强人，年轻的时候就离开廉江出来发展，现在在广州自己管理一家从韩国进口散装护肤品在国内分装的化妆品公司，产品主要面对国内二三线城市，生意做得风生水起。她与研究会的各位会长私交亦很好，因为廉江的宗亲辈分很清楚，大家还尊称她为"Q姑"。因她在广州工作，研究会的发展可以和她的事业发展有机结合，所以前期参与度非常高。她在重绘JM画像的过程中发表过相当多意见，甚至比男性宗亲们对"其貌豪雄"的要求还要高，强烈地要求在脸型和细节上要完全符合相术的各种要求，比如"天庭饱满""地阁方圆""国字脸"才有王侯相；颧骨要高，才能位高权重；发际线绝对不可以有"美人尖"，说是在相术里美人尖会影响印堂运势，老祖先绝对不可以有美人尖。对相术的看中在民间应是古老的传统，与堪舆一样是来自于周代以前至少在商朝还盛行的早期经验科学，中国民间社会中最相信风水、堪舆和相术的也多是商人群体。YQ对脸型的要求并不无道理，按《南史》"李安人传"载：齐"明帝大会新亭楼，劳诸军主。樗蒲官赌，安人五掷皆卢，帝大惊，目安人曰：'卿面方如田，封侯相也'"。最终，面方如田的封侯像得到研究会的一致认可。比较有趣的是，J姓族人确实也以宽脸庞为多，包括这两位成功的女商人。

　　在这里可以看到，女性眼中的"其貌豪雄"与男性眼中的"其貌豪雄"既有相似的地方，也有差异。女性宗亲对生理特征上的男性特质比较强调，而男性宗亲对祖先样貌想象中还需要附加更为智慧及辩证的社会性特征。除这些差异以外，无论何种性别的人，对面相的要求最多还是关于眼神的各种想象，是要目光坚定、锐利，还是温和内敛、不怒自威，都提出了若干次修改意见，最终也没办法统一。由此看来，无论男女，对于眼神的把握都不确定。

三　女专家

　　JM研究会中有几位女性专家都在文化教育界供职，一位就是那位委托笔者画像的 J 博士。在廉江 J 姓中，她的成长比较特殊。她父亲是廉江 J 镇 MJ 村人，"文革"时家庭成分不好，离开廉江去了海南的农场工作，在那里认识了同样在农场工作的老家在四川的她的母亲。他们在海南工作生活了一段时间后，又去了四川工作。她 20 世纪 70 年代末在海南出生，在四川长大，博士毕业后进入科研机构工作。她是 2007 年还在中大读书时和 JM 研究会联系上的。当时中大门口的一个小卖部老板是廉江姓 J 的，因为"J"姓的罕有，他们偶然在买东西时聊天就认识了。后来 JM 研究会筹备期间，J 姓老板就告诉研究会筹备的负责人 YW，说中大有个女博士姓 J，尤其是她的名字中有熟悉的字辈。YW 很惊喜，就找到 J 博士的电话和她联系，从此她仿佛找到了失散多年的组织，开始参与研究会的活动，担任了研究会中大部分的发言稿、章程起草等文字事务工作。对于她来说，研究会既提供了同姓在原生情感上的力量，也提供了可信的人脉平台。她也因为研究会的工作，和故乡廉江的族人们建立了更密切的联系。她和上一节中的 YQ 在进入研究会时都是单身，都是三十多岁喜结良缘，男方倒与研究会没什么关系。不过这两位女性成员都将研究会的宗亲视为娘家人，在 J 氏酒楼举办了盛大的婚礼。各位会长们无论多忙，都尽可能专程过来贺喜。她们和我说起这个事情时，都觉得宗亲们很温暖，让他们在夫家很有面子，因为有研究会这个超乎寻常的亲戚圈，她们获得了不同的亲情体验。

另一位专家是在广东的大学里教书的 DH，是从英国回来的海归知识分子，专业是经济管理，江西广昌人，20 世纪 60 年代出生。她较早就参与到 JM 研究会的工作中，她很理性地体验研究会带来的亲切和热络，但热情不会过于起伏，这在江西的 J 姓宗亲中是比较普遍的现象。对于 JM 研究会的热情和执着，廉江的 J 姓成员明显是高于江西和其他省份的。

小结　传统变迁中的权力关系

在本章中，笔者将造像事件中的各个行动主体拆开来逐个分析，意图将造像事件本身与 J 姓子孙在城市和乡村的宗族复兴实践整合为一个连贯的框架。在权力的视角下，我们会更清晰地看到一个象征物的背后所涉及的各种权力关系的互相作用。J 氏族人对老祖宗的想象和画像逐渐统一了起来。在外人看来，子孙们和画像里的老祖先都颇有些神似，如果不是经历整个图像制作的过程，可能很难想象这位肖似子孙的祖先是如何被塑造出来的。不过各地 J 姓持续不断编修地方族谱，因为时间的限制以及组织内部结构松散很难有效管理，各地 J 姓又将还在商议过程中发放下去的各种 JM 像的素描讨论稿印刷在不同版本的 J 氏族谱中。相比广东的 J 氏，其他各地编修族谱的人员文化水平不一，也不太明白研究会的运作方式，总之由于是上面的领导下发了图像，也比较庄严，就用上了。所以立刻可以见到，在统一了祖先想象之后，因为图像传播的误读和印刷技术的非标准化，各地族谱又演绎出各种版本的 JM 像，有数轮修改稿的黑白素描稿，也有从网络下载的像素很低的新修的定稿的 JM 像，这些图像看上去又不像同一个人了。从这一视角上看，图像本身的复杂性、多义性和公共性，导致了传播过程中图像使用者的多样化理解和再阐释，图像似乎也可以成为某种用来解释传统差异性来源的形象化依据。

各地的 J 姓族人都承认从族谱中可考证的有记载的远祖至少在唐代时居住在江西广昌，然后才散播到全国各地，粤西这一支是先从广昌迁移到福建长汀，明代中期再迁移到了粤西。从历史和地理的正统性来看，粤西 J 姓应该很难以地理边缘的劣势与江西和福建客家聚居区的宗亲们抗衡，江西比广东更适合作为 J 家的祖居地而获得祭祀主角的位置。但是也许正是地理边缘、小姓边缘、汉民族边缘的几重因素，让粤西 J 姓借助华南经济文化中心的区域优势，产生重归历史时间与地理空间坐标中心的内在动力。研究会的会长由粤西宗亲中一位在商界、政界都被认可的成功人士担任，因为在外省的其他宗亲中，没有在主观认同和客观条件上都可以匹敌的人选。因此，重新造像似乎成为宣布粤西 J 姓在某种意义上成为宗族正统的象征。这一边缘支系通过组织研究会和统一、重绘始祖画像等一系列象征性的活动，获得了在同姓组织内部主流的话语地位和叙述宗族历史的权力。

从祖先图像的图式分析中，可以看到祖先图像除了作为权力关系中的宗族复兴象征以外，还是各个社会形态下权力意识形态的结晶，获得权力的子孙群体借由画中人物的目光来宣布画像者的存在。画家的作用在这种状况下是服务于造像者的捉刀人，用于礼仪功能的祖像的背后隐藏的更像是"子孙的自画像"。这种祖孙互惠的体系让 JM 研究会骨干成员们得以表达出对当下社会主流和正统归属的向往，而正统则可能意味着具备了获取相应权力和资源的资格。对于这个还未完全成型的宗亲会组织而言，对这幅图像的认同意味着祖先祭坛的存在，但是这个祭坛的维系通常要依赖现实中权力所有者的维护和继续建构。

第八章　继续再造还是再次隐匿

　　JM 研究会的活动与国家政策和地区发展紧密地勾连在一起，很多时候笔者感觉这个组织不像他们所说的是关于祖先记忆的共同体，而更像是地域性商会或同姓俱乐部，因为 JM 研究会的骨干成员们通常还是其他行业商会的会长和成员。在 JM 研究会的活动逐渐减少之时，笔者发现他们并没有放弃继续保持联络和已经结成团体的基础——在研究会中已经成熟的祖先传说叙述着关于 JM 作为血缘联系的脉络之源。这个组织和模糊的情感认同，对跨区域跨行业的各种合作还在发挥着作用。用他们的话说就是："这么难做起来的事情，也不能随便就完全放弃。"

　　2012 年 12 月的年会以后，研究会日常的工作只剩下编修 J 氏总谱的事情还在继续，有几位族谱办最早期的粤西发起人继续坚持着。他们同时还脱离 JM 研究会，与连城 J 乐村的宗亲一起，以连城 WL 公作为认同的焦点，在这一分支的人群中展开合作，一起为连城 WL 公祠筹款建设。其他的 J 姓族人间的联系和合作大多是因为他们的行业关联，多半也是由于刚好各方面技术条件或资本条件相当。例如，云南宗亲的农场产品和广州宗亲的销售平台及渠道市场进行合作，J 氏酒楼多元化的经营让全国各地宗亲的农业产品之间进行联系而显得略有价值。在国家政策大的转向发生后，JM 研究会不再强调其对政府机构的模仿，依然在各个可能展开祖先想象的领域进行各种尝试。虽然 JM 研究会并不是一个严格意义上的宗族组织，对群体的边界设定比过去开放了很多，但是他们依然会模拟宗族需要具备的条件，如修谱、建祠、筹划族产的长期来源，也会自然地承担公益功能，扶助老弱病小，资助奖励教育。这些老传统的惯性对新的子孙群体在宗族复兴的实践过程中，提出了行动策略和方法上的挑战。

第一节　通谱的理想与困境

即使宗族至今只能作为 JM 研究会的一个理想，但是修祠、编谱依然是他们首要想到的一种组织存在的表达方式。钱杭先生认为"重同姓"这一人际交往原则中显现的并不只是简单的血缘性质的联结，而是有着明确功利目标，同时体现了血缘和地缘关系的一种联结方式。[①] 而通谱的编撰，则可以将同姓联结的过程及结果证明给世人看。[②] 在 JM 研究会正式成立两年后，不断地健全组织机构是研究会的工作重点，2007 年 12 月在广东 JF 市民政局正式注册成立，同年 12 月，成立福建分会；2009 年 8 月，成立湖南分会；2010 年正月，成立广东分会；2010 年 7 月，成立江西分会；2013 年 3 月，成立了湖北分会；此外，先后成立了广西、四川、安徽、河南、云南、浙江等省份的联谊会，并在山东、河北、河南、贵州等有宗亲居住的地方成立了联络点。研

---

① 钱杭：《论中国古史上的姓与氏》，《学术月刊》1999 年第 10 期。
② 钱杭：《论通谱》，《史林》2000 年第 1 期。

会的名称从注册时复杂的混合地缘与血缘关系的 "JF 先贤 JM 研究会"，简化为似乎只关乎血缘的 "JM 研究会"，关于得姓始祖的认同问题似乎基本统一。研究会各地的宗亲们开始期待寻找到更进一步增强凝聚力的方式，于是提出应该编纂一个全国总谱。在 2009 年 12 月在福建连城召开的 JM 研究会 2009 年年会上，他们起草了一份《中华 J 氏族谱编纂方案》，提出了编纂原则、编纂体例、格式、标准以及实施步骤。为了保证通谱按计划、有步骤、分阶段进行，2010 年 6 月，JM 研究会在会长的支持下，在会长的公司总部广东韶关专门开了一个中华 J 氏族谱编纂工作启动仪式，随后编委会开始组织各地分会协助各地族谱的收集汇总工作。而且在 2009 年湖南分会成立时，那时研究会每次活动大家都群情激涌，当时为编纂族谱认捐款项，共 30 多位宗亲捐款789600 元。

早在 2004 年时，因为在编修廉江族谱时也进行了追溯祖源的活动，属于廉江 J 氏的 YW、JH 和 YG 就已经和潮学学者一起组成了一个考察小组，对闽、赣、湘、鄂几省进行了走访。主要工作包括厘清祖源、理顺世系和调查各地 J 氏人口、文化、经济发展情况。当时这个调查组找到一些有价值的 J 氏历史资料，也对中国东南地区的 J 氏各地乡村和宗族情况做了基本了解，这是后来研究会成立时获得大多数地区宗族认可的基础。

但是中华 J 氏族谱的编纂虽然集中了 J 姓族人中所有可能调动的人力、物力，但是依然非常艰难。2010 年时，七位来自国内各地有修谱经验的退休老人组成了一个资料组，长驻韶关族谱办公室，负责各地族谱的收集整理工作。当时这七位老人去往全国各地有 J 姓子孙居住的 16 个省份，做好前期的族谱世系和人口普查登记工作。但是巨大而繁杂的工作让族谱编纂工作很快就遇到了人力和资金上的困境。尤其是 2010 年在湛江举办的 2010 年年会达到研究会活动的高潮之后，研究会活动进入瓶颈期。因为族谱办在韶关，而研究会的大部分核心成员都在广州，所以族谱办在 2011 年搬到了广州，位于城中村的商业住宅楼里，租金不太贵，交通也便利，两年的时间里基本完成了简单的电脑录入工作。至于整理世系、编纂体例难度巨大，而族内没有相关的学者，于是工作陷入停顿。JM 研究会的工作渐渐变为当年那几位热心的发起人在操持，经费逐渐见底，研究会正常事务停滞推延。笔者跟随着广州族谱办最后坚持的负责人在 2012 年 8 月，借由送族谱归还给各地宗族的机会，从广州到福建再到江西，沿路走访了六七个 J 家聚居村镇。除了几位宗亲关心族谱编修内容细节，他们对于研究会组织的发展几乎没有提出太多有建设性的意见。

2010 年的湛江年会因为由广东分会主办，研究会的名誉会长和会长们都很重视，力图调动所有资源在全国宗亲面前做出典范来，所以规格非常高。最开始计划时，他们不但计划举办海峡两岸将军书法展，还想邀请湛江当地的文艺工作者以 JM 的历史事迹创作歌舞节目，希望在年会的晚间演出。虽然后来在组织过程中简化了书法展，晚会内容也简化为常规的主旋律节目和宗亲们自己的表演，但是规模和形式都相当有气魄。加上还有一个从湛江到廉江 J 镇的祭祖行程，J 镇 J 氏宗祠的"六侑"仪式让从各地来的 J 姓子孙宗亲叹为观止。而江西的一位 J 姓宗亲向湖北宗亲借一百万元不归还的事件，也让 JM 研究会的许多活动从群体的狂热恢复到日常的理性。研究会自 2010 年年会后，很多事情都放慢下来，不再有那么多跨省的活动，只剩下每年年会。年会也都在广州 J 氏酒楼简单举行，只邀请各省分会会长、副会长参与。到 2012 年，第一届领导到期换届时，因为族谱编纂完全没有眉目，所以换届工作也拖延下来，甚至影响到研究会每年在 JF 民政局的组织年检。

虽然 JM 研究会编修全国总谱是希望可以依此追溯到共同世系，以分别长幼尊卑，但是这对于没有直接血缘关系的同姓组织来说其实很难有实现的可能性。通过编修全国总谱来解决"秩尊卑""明世系""序昭穆"一定会遇到阻碍，这从清代的合族祠编纂通谱的情况里亦可见一二。不过合族祠在清代存在时间较长，不同姓氏的合族祠还发展出了更简便合理的方法，只以生年先后为标准。光绪年间苏良驹在重修《武功书院族谱》时，采取的做法是：

> 夫我苏世世系……爰议增修。请之宗人，合旧主、新主暨禄位，辨其生年，分先后而次第之，此以见少之不可凌长也，间有先代伟人，当今显者又略其生年而尊奉之，此以见亲不敌贵。固无嫌于以小加大也。至若生年未报、考核无从，仍按朝分分置之，此夏五、郭公之义，尤望后君子之匡我不逮也。

正如苏良驹自己说的："聚无序毕紊，故长幼之节不可不明。宗者尊也，齿即序矣，贵贵尊贤又何可不讲。"① 但是 J 氏子孙们

---

① 参见黄海妍《在城市与乡村之间：清代以来广州合族祠研究》，生活·读书·新知三联书店，第 34 页。

断断不愿意只以生年为序，他们还是坚持将各地世系统一为一种说法。这受到了一些地区的反对，尤其是福建明溪的 J 氏宗亲 SQ。他是一位 60 岁左右做小百货生意的商人，在当地 J 氏中有些威望，平时也爱好阅读、研究文史族谱资料，参与过 JM 研究会早期很多活动，对研究会很有认同感。但是听到新修总谱要改变他们老谱上留下来的关于老祖先的辈分和说法，他就极力反对，甚至以拒绝承认新修总谱为要挟，并撰写了长文发给总会各位会长、秘书长以及笔者，详述明溪 J 氏之所以不可以更改的理由："老祖宗留下的东西怎么可以改呢？"① 并指出新修总谱在体例和细节上的错误，致使研究会不得不审慎考虑他的意见。最后，名誉会长发话说："理不出世系，新修谱就没有意义，要求大同存小异，将明溪 J 氏的资料作为附录放在总谱中，保存这种说法，但是新谱还是要照样排出一个世系图出来。"② 最后编修全国总谱的工作由从头至尾对 J 姓文化、J 氏宗族有深厚信念的廉江籍的 YW、JG、YG 坚持完成了大部分工作，城中村的族谱办在各地族谱录入以后，就邀约安排各地 J 姓中懂家族史、通晓文字工作的老人来广州校对族谱。经过了五年艰辛工作，他们终于完成了中华 J 氏族谱所有的文字资料，包括世系、源流、序文、字辈、族规家训、历代名贤等内容，排版版面 20029 页，共 1826 万字，33 册，完成一套样书，并在 2014 年的研究会年会上与各地宗亲见面，为后面的族谱印刷征订做准备。

中华 J 氏编纂的工作得到了 J 氏家族中年轻一代的支持。他

---

① 笔者田野访谈资料，2014。
② 笔者田野访谈资料，2014。

们在中华 J 氏网上咨询族谱编纂进展情况，在群里讨论家族历史源流、历史人物，也参与志愿活动，帮助录入和采编。这 30 多位年轻人很像当年这批研究会骨干们看 20 世纪 90 年代廉江的老先生修编廉江 J 氏族谱的状况。他们在未来会不会成为 J 姓文化的传承人虽然还不好说，但是经由这样的参与，他们应该对 J 姓文化已经有了非常具体的体验。

第二节　新媒介中的传统

无论 JM 研究会的成员们是否继续沿用古老而熟稔的"宗亲"这个称呼，这个组织的存在已经和其他现代民间组织别无二异。他们有自己的网站"中华 J 氏网"，有社交媒体上的公众号"JM研究会"。尤其是，全国总谱的编纂，其实也与过去在地方上进行这类活动有很大的差异，编纂过程中遇到的很多问题都要依赖网络时代提供的交流方式来解决。

一　中华 J 氏网[①]

像其他很多姓氏文化的认同者一样，JM 研究会也有自己的网络平台——"中华 J 氏网"。其前身是 2004 年 4 月在汕头注册的"M 公后裔 J 氏家族"网站。为了更加突出 J 氏的知名度和影响力，宣传家族文化，也为了与网络上其他姓氏彼此交流和检索，网站于 2007 年 6 月改名为"中华 J 氏网"，网站也搬到了深圳，对网页设计和内容进行了全面改版。对于国内及海外的 J

---

① 此网站因后来未续费，现已无法浏览，但在当时还是发挥了一定作用的。

姓人氏来说，通过中华 J 氏网可以迅速了解研究会的重要活动、家族要闻、家族历史、文化、风俗等信息，而"宗亲留言栏"可以进行迅速的互动和交流。改名后的 J 氏网站由研究会筹委会主管、深圳的一位廉江籍族人的商业公司负责运营和管理，这个网站的开通为 JM 研究会后来的工作带来了一些意想不到的信息。

网络让碎片化的同姓个体与组织之间架起了有效的桥梁，最传奇的是因为中华 J 氏网的联络作用，还出现了一位蒙古族血统的 J 姓。这位祖籍江西修水的 JW 先生，目前是在上海工作的中年工程师。他的家族是元代状元笃列图的后人，因与 JXS 的渊源，在元末蒙古人势弱之后笃列图之子就跟随 J 姓好友 JH 改了汉姓，名为 JYF。这个家族在蒙古族中属少有的文人士大夫家族，也可能正因此，原本只有名没有姓氏文化的蒙古人才接受汉族的姓氏与儒家的宗族文化。JW 先生也参加了 2014 年的研究会年会。在 JM 研究会全国大会上，他觉得自己身处一种荒诞感和归属感的纠缠中。其实基于血缘认同的宗族观念在这些城市人看来早已经不那么重要，当他们需要堂而皇之时，祖先就正襟危坐地出场；而他们需要饭局里的谈资时，只要有那么一点渊源，姓氏本身就是很好的故事。

互联网为全球化时代的流动个体提供了重建熟人社会的可能，而姓氏是陌生人之间最容易辨认的标识。后宗族时代①的人们在超越了血缘与地缘之后，较易走向以姓氏作为联结的认同，

---

① 钱杭：《论"后宗族形态"》，《中国农业大学学报》（社会科学版）2011 年第 4 期。

而在宗亲网上基本平等的交流让宗族的结构呈现网络时代特有的平面结构，无论是老少不同还是辈分高低，都不那么要紧。

二　JM 研究会的标志

除了拥有统一的 JM 像以外，JM 研究会在 2009 年以后觉得各种活动中还需要一个标志来标注研究会的身份，认为在研究会的纪念品上和会议现场的布置时，标志的出现比研究会注册时那一长串文字要简单而易于记忆。他们这时也开始希望脱离 JF 的地方概念对他们的束缚，只强调 JM，所以这个标志里只看见"JM 研究会"而没有"JF 先贤"字样。历史上的中国宗族也较少提到族徽存在，在地方社会，很多时候姓氏本身已满足了标志的作用，"某地某姓"已成为界定一个族群最为简洁的表达方式，如"琅琊王"指的就是东晋时的山东贵族王家。但是在现代的都市社会中，多元化的地域来源已无法提供辨识功能，而姓氏经过了几千年的演化后也呈现纷杂的起源和变迁，因此一个具有现代功能的标志才能发挥代言的作用。

设计这个标志的起因是 2010 年湛江年会要设计大会的礼品挂历和礼品皮包，当时觉得在挂历的平面设计和皮包的外观上写上长长的介绍研究会的印刷体很难看，负责会务的 YW 就询问笔者可否帮忙设计一个标志。那时笔者已经展开研究有较长一段时间，总是担心是否会过度参与，因此尽量从他们现有的资源中寻找可供他们使用的，而不再提供其他无中生有的素材。因为广东分会会长的产品"J 子茗茶"已经经常作为总会礼品，所以建议"JM 研究会"的标志的主体直接采用了"J 子茗茶"的标志，一个身穿汉代盔甲的骑马武将图像，然后配合上由宗亲里的书法家字体，构成一个介于商标和族徽之间的标志"JM研究会"。这个标志的设计理念马上获得了研究会的认可，并没有太多争议，这其中可能与笔者开始逐渐理解他们的文化逻辑有关。作为视觉艺术工作者，笔者在图像上已逐渐开始理解他们对自我的设定和认定的想象。

三　社交媒体：QQ群、微信群与公众号

2013之前，笔者和研究会的很多信息交流都会使用腾讯QQ和QQ邮箱，所以那时笔者在QQ上做了检索，以J姓为标题的QQ群多达500多个，有几个大的群，里面有四五百个成员。笔者曾加入其中的一两个群参加讨论，标签是J氏文化爱好者。但是一段时间看下来，他们在群里讨论J氏文化并不多，很多时候和其他地区群或兴趣群一样，交流的是一些趣闻或简单的求职、求货、销售等商业信息。只有一个深圳的时间较短的J姓QQ群，曾举行线下联谊。反而是有一些以村落为单位的群，运作相对有效，他们在上面发布回乡祭祖节庆通知，红白喜事通知，让在外生活的族人有了更方便了解信息的渠道和熟悉的社区感。

对于JM研究会的成员来说，微信群和微信公众号才是真正发挥作用的便捷有效的社交平台。他们在群里几乎可以获得任何希望交流的信息，而且他们通过微信群还发现了彼此之间除了姓氏文化之外的其他兴趣，又组成了其他微信群。2015年研究会的年前小聚会就利用图片分享给不在本地的宗亲们知晓。而公众号上信息的发布，也让研究会的信息可以以最快的速度传播到使用微信的有效受众那里，获得及时的反馈和交流。

第三节　"端四"：城里的新节日

从 2012 年的年会之后，研究会的活动以不冷不热的状态继续进行着。JM 研究会的大部分公开活动也不再那么公开热烈，唯一保持延续的是继续完成这届会长任期内的编修 J 氏总谱的任务。而笔者从 2013 年春天开始，要补充粤西 J 姓故乡与祖先文化相关联的重要传统节日内容，从春分开始，包括端四、端午，七月初七的康王诞、七月十四中元节和冬至祭祖。而就在 2013 年夏天，笔者提出要自己回粤西廉江调查和拍摄"端四"节的内容。广东分会的会长很诧异，他一直不太明白笔者为什么那么关心他们老家的节日仪式，就提出："为什么我们不在广州过端四节呢？我们这个端四比老家那个还要重要！"① 这导致笔者不得不邀请好友 H 老师一起在五月初二就赶到 J 镇，并委托 YL 和 H 老师将 J 镇村落中"端四"节祭祖仪式过程拍摄下来，留以对比城市和故乡的节日异同。而笔者自己需要初三再返回广州，以便第二天跟踪观察广州 J 姓子孙过"端四"的种种情形。

2013 年的广州"端四"节由几位在广州做生意的粤西 J 氏子弟负责出资，邀请在广州、深圳附近的 J 氏宗亲来 J 氏酒楼聚餐和庆祝，老老少少大约来了 180 人。虽然这些聚餐的人士大多已在城市里工作生活多年，但是这种与血缘有某种说法的节日亦让他们有新鲜感。而且有些激动的外地族人，亦觉得这种创造性的节日很有价值，要回湖北、江西的城市里倡导。他们看到广东 J

---

① 笔者田野访谈资料，2013。

姓子孙对这个节日的解释，有点不明就里，但也没有过多追究这个节日的说法到底有没有依据，对于他们来说这种打胜仗的故事听上去已足够算一种说法了。出资的几位廉江J氏子弟们在聚餐的祝酒词里开心地宣扬J氏人丁兴旺、六代同堂，当然这只是辈分上的六代人。

这次的发起人是事前一周左右商量好广州的"端四"节日庆典在J氏酒楼举办，然后通知了180位左右在广州、深圳的J姓宗亲。这些人有廉江籍的，也有外地籍的，通常是在广州工作生活比较久并积极参加研究会组织各类活动的成员，还有几位深圳过来的，通知上说会在晚餐前有一个仪式，然后聚餐。"端四"那天下午从四点开始，来自J氏酒楼自己的醒狮队到大门外迎宾，一时间，锣鼓喧天。五点左右人基本到齐后，他们一起来到酒楼附带的二楼露台，即一个五六百平方米的空地。他们在露台中央立了三块大的木夹板，形成一个两米多高、约六平方米大的背板，中间上方贴上新修M公像的电脑打印图，大约一米多高；前面摆了一张会议用长案，中间一个大香炉，再前方是数张会议台拼成的供案，有四五平方米大，上面铺了红布；案上则是一只烤乳猪，两只熟鸡，加上几盘橙子、火龙果等水果，没有酒、饭、筷子，但是有粽子，还有生菜，因为有醒狮表演采青要用。这些仪式用品比较接近珠三角地区祭祖的习俗，而与廉江J镇的不同。他们因为人才济济，还隆重地用红纸写了专门的告文。

告　文

惟

公元二零一三年农历五月初四日，JM公裔孙Y、H、

FR、ZH、YQ、JS、SR、YW、YG、YL、YJ、YS、YX 等 150
多名裔孙，谨具香烛纸帛，三牲酒醴，时馐清酌，恭俯吾始
祖 JM 公像赞前，诚拜始祖。

朔我始祖，汉安道侯也。忠贞爱国，智勇双全，为南越
胁令 JF，而阴居中国南方之咽喉。守疆保土，体恤安民，达
廿余载，南越叛乱，JM 公配合汉军，平定两越，为汉一统，
功勋卓著，武帝旌功，封安道侯，袭 JF 令矣。

M 公后裔，历沧桑之变迁，朝代之更迭，仍瓜迭绵绵，
繁衍生息，枝蔓中华，叶荣世界，人文慰起，英才辈出。此
乃始祖功德之荫也。

噫嘘

今我等恭俯 JM 公像赞前，慎终追远，缅始祖忠心之无
异，怀 JM 公爱国之无疆。诚祈始祖庇荫我等后裔，为幼者，
快乐成长，为长者，眉寿永年，为年轻者，事业有成。佑后
人以蝉联科第，佑官者以仕途高歌，佑商人以生意兴隆。

呜呼

谨以告之

在仪式开始后告文由副会长 YG 诵读，然后大家一起三鞠躬，
只是弯腰鞠躬而不用下跪，之后就开始隆重的醒狮表演，锣鼓喧
天，热闹非常。站在高楼林立的城市中心区珠江新城附近看这样
的仪式会觉得很穿越。这在外人看来和其他商业机构或组织的庆
典聚餐并无太大差别。仪式的结尾以醒狮采青结束，狮头放下巨
大的贺联：一本万利，百业兴盛，生意兴隆。然后每个参加仪式
的 J 姓子孙在旁边的火盆里烧金银纸宝，大多数男女老少都去上

了香、烧了纸。聚餐非常热闹，廉江 J 氏在会议现场按字辈可排出六代同堂，大家一边吃饭一边感慨廉江 J 氏文化丰富，人丁兴旺。有江西籍 J 氏宗亲说要把这个节日带回老家也试着推广，他们虽然不太在意这个传说是否真实，但是觉得很有意思。研究会几位策划者觉得以后要将这个节日变为研究会的常态活动。名誉会长在席间还赋诗一首，用签字笔写在酒楼的信笺上。

端阳

宗亲五月聚珠江，

缅怀始祖庆端阳；

汨罗忠骨千秋在，

M 公后裔万代昌。

2014 年，JM 研究会又在 J 氏酒楼举办了"端四"庆典和聚餐，下午四点多的祭拜过程和 2013 年类似。不过不像第一次那么仓促，这一次的 M 公像是打印在灯箱布上，用专业缆绳绑在框架上。下午四点多的夏日阳光可以从画像的背后透过来，颇有一种温暖的神圣感。仪式结束后，大家还一起拍了合影。这一年的宴会还邀请了文艺界人士参加，有音乐学院的教授席间献歌。他们和酒楼老板是老朋友，唱的是美声唱法的《今天是你的生日》等主旋律歌曲。从出席的人来看，这种以聚餐形式的庆祝似乎继续下去并不太难。"端四"的日期又与公共假期错开一天，时间上也有保证，真的可以固定成城里 J 姓宗亲聚会的好时机。但是 J 氏酒楼换了顺德菜式以后他们还会不会在这里举行就不一定了。也许 J 姓的"端四"节真的会由粤西 J 氏带到城市里并由所有 J

氏子孙继承为一个"新传统"，而且只要在任何临时的公共空间中悬挂出 JM 的像，像前再加一张简单的桌子及供品，就可以随时建构出所需要的祖先祭坛。而 J 姓子孙在城市里继续的节日发明，更加让笔者确定这张新修祖先图像对于希望复兴祖先认同的宗亲会组织的意义。这张流动中的祖像比历史上固定和收藏在祠堂中的祖像有着更为重要的作用，甚至对于这些越来越多进入流动状态的 J 姓子孙而言，"像即祠堂"。

第四节　祖先造像与流动"祠堂"

早在 JM 研究会成立之初，研究会的核心成员们就为没有固定的祭拜及纪念 JM 的地点和公共空间而感到遗憾。因此，多年来，他们通过各种途径进行努力，试图找到可能为 JM 建祠立像的地方。

一　广场与雕像

和建造祠堂需要土地空间相比，立一座塑像似乎是更容易的事情。2010 年，当 JM 研究会的骨干们得知 JF 市政府因为要承办广东省第三届粤东侨博会，即将开发建设位于 JF 市东大门的地标性建筑和广场，研究会的几位负责人就通过关系立刻联系了政府的相关部门询问广场建设的情况。他们希望由研究会筹款出资来建造一座 JM 的骑马铜像立在广场中央，并再次委托笔者帮他们设计一座以 JM 为表现对象的公共雕塑。这个委托和笔者之前接触过的公共雕塑项目在委托方上不太一样，之前这类型项目通常接触的委托方是地方政府，多是为地方名人在当地的广场或公园等公共空间中树立雕塑，由地方财政支付整个项目工程的经费开支。委托方通常会提供当地档案馆中的名人历史资料和相关研究资料，或者由雕塑家在历史文献和地方史志中寻找背景材料，来作为理解人物性格特点、时代精神等表达需求的支撑。如果已有关于那位历史名人的相关的绘画、小说、戏剧、电影及电视剧等其他艺术表现的资料，也会纳入参考范围。在这一点上，回过去看重修 JM 像的过程，倒是和这类公共雕像的方式类似，大众媒体对这些以图证史的象征物的影响是非常需要考虑进去的影响因素。这类项目大多作为地方政府的政绩工程，雕塑家有一定的创作主动权，但是主管部门的领导对雕像的最后成形也有很大影响。经常承接政府工程的雕塑家们也非常理解官方诉求，在大众能接受的审美层面上加一些个人风格的细节，大多可以如期完成。经验老到的雕塑家慢慢就会积累一个作品库出来，并在后来的项目初期提供给甲方官员参考，试探其审美取向。

可能是绘制 JM 像的时候已反复磨合，所以这一次笔者按照研究会骨干们描述的想象，将 JM 研究会的骑马像标志图案立体化为一座立马横刀的将军像先做出效果图给他们看。他们觉得基本接近，不过也说了一句"是不是说成是李广也可以呢"。但那时这个讨论没有机会继续下去，因为 JF 市政府已经决定在那个广场中心放一个青铜鼎和一块巨大的泰山石，此外还有九根浮雕柱，上面描绘了当地的新八景。但是政府也决定将当地的三位历史文化名人的"缅甸白玉"胸像放入汉代风格的"流芳阁"里，雕像的费用同样由那位商人出资捐助。JF 流芳阁名士评审小组对候选名单进行评审，定下三位名士，JM 为其一。

史定（JM，前162－?）西汉豫章人，首任 JF 令，守疆、保土、安民，长达二十余载。元鼎六年（前 111 年）平南越，挈地归汉，使古 JF 免遭战祸，为国家统一立下卓著功勋。武帝旌其忠勇，封安道侯，袭 JF 令，赐姓 J，名 M。中华 J 氏始祖。

由于广场整体工程浩大且 JM 研究会可以承受的资金额度有限，他们就放弃了立铜像的念头。而这次在公共广场中为 JM 立像的机会被当地一位民间雕塑家获得，那尊 JM 像是一尊六七十厘米高的汉白玉雕刻胸像。虽然这尊 JM 雕像形象上和 J 家对祖先的想象有很大差异，所穿的衣饰依然与朝代不符，不过能够由地方政府主持来为祖先 JM 立像，说明了 JM 在古潮汕地区的存在已成为当地政府认可的历史。在这个意义上，雕像与祖像的想象差异就显得不那么重要了。

虽然建雕像的计划被搁置起来，但是一个新的机会又出现在研究会面前。汕头市新开发的滨海新城规划为"一轴、两带、三园、多功能组团"，其中的"一轴"即人文景观中轴，由潮汕历史文化博览中心、风情商业街、文化公园三部分组成。研究会认为 JM 是潮汕地区第一任县令，既然已是广东历史文化名人，当然也是潮汕历史文化名人，他们希望在 2014 年 12 月韶关年会时讨论雕像的造型方案。但是因为大多数宗亲在汕头并无太多业务往来，所以不置可否，只说"当然是好事情"。

二　纪念馆

从 2004 年 J 姓子孙们共同认定 JM 就是自己的得姓始祖以来，

为 JM 立像建祠堂的念头也一直隐藏在 J 姓族人的心里，一有机会他们就会想起这个愿望还未达成。原先他们曾尝试与 JF 当地政府合作，尝试拿到一块可开发的土地，开发与地方文化和地方名人有关的文化创意产业园，然后在产业园里想办法建立一个类似祠堂功能的文化场馆。随着 JF 政府政策改变，这个愿望就显得有点遥遥无期，但是江西的 GC 政府又递来橄榄枝。2014 年 JM 研究会第二次代表大会时，研究会的会长们又带来了新的规划。伴随着内地县城刚刚展开的升级开发建设，研究会里的相关成员也主动和 GC 政府联系，试图将 JM 文化与广场的城市发展建设建立联系。在 JM 研究会的多方努力下，GC 县委、县政府决定无偿划拨 28 亩土地，作为 JM 纪念馆和 J 子兵法馆的建设用地。这个工作将作为 JM 研究会第二届领导班子要完成的主要工作，但是这个工作的第一步就是又要面临筹款的任务，为此研究会在面对宗亲时讲解了希望在 GC 建立两馆的理由。

1. GC 是始祖 JM 当年随王恢、严助参与平定南越，出豫章之地，也是 M 公三十五代孙、Y 公从广东 JF 返回江西安居落叶之地。考全国各地 J 氏族谱，现在散居全国各地的 J 氏裔孙，除江西东乡抚州市区一支是 M 公三十代孙 LY 公后裔外，其他均是 Y 公之后。因此，GC 是 J 氏家族的发祥地。

2. 著名兵书《J 子兵法》作者 JX 是 GC 人。为 GC 一世祖 Z 公之裔孙。GC 名人，县志有载。GC 有以 JX 命名的"ZX 大道"。故 J 子兵法馆选址，唯 GC 合适。

3. 当地政府大力支持。研究会有关成员就筹建纪念馆事宜与 GC 县委、县政府接洽，GC 县委、县政府十分重视，专门请来同济大学规划设计研究院的专家，就两馆选址进行了实地考察、研究，并进行了详细规划。随后 GC 县委领导带上规划图，专程来到广州，会见研究会名誉会长和会长，就两馆筹建，广泛深入地交换意见。今年（2014）11 月上旬，研究会多位成员分别从北京、广州、长沙、南宁等汇聚 GC，与 GC 县委、县政府、县政协三套领导班子的主要领导，实地考察了两馆的选址，并进行了认真、深入的会谈。GC 县委、县政府明确表态，无偿划拨 28 亩土地，作为两馆建设用地。

4. JM 纪念馆、J 子兵法馆所选之址乃为钟灵毓秀之地。地址位于 GC 老城区之南，旴江上游。三面环水，旴江由东往西，在南面蜿蜒缓缓流过，在西侧划个半弧形，往北而淌，不足五里，便依依不舍又往东折回。两馆之址，北倚老城区，与 J 氏先祖 Y 公由广东 JF 返回江西 GC 开枝散叶之地 JFL，隔旴江而远远相望；东接森林公园，树木茂盛，是人们休闲旅游之地，东南方的 LH 塔如一支文笔坐落在两馆的左前方，预示英才辈出；隔江南望，乃一片开阔湿地，湿地四面被一湾溪水环绕，岸址汀兰，水草茂盛。西面隔江牵着连绵起伏的山丘，左青龙，右白虎。高处俯瞰，两馆所在地似生命之根，乃雄起之地，人杰地灵之处也。

然后几位会长分别就两馆建设中的土地使用期限问题、与当地政府主管部门的争议、纪念馆建筑风格、建筑的内容与所有代表分享。土地方面，主要是如果要在这块土地上建设这两座纪念馆就要尽快落实资金开始建设，否则土地将收回，由政府出资在上面建设文化馆、博物馆和图书馆。在县委、县政府内部讨论时，五套班子中的四套都同意这个关于 J 姓文化的建设规划，但是也有领导一开始就极力反对，认为是为 J 姓盖祠堂，如果 J 家在公共广场盖了"祠堂"，是不是其他姓氏也可以在那里做同样的事。最后领导之间协调做工作，才算全部通过了。在关于纪念馆风格的讨论中，那位 J 姓书法家就提议用明代风格，感觉上是在进一步强调自己是《J 子兵法》的发现者和推广者。他还提出如果馆内要做塑像，那么 JM 站中间，左右两边为 JXS 和 JX，形成左文右武的格局，内部可以展示书法和利用声光电的多媒体呈现相关内容。但是研究会其他成员对这些细节讨论没有什么反馈，因为对于各地分会的会长们来说，建馆意味着又要面对筹款的问题。在 JM 研究会成立七年之后，筹款早已不像早期那么容易，遑论之前很多认捐款项都还没到位。商人们在一次次的风险之后，无法在研究会中获得直接的信息资源和经济回报，他们开始进行理性的判断。尤其是，这种公益性质的捐款，几乎很少有经济回报，即使有，可是和投入的精力和时间相比，都显得微乎其微。而且这几年经济紧缩，大家的效益也不像之前那么好，而 GC 除了与 J 姓的渊源以外，作为一个贫困山区的革命老区，可供开发的资源也不太多。在多方考虑之下，他们只是冷静地观望，虽然支持建馆的想法，可是不再表达出钱的态度。

名誉会长安抚每个分会的成员，说在广州做生意的抚州商会和广昌商会都表示愿意捐资，大约有一千万元，其他两千万元的费用还是需要宗亲们筹集。就算是所有会长、副会长包揽下其中一千万元的款项，剩下的那一千万元再也想不出来源。虽然 J 姓宗亲有约二十万人口，每人一百元就有两千万元，但是动员宗亲捐款还是很困难的事情。因为笔者在粤西 J 姓村落的田野观察发现，一百元对于乡村宗亲来说是不小的支出，而他们众多的家庭人口如果按这个额度来捐款，是很可观的开销。而且对于很少离开乡土的 J 姓族人来说，对在广州做些什么事情也许还有一定的认识，而 GC 虽然是老祖宗的祖居地，但是对于他们来说太遥远也没有现实意义，因而很难从他们那里筹集到捐款。其实，会长、副会长们的钱也不好筹集，因为见不到回报的付出很难长久维持。

小结　新传统的命运

本章以 JM 研究会在完成祖像再造以后所进行的其他领域中的实践为考察对象，看到：JM 研究会历时五年主持编纂总谱时所遭遇到的不同地区子孙们记忆差异的困境；作为新媒介和新技术方法的网络和数字平台则为流动中的组织提供了许多经验之外的思路和联结方法；城市里的"端四"节则为 JM 研究会在暂时缺乏公共空间的情况下提供了一个共有的时间节点；JM 研究会骨干们在华南各地广泛开展建祠立像的实践尝试。这都体现了作为新传统的祖先认同不断受到现代社会中各种力量与资源的挤压和考验。

在对编修总谱遇到的困境的观察中可以发现，不同地区的 J 姓子孙都笃信自己老祖先传下来的族谱是可信历史的原则，在世系错位的情况下产生很大的抵触，导致通世系的理想难以实现。这一事实也反映出依据乡村宗族复兴经验的 JM 研究会在面对扩大的地域时缺乏应对的方法，而历史上合族祠所采用的彻底放弃血缘世系，只以出生年月排名的方式对于 J 姓子孙来说在情感上又无法接受，因为这样就挑战了他们建立 JM 研究会时的出发点——"所有 J 姓都来自同一个封侯赐姓男性的血缘"的想象。但是，如果为了这个出发点硬要统一为一种说法，则比在祖像中统一想象更为困难。其实，因为网站的存在而来认祖归宗的内蒙古 J 姓的存在，已经提醒了 JM 研究会的这个理想化假设可能是经不起挑战的，即使一厢情愿地希望获得统一的认同，也会因历史和现实中的记忆差异而发生矛盾。不过，在这个所谓的全国组织来去自由，倒也并不会影响到组织主体的继续发展。

这个研究拖了那么长的时间，主要原因是笔者对纷杂材料把握的能力有限，还因为这个研究对象的流动性和活动分散，因此，也不敢妄下断言。直到 2014 年底，研究会第二次全国代表大会召开时，整个事件才完成一个内部循环。在 2015 年春节前研究会的一个小范围聚会，地点就已经改到了一个本家经营的湛江风味的大排档里，原来的 J 氏酒楼租赁给了顺德老板，转而经营顺德菜，不再提供粤西讲亻厓的人熟悉的家乡味道。而研究会的宗亲们对于出钱的事不太积极，出力更不积极，但是如果有研究会发起活动的消息不告诉他，他们又会不高兴。他们对于这个同姓组织的情感因素依然存在，只是在当下的环境下，都想不出还有什么可以操作的资源，也就暂时偃旗息鼓。在 2014 年的韶关年会上，新修 JM 像还是名正言顺地出现在会场正中央，也就是这个结果的出现，才让笔者确定了这些年对这个群体所进行的各种实践的感受和判断是在逐步接近整个事件的核心。七年来，从国内政治、经济到社会意识的大小环境，都发生了许多变化，JM 研究会也从一开始的群情激涌到现在的静水流深。但是这幅新修的 JM 像却安安静静地留到了最后，并且还在一切的中央。当喧嚣张扬的文字隐藏起来时，图像却因其隐晦的象征和多义性而不会陷入非黑即白的立场。新修 JM 像代替了 JM 研究会群体的所有想象保持出场，并将进入未来的历史记忆中。也许这个研究所记录的一切，可以成为后来者解读这幅莫名图像的钥匙，了解到在多元传统的彼此冲撞与互相发明的过程中，在现实社会中为努力生存发展而生成的民间智慧。

第九章　总结与讨论：从祖像的变迁理解宗族复兴中的传统再造

在这部关于当代 J 姓子孙群体的田野民族志中，笔者通过对祖先图像生产事件的共时性分析，也兼顾了历史与民间文献中提供的历时性资料，将一物两体的传统再造与宗族复兴置于华南社会的社会历史文化框架中一起加以考察。这是因为 J 姓子孙们在认识自身的过程中，本身也一直试图依靠在历史中寻找依据去考察自己的生活，以及始祖 JM 对于子孙们在不同社会场景中的意义。J 姓子孙不但一直努力去理解祖先以及围绕祖先认同营造出的新的社会联结方法，而且主动地参与到丰富对祖先认同的具体想象中。这种努力反映在乡村和城市的 J 姓子孙们的日常生活中，包括他们口述祖先记忆代代相传，通过发明仪式来建构祖先身份，努力编纂族谱和总谱，谋划为 JM 立神主、画像、立像，重建及新建纪念馆及祠堂，举办各种与祖先文化相关的现代活动与仪式。在这个研究中还会看到，汉人社会传统中的祖像原本已随着乡土宗族社会的式微即将消失在历史尘烟中，但在改革开放后的三十年中，祖先信仰不但在乡村中全面复兴，甚至还进入都市中的子孙们用新技术媒介与更新的观念再造为新的传统。

导论中笔者简述了得以偶然介入画像事件的原因，从而展开对 J 姓子孙在城市与乡村间的流动以及他们在历史上和现实中所处自然环境、社会场景、历史语境、文化场域等各种传统碎片杂糅状态的观察后，提出了几个基本问题。那就是对于百年来经历了新文化运动和社会主义革命之后的当代中国社会，在全球化和急速城市化过程中"新传统"的发明机制是怎样的，这些"新传统"的出现将如何影响当代华南社会生活的构成，同时，什么才是深受国家力量影响的 J 姓子孙在不同社会场景中进行宗族复兴的深层动力，用人类学方法进行关于祖像生产的个案研究对中国图像研究有什么理论价值。

首先的问题是，对于一百年来经历了新文化运动和社会主义革命之后的当代中国社会，在全球化和急速城市化过程中传统再造机制是怎样的，这些"新传统"的出现将如何影响当代华南社会的构成。

因为本研究所采用的是多点田野调查方法，材料非常庞杂。为了更清晰地呈现这个民族志故事的内在逻辑，首先在第二章中通过对造像事件的深描，就造像事件从缘起到造像过程中画像形式的文化来源，以及如何在不同的祖先记忆中拣选合适的参考与观念判断原则，尤其是就 J 姓子孙与画家之间观念冲突拆解为不同的社会历史文化传统背景进行了讨论，呈现了这张图像看似典雅实则背后多重社会观念层叠混杂的状况，并将祖先图像生产事件的戏剧化冲突过程展现了出来。然后笔者根据每个冲突焦点背后涉及的传统问题，以及不同传统在历史语境中本身所具有的矛盾性展开讨论。作为新传统的新修祖先图像在其符号编码变迁的结构背后，折射的正是祖像所象征的祖先信仰以及宗族制度在当下文化变迁中的处境。在这个意义上，"新传统"还应该被看作一种文化的创造过程。

从田野材料中可以看到，这个围绕祖先认同而产生的共同体——JM 研究会从发起到成立，核心人物当属一群具有生存智慧、社会想象力和文化创造力的在城乡间流动的新社会精英。如何理解他们的自我认同以及在城市中的身份，还要借助乡村社区作为对比研究模型。萧凤霞曾在《华南的代理人与受害者：乡村革命的协从》中谈到过乡村精英在 1949 年前后性质的转变。传统中国乡村的管理是由乡村精英的士绅来进行的，士绅所起的作用类似于经纪人（broker）角色，而乡村干部则扮演了国家代理人（agent）的角色。士绅一方面通过地方宗族的力量获得权力，另一方面又作为国家延伸权力的中介，承认他们在乡村中的精英地位。[①] 在 J 姓子孙的乡村宗族复兴行动中，我们也见到以退休干部、教师和商人等为主体的新士绅群体所发挥的作用，亦可以借助乡村中的结构来理解研究会骨干们在城市社会中所处的结构性位置。但是无论场景如何转换，祖先信仰的根系文化深深地存在于粤西 J 姓子孙的观念中，这与他们的祖先在明代中期从闽西迁移到自然生存条件更为恶劣、地理上也处于相对更远离国家中心的粤西的历史境遇有关。生存于客家与壮瑶文化接触区域的粤西亻厓佬，同时保留了客家传统中的祖先文化，也受到壮瑶文化的影响，因此粤西的讲亻厓地区成为各地 J 姓子孙中拥有祖先传统最多元深厚的一个支系。这个地理单位的偏僻和文化生态的多

---

① 萧凤霞：《乡村的代理人与受害者：乡村革命的协从》，《中国学术》2001 年第 1 期。

元遗存，同时决定了粤西 J 氏后来成为 JM 研究会的发起者和再造祖像事件中的行动核心。

很多学者都意识到宗族观念在未来还将继续在中国社会中广泛存在，随着城市化进程带来的广泛流动，祖先信仰观念的继续发展将更加不强调真实血缘关系而是重视同姓关系的事实。从笔者在微信群中观察到的田野变化来看，J 镇的春分祭祖甚至增加了在始祖墓前舞狮采青的庆典活动。笔者 2013 年在当地做田野调查时，那个地方 J 姓子孙还是使用从 1986 年以来基本按民国记忆恢复的祭祖仪式，距离现在不过两年的时间就又发生了新的变化。同时可以比对的材料是，笔者在 2013 年和 2014 年两次往返粤西田野中观察到的康王诞仪式的变化，从空间到规模也呈现了很大的不同，并且族中长老已在商议接下来要扩建企石寺的规模。这些变化的田野材料表明了一个事实，就是今天华南社会中生产"新传统"的运动，正以一种前所未有的速度和任意混搭的方式在急速变化着。

作为信仰观念的祖先认同是否也会受到全球化的挑战呢？或者说现代社会中祖先认同会演变为一种同质的传统文化还是作为独立的信仰存在？从最新的田野访谈中，笔者似乎看到了这种趋势的某种可能性。在书稿基本完成的阶段，笔者再次见到了从多伦多回国办事的副会长 ZX，她说起与近年来移民到加拿大和美国的几位 J 姓人士往来甚密，他们与他们的子女间彼此以姑舅相称。她现在的理解是祖先和姓氏对于她来说就是亲情。[1] 这也让笔者对之前的观察产生了一些延伸的思考，从这位 J 姓子孙的个

---

[1] 笔者田野访谈资料，2015。

体经验来看，基于祖先 JM 的认同还在继续为这些远离中国的人们提供着在异乡的情感理性联系，JM 的传奇和历史述说也随着海外移民的方式传播到另一个大陆。而这个趋势将随着这些精英的子孙们选择更多元的教育和生活方式而变得越来越淡薄，作为永恒的根的象征的祖先，还将以什么样的"新传统"面貌来为未来的子孙们提供团结的内在动力，就有待后续的观察和思考。

所以，在城乡之间流动的 J 姓精英们，在过去的十年间因为有效地将祖先记忆以"新传统"的方式，将扩大范围中的宗族资源都整合为与华南主流社会对话的文化资本，因而带动华南各地方分支的 J 姓子孙们重新统一了对祖先记忆的书写。祖先信仰已经与地方社会文化建构发生关系并为象征资本的确立奠定了基础。J 姓精英们利用国家及地方社会对传统复兴和文化遗产的重视，将自我的身份认同、可信任的自组织机构以及来源于原生情感的祖先信仰都混融在"新传统"的再造运动中。

什么才是深受国家力量影响的 J 姓子孙在不同社会场景中进行宗族复兴的深层动力？

笔者在以 J 镇 J 姓村落为中心对华南地域社会进行考察的过程中，发现在过去的三十多年，乡村中的 J 姓宗族同样经历了从废墟中重建的过程。在宗族重建过程中被 J 姓子孙反复强调的封侯赐姓的记忆，也被纳入村落社会象征资本建构的中，而 J 姓族人在乡村传统发明中的核心同样围绕祖先记忆展开，这里有着更丰富的祖先文化资源。不只是得姓始祖，始迁祖和后世中传奇的历代祖先都成为村落社会中建构地方秩序的素材。而乡村社会中的传统发明，也不仅仅来源于小传统的内在动力。国家政策转向后海外华侨回乡探亲时带来乡村宗族复兴运动的火种，加上 20

世纪90年代以后国家对地方传统文化的重视以及试图开发相关的文化产业以带动地方经济发展，则为宗族复兴的全面展开扫平了障碍。在文物保护单位的招牌保护之下，J氏宗祠、祖墓和族庙中的祖先与神明崇拜系统才得以迅速重建，而在村落社会中不灭的信仰观念成为新传统得以广泛发明的土壤。这些信仰空间及仪式的命运，显现了从建立到毁坏再到重建的过程，也标志着国家与士绅群体对祖先信仰态度的变化。

为了建构出统一的祖先认同新传统，J姓子孙们在话语中一直强调"天下J氏一家亲"的说法。但是，在运用这一概念时，他们的旨趣是关于血缘纯粹的想象，即天下所有姓J的人都是一位在西汉封侯赐姓男性的子孙。在"天下一家"的想象中，祖先的荣耀被毫无损坏地传递给每位子孙，一切围绕这个想象而再造出来的活动在"封侯赐姓"的叙事中显得颇具有合理性，而合理化后的目的则在于创造一种类似历史结构的新认同中心。近年来，国家对展示和凝聚中华民族精神和文脉的祀典和仪式等越来越重视。这确实对于多民族国家的认同统一有着现实意义。回顾数千年来的中国历史，现在所恢复与重构的中华民族的传统祀典，与儒家"天下观"所代表的一系列仪式及秩序仍存在不少的差距，而通过对中国疆域内传统仪式的整体性与政治性考量，以重新建构传统庆典仪式的政治性，对于中华民族的凝聚与认同将具有积极的推动意义。[1]

在这一轮新的传统发明中，进入城市的J姓子孙们渐渐尝试

---

[1]　麻国庆：《社会主义新传统与非物质文化遗产研究》，《开放时代》2014年第6期。

继续将祖先观念推及到超越地域的社会中。他们将祖先的形象再造视为在流动状态中重建新社会联结的一种自组织方法，同时在行动中将自我价值的表述与乡村中的宗族传统及地方文化的发展有机地整合起来。在再造祖像的故事中，既可看到 J 姓子孙既借助国家和精英传统对草根传统产生了影响和改造，也可看到他们用自己熟稔的草根传统通过新技术、新媒介和新的社会联结，反过来影响了国家对地方文化的叙述结构。精英和草根在中国社会中的交互流动，导致了两者所携带的传统亦产生出一种互相交融发明的状态。这种互相发明的状态成为影响传统再造机制的结构性因素。在传统的再造与发明过程中，除了地方传统被动地被国家话语解构与重构，亦可见到民间社会借助国家政策导向和地方经济发展的契机，将原本属于地域宗族的历史记忆建构成可以植入国家体系的文化传统中。在国家观念和地域认同的建构过程中，宗亲会组织所使用的语言及表现形式也随着社会和政治的复杂变迁、精英群体认知的改变而不断发生变化。通过 JM 研究会这一窗口，不仅可以看到华南社会以广州为中心的城乡关系的不断变迁，也可看到全球化时代的一个侧面。在回溯了历史上祖像作为祖先认同的象征物特点，并实际参与 JM 研究会的再造祖像的实践后，笔者认为，作为新传统的祖像发明以及祖先观念的复兴实践，也是一种民间社会对日益流动、离散和个体化状态的不适应的自发反应。他们通过祖先认同组成一种新的民间自组织形式，通过仪式和象征物的统一再造建构出新的表征。

　　粤西的 J 姓子孙通过位于广州这个流动的祖先认同中心获得在宗族中的正宗地位，外地宗亲则依靠广州这个事实上的华南经济中心城市获得同姓宗亲的各种支持。这些流动的精英借由边界开放的平台，搭建出超越现实社会中地域、性别、地位等限制的结构，并试图建构出一种新的自身表述的象征秩序。从 J 姓子孙根据自身的多重边缘状态，在流动的场景中以象征理性选择再造始祖身份来构成事实的团结，并成功地将对祖先的身份建构为自身的集体表述象征，可以看到拥有传统作为文化资本的民间智慧所具有的创造力。这一新传统的再造，既解决了小姓宗族多年困扰的歧视问题，亦为这些靠个体资源在城市中拼搏的新城市精英带来有价值的社会网络，至少十年的努力已经让大多数 J 姓人士对外人介绍自己姓氏时，可以荣耀地将始祖 JM 讲出来，听闻者大多报以夸赞的态度。在这个层面上，可以认为 JM 研究会为 J 姓人士至少解决了根源问题的疑惑。弗朗西斯·叶茨在《记忆的艺术》一书中告诉我们，西方的历史和宗教观念是如何与纪念地紧密联系在一起的。其中，贯穿着记忆的物质文化包括高耸入云的教堂建筑以及宗教偶像。宗教记忆法的关键在于对空间以及概念的有意识把握。人们希望用这种方法培养起来的记忆，即使在这些建筑物不存在的时候，也可以被迅速想起。[①] 过去这种关于物的生命史研究方法，大多散落在与艺术相关的人类学研究的田野和文本中。不过我们从 J 姓历史上流传的祖像变迁史来看，从明代江西丰城那张"有意识"地绘制的 JM 雕版木刻，到其他地区由民间画师随意创作的 JM 像，以及过去一百年来宗族制度本身的曲折生存而形成的祖像传统断层，以及直到近三十年来作为一种新

---

① 景军：《神堂记忆：一个中国乡村的历史、权力与道德》，福建教育出版社，2013，第 189 页。

传统在宗族文化中再次复兴来看，作为物的祖先图像的生命史与被象征的主体——"宗族"及其观念在中国文化中的历史沉浮在结构上有相似的逻辑。不同时期祖先图像的符号编码，也显现出与在宗族的发展变迁过程中不同的子孙群体的社会意识相吻合。

J姓子孙再造祖像并不是因为他们是某种意义上的边缘群体而出现的特例。在历经三十多年之后，不但民间信仰在城乡社会中复兴，制度性宗教如佛教、道教、伊斯兰教、基督教也渐渐复苏。这些制度性宗教与民间信仰共同讲述着不同地方社会中文化重建的戏剧性故事，发明出各种形象差异极大的造像。当然，这一轮造像运动的活跃并不等于简单地复古或回到过去的年代。因为拥有过去记忆的老人一代代地更替，就算是粤西J姓宗族中主持各种仪式与活动的人物在过去三十年里也已经更换了三代。因此，无论用什么理论或概念理解宗族复兴的再次出现，我们都不能忽视其中大量的发明因素。就算是对历史留存的造像观察，也要将其置于原生的文化场域中加以考察才可能接近表达主体的愿望，但是误读同样会帮助建构新的差异化传统。传统从来就不是一个可以统一及标准化的事物，而是各时代社会观念不断变化的表征。

最后，用人类学方法进行关于祖像生产的实践研究对其他中国图像研究有什么样的理论价值呢？

对于身处新媒介层出不穷时代的J姓子孙来说，这张祖像还有着和以往在宗教空间中固定陈列或收藏于密室保险柜中的造像不同的意义。作为一幅可以任意生存于真实纸媒和数字空间的祖先图像，获得了过去的祖像所不具备的功能，其最明显的特征就是数字化拷贝让以电子版本存在的祖像成为一个可以随时收放自如的祖先祭坛。对比前文中彼得·伯克谈到的民间图像制作与传播上的两次革命，① 数字传播技术应该已经带来了第三次图像传播革命的浪潮。即使照片成本比绘画低廉，也不可能做到互联网络带来的几乎接近无成本的传播。对于过去由宗族中长老们保管的祖像变成每个子孙都可以拥有的遗产，祖先图像的神圣性是否被削弱或受到质疑，就需要经过更长时间来考察。不过一个可见的事实是，对于在城市和乡村中流动的 J 姓子孙们来说，这张祖像刚好满足了他们不放弃乡土情感又对融入现代都市有所期待的需求。流动和分散的居住状态并不利于建造固定祠堂，因此这个时期他们选择以图像建构临时祭坛的方式来延续关于祖先信仰的传统，则属于这部分自然选择形成的再造与发明，当然这其中最重要的保证是各种新技术和新媒介的推动。

回顾七年多来的研究过程，从偶然介入图像生产到系统地展开田野研究，都为笔者这样一个从艺术实践领域跨界的研究者提供了完全不同的视角和思考方式。这种主位方法的图像研究是过去艺术及图像研究领域还未完全展开的研究空间。艺术发展史的表现对象有一个从神到人的演变过程，艺术史研究较关注图像本身的风格、形式本体变迁，对图像生产者的关注多于对图像使用者的分析。尤其是，无论是对神还是对人的表达，其实都会涉及图像生产过程中那个时代以及当地社会的偶像意识与权力关系的表达，而对偶像及其崇拜系统的文化研究，用人类学的整体观及主客位方法则提供了更全面的思考路径。

用人类学方法展开关于民间图像的实践研究，亦对笔者所处的美术教育的学科建设提出了问题，即什么才是中国文化中特有

---

① 　彼得·伯克：《图像证史》，北京大学出版社，2008，第 13～16 页。

的视觉逻辑和图像语法。笔者也开始进一步反思不过百年历史的美术学院教育里所讨论的"传统"到底意味着什么，同时意识到在"本文化"中传授"异文化"的教育工作者所面临的处境。而在对新修 JM 像层层剥笋般的认知过程中，跨过纷杂的材料和错综复杂的观念多重断层，笔者才见到作为观念的传统在历史时间和地理空间上本来的样貌，也意识到作为研究者面对的可能是之前关于中国民间文化和传统艺术缺乏认知的盲区。同时，在这个祖先图像传统的再造中，笔者作为研究者和研究对象组织顾问的双重身份，是否在这个事件发展过程中产生了过度的影响和推动，亦让笔者对人类学研究者应该如何介入民间新文化传统的发明和建构有了更深刻的体验。在以传授"异文化"为职责的美术学院中，如何在当代美术教育的西方美术框架中阐释"本文化"，中国文化自身的视觉语言如何以"主－客位"方法再次解读？这意味着，要将当代美术教育中一直处于"无意识"的文化自觉，提升至"有意识"的文化传承，这对于一个教育工作者来说亦责无旁贷。所以，这更肯定了笔者最初所持有的理论直觉，以及导师邓启耀对本研究的学术判断。这个不算成熟的学术探险，也许可为人类学的图像研究实践提供一些基础性建设工作，并且通过对当下社会现场中图像文化意义的阐释提供一种新的对长久文明史中传统图像的解读路径，启发我们对日常生活中反复及再次出现的文化潮流及现象保持敏锐。历史上各个造像的高峰期，大都是文化高度发展的时期，而这一轮的社会转型和经济发展过程中也出现大规模生产图像的现象。通过这样的理解，还可以为作为图像的制造者的艺术家们，提供在这种文化的生产与再生产中把握对"本文化"的判断以及对中国图像的自信。

参考文献

阿兰·巴纳德：《人类学历史与理论》，王建民、刘源、许丹译，华夏出版社，2006。

艾伦·P. 梅里亚姆：《人类学与艺术》，郑元音译，《民族艺术》1999 年第 3 期。

巴克森德尔：《意图的模式》，曹意强、严军、严善镎译，中国美术学院出版社，1997。

（汉）班固：《汉书》，中华书局，2007。

彼得·伯克：《图像证史》，杨豫译，北京大学出版社，2008。

毕梅雪：《郎世宁与中国十八世纪帝王肖像画的复兴》，《故宫博物院院刊》2004 年第 3 期。

薄清江、梁美玲：《中国民间造像史纲》，漓江出版社，2009。

布迪厄：《文化资本与社会炼金术》，上海人民出版社，1997。

布迪厄、华康德：《实践与反思》，李猛、李康译，中央编译出版社，1998。

常建华：《宗族志》，上海人民出版社，1998。

（清）《潮州府志》光绪十九年版，珠兰书屋，1893。

陈春生：《乡村故事与"客家"历史记忆的重新塑造——以〈明季岭东山砦记〉的研究为中心》，《客家研究辑刊》2004 年第 1 期。

程美宝：《地域文化与国家认同：晚清以来"广东文化"观的形成》，生活·读书·新知三联书店，2006。

单国强：《中国美术图典·肖像画》，岭南美术出版社，2000。

邓启耀：《视觉表达与图像叙事》，广西民族学院学报（哲学社会科学版）2004 年第 1 期。

邓启耀：《视觉人类学导论》，中山大学出版社，2013。

邓启耀：《视觉人类学的理论视野》，《广西民族大学学报》（哲学社会科学版）2008 年第 1 期。

邓启耀：《宗教美术意向》，云南人民出版社，2000。

刁统菊、孙金奉、李久安：《节日里的宗族——山东莱芜七月十五请家堂仪式考察》，《民俗研究》2010 年第 4 期。

（清）丁皋：《传真心领》，人民美术出版社，1984。

杜靖：《超越村庄：汉人区域社会研究述评》，《民族研究》2012 年第 1 期。

杜朴、文以诚：《中国艺术与文化》，张欣译，世界图书出版公司，2011。

杜赞奇：《文化、权力与国家——1900—1942 年的华北农村》，王福明译，江苏人民出版社，2003。

渡边欣雄：《东方社会之风水思想》，杨昭译，台北：地景企业股份有限公司，1999。

渡边欣雄：《汉族的民俗宗教》，周星译，天津人民出版社，1998。

范可：《旧有的关怀、新的课题：全球化时代里的宗族组织》，《开放时代》2006 年第 2 期。

范可：《移民与"离散"：迁徙的政治》，《思想战线》2012 年第

1 期。

房学嘉:《围不住的围龙屋:记一个客家宗族的复苏》,花城出版社,2002。

费孝通:《江村经济》,上海人民出版社,2007。

费孝通:《文化的生与死》,上海人民出版社,2009。

费孝通:《乡土中国》,人民出版社,2008。

费孝通:《乡土中国 生育制度》,北京大学出版社,1998。

费孝通:《中国绅士》,中国社会科学出版社,2006。

冯尔康:《中国古代的宗族与祠堂》。商务印书馆,1996。

弗朗兹·博厄斯:《原始艺术》,金辉译,上海文艺出版社,1989。

傅抱石:《中国绘画变迁史纲》,上海古籍出版社,1998。

高丙中:《民俗文化与民俗生活》,中国社会科学出版社,1994。

高春明:《中国历代服饰名物考》,上海文化出版社,2001。

高居翰:《画家生涯——传统中国画家的生活和工作》,杨宗贤、马琳、邓伟权译,生活·读书·新知三联书店,2012。

(清)《高州府志》(光绪十五年版,中国方志丛书,第六十八号),台北:成文出版社,1966。

宫治昭:《涅槃和弥勒的图像学》,李萍、张清涛译,文物出版社,2009。

(明)顾炎武:《日知录》,见黄汝成《日知录集释》,上海古籍出版社,2006。

(清)《广州府志》(光绪五年版,中国方志丛书,第一号),台北:成文出版社,1966。

(宋)郭若虚:《图画见闻志》,人民美术出版社,1983。

郭巍青、黄岩:《日常生活中的权力和政治:以下塘村修祠为例》，《开放时代》2005 年第 2 期。

韩建朝：《华北的容与宗族——以山西代县为中心》，《民俗研究》
　　2012 年第 5 期。

何国强：《族群依赖与冲突的共生模式：客家族群生存策略研究
　　系列之三》，《广西民族研究》2002 年第 4 期。

何明：《直观与理性的交融：艺术民族志书写初论》，《广西民族
　　大学学报》（哲学社会科学版）2007 年第 1 期。

河合洋尚编《日本客家研究的视角与方法——百年的轨迹》，社
　　会科学文献出版社，2013。

贺喜：《亦神亦祖：粤西南信仰构建的社会史》，生活·读书·新
　　知三联书店，2011。

洪颖：《19 世纪中后期以来国外艺术人类学研究述评》，《思想战
　　线》2006 年第 6 期。

侯功挺：《传统的再造——一个华南城市宗族的人类学考察》，硕
　　士学位论文，厦门大学，2009。

胡鸿保、杨玉珍：《文字 VS 图像——兼谈视觉人类学的边缘性》，
　　《广西民族学院学报》（哲学社会科学版）2006 年第 1 期。

胡新生：《中国古代巫术》，人民出版社，2010。

华琛：《中国宗族再研究：历史研究中的人类学观点》，《广东社
　　会科学》1987 年第 2 期。

黄海妍：《在城市与乡村之间：清代以来广州合族祠研究》，生活·
　　读书·新知三联书店，2008。

黄强：《"尸"的遗风——民间祭祀仪礼中神灵凭依体的诸形态及
　　其特征》，《民族艺术》1996 年第 1 期。

黄淑娉：《广东族群与区域文化研究》，广东高等教育出版

社，1999。

黄淑娉、龚佩华：《文化人类学理论方法研究》，广州高等教育出版社，2004。

黄树民：《林村的故事——一九四九年后的中国农村变革》，生活·读书·新知三联书店，2002。

（宋）黄休复：《益州名画录》，人民美术出版社，1983。

黄应贵：《反景入深林——人类学的观照、理论与实践》，商务印书馆，2010。

黄应贵：《空间、力与社会》，台北：中研院民族研究所，1995。

吉村怜：《天人诞生图研究——东亚佛教美术史论文集》，卞立强、赵琼译，中国文联出版社，2002。

吉原和男：《泰国华人社会的文化复兴运动》，王建新译，《广西民族学院》2004 年第 3 期。

贾克斯·马：《美感经验：一位人类学者眼中的视觉艺术》，袁汝仪译，台北：雄狮图书出版有限公司，2003。

简·艾伦·哈里森：《古代艺术与仪式》，刘宗迪译，生活·读书·新知三联书店，2008。

姜伯勤：《敦煌艺术宗教与礼乐文明》，中国社会科学出版社，1996。

（清）蒋骥：《传神秘要》，《画论丛刊》，中国印书局，1937。

杰西卡·罗森（Jessica Rawson），《祖先与永恒：杰西卡·罗森中国考古艺术文集》，邓菲等译，生活·读书·新知三联书店，2011。

金维诺、罗世平等：《中国宗教美术史》，江西美术出版社，1995。

金泽、陈进国主编《宗教人类学》（第二辑），社会科学文献出版社，2010。

金泽、陈进国主编《宗教人类学》（第三辑），社会科学文献出版社，2012。

金泽、陈进国主编《宗教人类学》（第一辑），民族出版社，2009。

景军：《神堂记忆：一个中国乡村的历史、权力与道德》，福建教育出版社，2013。

景军：《知识、组织与象征资本：中国西北两座孔庙之实地考察》，《社会学研究》1998 年第 1 期。

柯律格：《明代的图像与视觉性》，黄晓鹃译，北京大学出版社，2011。

柯律格：《中国艺术》，刘颖译，上海人民出版社，2013。

科大卫：《告别华南研究》，华南研究会编《学步与超越：华南研究论文集》，香港：文化创造出版社，2004。

科大卫：《皇帝与祖宗：华南的国家与宗族》，卜永坚译，江苏人民出版社，2009。

科大卫、刘志伟：《宗族与地方社会的国家认同——明清华南地区宗族发展的意识形态基础》，《历史研究》2000 年第 3 期。

克利福德·格尔兹：《尼加拉：十九世纪巴厘剧场国家》，赵丙祥译，王铭铭校，上海人民出版社，1999。

克利福德·格尔兹：《文化的解释》，韩莉译，上海人民出版社，1999。

克利福德·吉尔兹：《地方性知识》，王海龙、张家宣译，中央编译出版社，2000。

孔飞力：《叫魂：1768 年中国妖术大恐慌》，陈兼、刘昶译，上海三联书店，1999。

濑川昌久：《客家——华南汉族的族群性及其边界》，河合洋尚、姜娜译，社会科学文献出版社，2013。

濑川昌久：《族谱：华南汉族的宗族·风水·移居》，钱杭译，上海书店出版社，1999。

雷蒙德·弗思：《人文类型》，费孝通译，华夏出版社，2002。

《礼记》，见孙希旦《礼记集解》，中华书局，1989。

李荣、熊正辉、张振兴等：《中国语言地图集》，香港：朗文出版（远东）有限公司，1987。

李如龙、庄初升、李健：《粤西客家方言调查报告》，暨南大学出版社，1999。

李湜：《如意馆画士沈振麟及其御容像》，《文物》2012 年第 4 期。

李亦园：《人类的视野》，上海文艺出版社，1997。

李亦园：《文化的图像》，台北：允晨文化实业公司，1992。

李亦园：《宗教与神话》，广西师范大学出版社，2004。

李铸晋编《中国画家与赞助人——中国绘画中的社会及经济因素》，石莉译，天津人民美术出版社，2013。

理查德·豪厄尔斯：《视觉文化》，葛红兵译，广西师范大学出版社，2007。

廉江县地方志编纂委员会：《廉江县志》，广东人民出版社，1985。

梁白泉编《中国肖像画选集》，文物出版社，1993。

梁肇庭：《中国历史上的移民与族群性——客家人、棚民及其邻居》，冷剑波、周云水译，社会科学文献出版社，2013。

列维－斯特劳斯：《结构人类学》，俞宣孟、谢维扬、白信才译，上海译文出版社，1999。

列维－斯特劳斯：《野性的思维》，李幼燕译，商务印书馆，1997。

列维－斯特劳斯：《忧郁的热带》，王志明译，生活·读书·新知三联书店，2000。

林耀华：《金翼：中国家族制度的社会学研究》，生活·读书·新知三联书店，2000。

林耀华：《义序的宗族研究》，生活·读书·新知三联书店，2000。

（宋）刘攽：《汉官仪》，丛书集成（八百七十五），商务印书馆，1935。

刘道超：《信仰与秩序——广西客家民间信仰研究》，广西师范大学出版社，2009。

刘冬梅：《造像的法度与创造力——西藏昌都嘎玛乡唐卡画师的艺术实践》，民族出版社，2012。

刘凡：《明清民间肖像画研究》，硕士学位论文，江南大学，2009。

刘经富：《江西修水客家陈姓拟制宗族的个案分析》，《江西社会科学》2012 年第 11 期。

（汉）刘向辑录：《楚辞》，见《楚辞今注》，汤炳正等注，上海古籍出版社，1996。

刘晓春：《仪式与象征的秩序——一个客家村落的历史、权力与记忆》，商务印书馆，2003。

（清）刘业勤纂修《JF 县志》，乾隆四十四年版，中国方志丛书，华南地方第一百九十五号，台北：成文出版社，1974。

刘永华：《明清时期华南地区的祖像崇拜习俗》，《厦大史学》（第二辑），厦门大学出版社，2006。

刘永华：《中国古代军戎服饰》，上海古籍出版社，2003。

刘志伟：《地域社会与文化的结构过程——珠江三角洲研究的历

史学与人类学对话》，《历史研究》2003 年第 1 期。

刘志伟：《附会、传说与历史真实——珠江三角洲族谱中宗族历史的叙事结构及其意义》，载《中国谱牒研究》，上海古籍出版社，1999。

刘志伟：《漫天神佛：华南的神祇与俗世社会》，载香港城市大学中国文化中心编《岭南历史与社会》，香港：香港城市大学出版社，2006。

刘志伟：《祖先谱系的重构及其意义——珠江三角洲的一个宗族的个案分析》，《中国社会经济史研究》1992 年第 4 期。

鲁比·沃森：《兄弟并不平等：华南的阶级和亲族关系》，时丽娜译，上海译文出版社，2008。

鲁思·本尼迪克特：《菊与刀》，吕万和、熊达云、王智新译，商务印书馆，1990。

鲁思·本尼迪克特：《文化模式》，王炜译，社会科学文献出版社，2009。

罗伯特·莱顿：《艺术人类学》，靳大成等译，文化艺术出版社，1992。

罗伯特·芮德菲尔德：《农民社会与文化》，中国社会科学出版社，2013。

罗香林：《客家研究导论》，上海文艺出版社，1992。

罗香林：《中国族谱研究》，香港：香港中国学社，1971。

罗易扉：《写文化之后意义关怀——1990 年代以来西方艺术人类学思潮》，博士学位论文，中国艺术研究院，2012。

麻国庆：《家与中国社会结构》，文物出版社，1999。

麻国庆：《全球化：文化的生产和认同——族群、地方社会与跨

国文化圈》，《北京大学学报》（哲学社会科学版）2000 年第
  4 期。

麻国庆：《社会主义新传统与非物质文化遗产研究》，《开放时代》
  2014 年第 6 期。

麻国庆：《永远的家——传统惯性与社会结合》，北京大学出版
  社，2009。

麻国庆：《宗族的复兴与人群结合——以闽北樟湖镇的田野调查
  为中心》，《社会学研究》2000 年第 6 期。

麻国庆：《走进他者的世界——文化人类学》，学苑出版社，2001。

麻国庆：《祖荫下的社会认同：宗族、同族与门中——"传统"
  的复兴与创造的东亚人类学的比较研究》，《文化人类学理论
  新视野》，国际炎黄文化出版社，2004。

马凌诺斯基：《文化论》，费孝通译，华夏出版社，2002。

马强：《流动的精神社区——人类学视野下的广州穆斯林哲玛提
  研究》，中国社会科学出版社，2006。

马小林、鲍国强主编《中华各姓祖像传集》，民族出版社，1999。

马歇尔·萨林斯：《历史之岛》，蓝达居、张宏明等译，上海人民
  出版社，2003。

马歇尔·萨林斯：《文化与实践理性》，赵丙祥译，上海人民出版
  社，2002。

迈克尔·苏立文：《东西方艺术的交会》，赵潇译，上海人民出版
  社，2014。

迈克尔·苏立文：《20 世纪中国艺术与艺术家》，陈卫和、钱岗
  南译，上海人民出版社，2013。

梅新林：《祖先崇拜起源论》，《民俗研究》1994 年第 4 期。

孟久丽（Julia K. Murray）：《道德镜鉴：中国叙述性图画与儒家意识形态》，何前译，生活·读书·新知三联书店，2014。

莫里斯·弗里德曼：《中国东南的宗族组织》，刘晓春译，上海人民出版社，2000。

莫里斯·哈布瓦赫：《论集体记忆》，毕然、郭金华译，上海人民出版社，2002。

牧野巽：《牧野巽著作集》（第六卷），《中国的合族祠与合族谱（之二）——以苏氏武功书院世谱为例》，东京：御茶水书房，1985。

帕斯卡尔：《思想录——论宗教和其他主题的思想》，何兆武译，商务印书馆，1985。

潘诺夫斯基：《图像学研究——文艺复兴时期艺术的人文主题》，上海三联书店，2011。

彭兆荣：《实践于历史和想象之间——客家族群性认同与宁化石壁公祭仪式》，《思想战线》2001年第1期。

彭兆荣等：《边际族群：远离帝国庇佑的客人》，黄山书社，2006。

钱杭：《论"后宗族形态"》，《中国农业大学学报》（社会科学版）2011年第4期。

钱杭：《血缘与地缘之间——中国历史上的联宗与联宗组织》，上海社会科学院出版社，2001。

钱杭：《中国当代宗族的重建与重建环境》，《中国社会科学季刊》（香港）1994年第一卷。

钱杭：《"族"与"前宗族时代"——兼论"宗族"概念的二元结构》，《上海师范大学学报》（哲学社会科学版）2009年第5期。

乔治·E. 马尔库斯：《写文化——作为文化批评的人类学》，高丙中、吴晓黎、李霞等译，生活·读书·新知三联书店，2006。

乔治·马库斯（George E. Marcus）：《十五年后的多点民族志研究》满珂译，《西北民族研究》2011 年第 3 期。

（清）屈大均：《广东新语》，北京：中华书局，1985。

（清）阮元、陈昌齐等纂《广东通志》，同治三年重刻本，1864。

沙其敏、钱正民编《中国族谱与地方志研究》，上海科学技术文献出版社，2003。

沈从文：《中国古代服饰研究》，上海书店出版社，2005。

施坚雅：《中华帝国晚期城市》，叶光庭等译，中华书局，2000。

石谷风：《徽州容像艺术》，安徽美术出版社，2001。

石奕龙、陈兴贵：《回顾与反思：人类学视野下的中国汉人宗族》，《世界民族》2011 年第 4 期。

（汉）司马迁：《史记》，中华书局，1959。

司徒尚纪：《岭南历史人文地理：广府、客家、福佬民系比较研究》，中山大学出版社，2001。

司美茵：《追述祖先的身影——美国赛克勒艺术馆藏中国影像初探》，戴鸿文、戴立强译，《文物世界》2002 年第 2 期。

斯图尔特·霍尔编著《表征：文化表象与意指实践》，徐亮、陆兴华译，商务印书馆，2003。

孙机：《中国古舆服论丛》，文物出版社，2001。

孙晶：《历代祭祀性民间祖影像考察》，硕士学位论文，中国艺术研究院，2009 年。

覃琮：《"标志性文化"生成的民族志》，博士学位论文，上海大学，2011。

覃乃昌：《"那"文化圈论》，《广西民族研究》1999 年第 4 期。

田仲一成：《中国的宗族与戏剧》，钱杭、任余白译，上海古籍出版社，1992。

田仲一成：《中国戏剧史》，布和译，北京大学出版社，2011。

(清)《汀州府志》(同治六年版，中国方志丛书，第七十五号)，台北：成文出版社，1967。

涂尔干：《宗教生活的基本形式》，上海人民出版社，1999。

汪宁生：《文化人类学调查——正确认识社会的方法》，文物出版社，1996。

汪元：《康熙皇帝肖像画及相关问题》，《故宫博物院院刊》2004 年第 1 期。

王光：《最后的祭坛——北宁佟氏家族"供影"祭祖习俗调查》，《民俗研究》1998 年第 1 期。

王海龙：《视觉人类学》，上海文艺出版社，2007。

王建民：《艺术人类学理论范式的转换》，《民族艺术》2007 年第 1 期。

王建民：《艺术人类学新论》，民族出版社，2008。

王建新、刘昭瑞编《地域社会与信仰习俗——立足田野的人类学研究》，中山大学出版社，2007。

王昆吾：《中国早期的艺术和宗教》，东方出版社，1998。

王明珂：《华夏边缘——历史记忆与族群认同》，社会科学文献出版社，2006。

王铭铭：《社会人类学与中国研究》，生活·读书·新知三联书店，1997。

王铭铭：《溪村家族——社区史、仪式与地方政治》，贵州人民出版社，2004。

王圻、王思义编集：《三才图会》，上海古籍出版社，1988。

王树村：《中国民间画诀》，北京工艺美术出版社，2003。

王斯福：《帝国的隐喻：中国民间宗教》，江苏人民出版社，2008。

（元）王绎：《写像秘诀》，《画论丛刊》，中国印书局，1937。

王永健：《新时期以来中国艺术人类学发展轨迹》，2013 年中国艺术人类学国际学术研讨会论文集，2013。

王育成：《明代彩绘全真宗祖图研究》，中国社会科学出版社，2004。

巫达：《社会人类学的都市族群研究》，《民族学刊》2012 年第 1 期。

巫鸿：《礼仪中的美术：巫鸿中国古代美术史文编》，生活·读书·新知三联书店，2005。

巫鸿：《清帝的假面舞会：雍正和乾隆的"变装肖像"》，《时空中的美术》，生活·读书·新知三联书店，2009。

巫鸿：《权力的面容：天安门毛主席像》，《国家遗产：一项关于视觉政治史的研究》，伦敦：瑞顿出版社，2009。

巫鸿：《时空中的美术：巫鸿中国古代美术史文编》，生活·读书·新知三联书店，2009。

巫鸿：《武梁祠：中国古代画像艺术的思想性》，生活·读书·新知三联书店，2006。

巫鸿：《中国古代艺术与建筑中的"纪念碑"性》，郑岩、李清泉译，上海人民出版社，2009。

吴立行：《工匠制作与世俗需求——以祖宗像为例》，《美术研究》2012 年第 4 期。

吴卫鸣：《民间祖容像的承传》，《艺术史与艺术理论》I，中国美术学院出版社，2004。

萧凤霞：《传统的循环再生：小榄菊花会的文化、历史与政治经济》，《历史人类学学刊》（第一卷）2003 年第 1 期。

萧凤霞：《文化活动与区域社会经济的发展——关于中山小榄菊花会的考察》，《中国社会经济史研究》1990 年第 4 期。

萧凤霞、刘志伟：《宗族、市场、盗寇和蛋民——明以后珠江三角洲的族群与社会》，《中国社会经济史研究》2004 年第 3 期。

肖进：《十八世纪中国传统肖像画与肖像画学著述研究》，博士学位论文，中央美术学院，2009。

肖明海：《真武图像研究》，文物出版社，2007。

（南朝）谢赫：《古画品录》，《汉魏六朝书画论》，湖南美术出版社，1999。

信立祥：《汉代画像石综合研究》，人民美术出版社，2000。

熊迅：《理解村落社会：视觉人类学的实践》，《广西民族大学学报》（哲学社会科学版）2011 年第 3 期。

休·D.R 贝克：《传统城市里的大家族：以清代常州为中心》，载施坚雅主编《中华帝国晚期城市》（第二编），叶光庭、徐自立、王嗣均、徐松年、马裕祥、王文源译，中华书局，2000。

修水迈泗坑《J 氏宗谱》。

徐杰舜、周建新：《人类学与当代中国社会》，黑龙江人民出版社，2003。

徐默：《相术与中国传统肖像画之渊源考略》，《湖北美术学院学报》2009 年第 3 期。

徐杨杰：《宋明家族制度史论》，中华书局，1995。

徐杨杰：《中国宗族制度史》，武汉大学出版社，2012。

徐正光：《族群、地域与民间文化：客家传统社会特质与变异》，《客家研究辑刊》2000 年第 2 期。

许烺光：《宗族、种姓、俱乐部》，薛刚译，华夏出版社，1990。

许烺光：《祖荫下：中国乡村的亲属、人格和社会流动》，王芃、许隆德译，台北：南天书局有限公司，2001。

闫爱萍：《在"传统"与"发明"之间：关公信仰的社会文化功能演变》，《青海社会科学》2013 年第 2 期。

杨泓：《中国古兵器论丛》，文物出版社，1980。

杨鸿：《美术考古半世纪——中国美术考古发现史》，文物出版社，1997。

杨品优：《宋代以来江西康王考论》，《华南农业大学学报》（社会科学版）2008 第 4 期。

杨庆堃：《中国社会中的宗教：宗教的现代社会功能及其历史因素之研究》，范丽珠等译，上海人民出版社，2007。

杨新：《肖像画与相术》，《故宫博物院院刊》2005 年第 6 期。

杨玉荣、王维：《尸祭礼俗消亡考》，《社科纵横》2009 年第 10 期。

杨志刚：《当代中国大陆和海外、台湾宗亲会活动述论》，《复旦学报》（社会科学版）1996 年第 3 期。

（南朝）姚最：《续画品》，载《汉魏六朝书画论》，湖南美术出版社，1999。

叶汉明：《明代中后期岭南的地方社会与家族文化》，《历史研究》2000 年第 3 期。

（宋）佚名：《宣和画谱》，湖南美术出版社，1999。

（元）佚名：《元代画塑记》，人民美术出版社，1983。

于安澜编《画史丛书》，上海人民美术出版社，1963。

余辉：《十七、八世纪的市民肖像画》，《故宫博物院院刊》2001年第3期。

张光直：《美术、神话与祭祀》，生活·读书·新知三联书店，2013。

（唐）张怀瓘：《画断》，《唐五代画论》，湖南美术出版社，1997。

张小军：《再造宗族：福建阳村宗族"复兴"研究》，博士学位论文，香港中文大学，1997。

张秀玉：《明清至民国徽州家谱中的版画——兼论与徽派版画的关系》，《徽学》（第六卷），安徽大学出版社，2010。

（唐）张彦远：《历代名画记》，人民美术出版社，1983。

赵世瑜：《图像如何证史：一幅石刻画所见清代西南的历史和历史记忆》，《故宫博物院院刊》2011年第2期。

郑杭生：《现代性过程中的传统与现代》，《学术研究》2007年第11期。

郑岩、汪跃进：《庵上坊——口述、文字与图像》，生活·读书·新知三联书店，2008。

郑弌：《唐五代敦煌僧俗邈真图像考释》，硕士学位论文，中央美术学院，2012。

郑振铎：《中国古代木刻画史略》，上海书店出版社，2006。

郑振满：《明清福建家族组织与社会变迁》，中国人民大学出版社，2009。

郑振满、陈春生编《民间信仰与社会空间》，福建人民出版社，2003。

《中国历代人物画经典》，江苏美术出版社，2000。

钟文典：《广西客家》，广西师范大学出版社，2005。

周安安：《重建祖先与祖灵——广州蔡氏六村信仰复兴研究》，硕士学位论文，中山大学，2010。

周大鸣：《传统的断裂与复兴——凤凰村信仰与仪式个案研究》，载郭于华编《仪式与社会变迁》，社会科学文献出版社，2000。

周大鸣：《当代华南的宗族与社会》，黑龙江人民出版社，2003。

周大鸣：《中国的族群与族群关系》，南宁：广西民族出版社，2002。

周建新：《动荡的围龙屋——一个客家宗族的城市化遭遇与文化抗争》，中国社会科学出版社，2006。

周建新：《客家研究的文化人类学思考》，《江西师范大学学报》（哲学社会科学版）2003 年第 4 期。

周建新：《客家祖先崇拜的二元形态与客家社会》，《西南民族大学学报》（人文社科版）2005 年第 3 期。

周建新：《人类学视野中的宗族社会研究》，《民族研究》2006 年第 1 期。

周天游编《地域社会与传统中国》，西北大学出版社，1995。

周星：《中国艺术人类学基础读本》，学苑出版社，2011。

朱爱东：《宗族、同姓集团舞台上的女祖先与女神——冯姓与冯夫人信仰关系之考察》，《学术研究》2008 年第 9 期。

朱青生：《将军门神起源研究：论误解与成形》，北京大学出版社，1998。

庄孔韶：《时空穿行：中国乡村人类学世纪回访》，中国人民大学出版社，2004。

庄孔韶：《银翅：中国的地方社会与文化变迁》，生活·读书·新知三联书店，2000。

庄英章：《台湾宗族组织的形成与特性》，《现代化与中国文化研讨会论文汇编》，香港中文大学社会科学院，1985。

E. H. 贡布里希：《理想与偶像》，范景中、曹意强、周书田译，上海人民美术出版社，1989。

E. H. 贡布里希：《象征的图像》，杨思梁、范景中编译，浙江摄影出版社，1990。

E. H. 贡布里希：《艺术与错觉》，林夕、李本正、范景中译，浙江摄影出版社，1987。

E. 霍布斯鲍姆、T. 兰格：《传统的发明》，顾杭、庞冠群译，译林出版社，2004。

W. J. T. 米歇尔：《图像理论》，陈永国、胡文征译，北京大学出版社，2006。

W. J. T. 米歇尔：《图像学：形象、文本、意识形态》，陈永国译，北京大学出版社，2012。

Alan D. Merriam, "*The Arts and Anthropology*", in Charlotte M. Ottened. , *Anthropology and Art* (New York: The Natural History Press, 1971) .

Alfred Gel, *The Art of Anthropology*: *Essays and Diagrams* (London: Athlone, 1999) .

Alfred Gel: *Art and Agency*: *An Anthropological Theory* (Oxford: Clarendon, 1998) .

Dean Kenneth, *Taoist Ritual and Popular Cult of Southeast China* (Princeton: Princeton University Press, 1993) .

Emily M. Ahern, *The Cult of Dead in a Chinese Village* (Stanford: Stanford University Press, 1973).

Esther Pasztory, *Thinking with Things: Toward a New Vision of Art* (University of Texas Press, 2005).

Hans Belting, *Anthropology of Images: Picture, Medium, Body* (Princeton: Princeton University Press, 2011).

Howard Morphy and Morgan Perkins, *The Anthropology of Art*, (A Peader-well Publishing Ltd., 2006).

Jan Stuart, "*Calling Back the Ancestor's Shadow: Chinese Ritual and Commemorative Portraits*", *Oriental Art*, Vol. XLIII (3), 1997.

Jan Stuart and Patricia Ebrey, "Worshiping the Ancestor: *Chinese Commemorative Portraits*". The Freer Gallery of Art and the Arthur M. Sackler Gallery (Smithsonian Institution, Washington, D. C., in Association with Stanford, California, 9, 2001).

Mueggler Erik, *The Age of Wild Ghosts: Memory, Violence, and place in Southwest China* (University of California Press, 2001).

Patricia Ebrey, "Portrait Sculpture in Imperial Ancestral Rites in Song China." *Toung Pao 83*, 1997.

Potter S. and J. Potter, *China's Peasants*, (Cambridge: Cambridge University Press, 1991).

P. Wolf, "Gods, Ghosts and Ancestors", in Althur Wolf, ed., *Religion and Ritual in Chinese Society* (Stanford, Calif.: Stanford University Press, 1974).

Raymond Firth, "*Art and Anthropology*" in J. Cooteand A. Shelton eds., *Anthropology, Art and Aesthetics* (New York: Oxford

University Press, 1992）.

Sanger P. Steven, *"Traditional Chinese Corporation: Beyond Kinship".* In *The Journal of Asia Studies* XLIII（3）, 1984.

Siu Helen, *"Culture Identity and Politics of Difference in South China."* *Daedalus* 122（2）, 1993.

Siu Helen, *"Recycling Rituals: Politics and Popular Culture in Contemporary China.* In, *Unofficial China: Popular Culture and Thought in the People's Republic*, Perrylink, ed.（London: Westview Press, 1990）.

Watson Ames, *"Ancestor Worship: Two Facets of the Chinese Case."* In *The Study of Chinese Society*, G. W. Skinner, ed.（Stanford: Stanford University Press, 1979）.

致　谢

　　在这个世界上，比人类学家还天真的可能还有艺术家。七年前因为觉得人类学家这个称呼很有神秘美感，我就不知深浅地决定跨入陌生的研究领域。因此，在研究的头两年里，我都陷在左脑和右脑打架的状态中，人类学研究中所需要的逻辑、思辨和严谨的素养，对思维跳跃、随性自由的艺术工作者提出了严峻的挑战。

　　对于人类学的学习者来说，多点田野和流动的研究对象是很难驾驭的。七年来往返于田野和书斋的经历，在我面前展开的是一个魔幻而生动的华南社会，尤其是在研究过程中目睹各种过去被视为艺术品的视觉图像，在其文化现场中所焕发出的所谓神圣感和信仰的力量，我意识到过去一百年来被精英书写的中国艺术对其文化土壤忽视的现实。虽然我竭尽全力将七年间在华南各地奔走的纷杂观察，尽量整合到可讨论的图像人类学问题中，但是由于自身基础理论薄弱的局限，这个不成熟的研究只能作为我学习人类学方法的过程见证。人类学富有创造性的洞察力总是让我折服，但是更有力量的部分来自这个学科总是能从日常观念和生活现象中发出深切的关怀，从被正史淹没的小人物中挖掘到被遮蔽的另一方面的历史。对这些弱势的非主流群体的关注往往意味着可能会推进我们对文化多样性更深刻的认识。

在七年的学术探险中，首先要感谢我的导师邓启耀教授和师母周凯模教授。两位人类学家对艺术和人类学的热情、宽厚善良的心性以及敏锐的学术判断，给予我将这个研究坚持下去的勇气，否则以我个人之力完全不可能完成难度如此大的跨学科研究。在我面对纷杂田野材料时，邓老师的灵感和判断以及总是及时出现的棒喝和提醒，让我学会将所遭遇的艺术现象与人类学研究联系起来，并渐悟人类学研究的方法和乐趣。研究进行到第三年，女儿的不期而至让我无法参加跟踪已久的田野仪式，正在左右为难时，邓老师的问候却是孩子比研究更重要，一个不热爱生命的人如何会从研究人类的学问里获得乐趣，导师的豁达睿智让我获得了更长久的信心和动力。于是我也放慢节奏，利用照顾孩子成长急不来的心态，获得了长时段观察田野对象和反复消化理论问题的机会，并且在图像与视觉人类学领域以老师多年学术思考为理论基础，让这个时间、空间和学科领域跨度都较大的研究最终得以基本完成。

同时，要向教授博士生课程的周大鸣教授、麻国庆教授、王建新教授、刘昭瑞教授、张应强教授、许永杰教授致谢，感谢这些学者强烈的责任心，精彩的人类学、民族学、考古学专业课程和课后的悉心指导！还要感谢陈志明教授、张振江教授、刘志扬教授、朱爱东副教授、杨小柳副教授、谭同学副教授，在开题和预答辩过程中提出的诸多意见，是他们的集体智慧让这个研究日渐丰满，使研究不断清晰和提高。

因为关于图像的人类学研究发展历程还较短，可以借鉴的理论和个案都不多，但是在各种机缘巧合中我获得了相关领域很多前辈的帮助。因学术会议结识了中央民族大学王建民教授，他分享了多年在艺术人类学研究方法上的丰富经验和生动观察；在微博上因田野困惑请教山东大学刘宗迪教授，他对田野材料的分析和研究经验都极富想象力；在论文写作过程中，我还数次请教中山大学刘晓春教授，他清晰而冷静的思路让我学会了如何从混乱的田野现场中回到对最初问题的思考。广州美术学院高蒙教授、邵宏教授、樊林教授和阎安教授都给本书提供了美术史角度的思路、资料及研究方法上的建议，没有他们的帮助，我不可能顺利完成这次学术探险，在此一并深深感谢。

不能不提的是我的已驾鹤西去的雕塑老师胡博先生，我的硕士导师黎明教授和中国美术学院的孙振华教授，他们鼓励我放弃同样宝贵的攻读中国美术学院雕塑专业博士的机会，跨出艺术圈学习，希望这份迟交的功课没有辜负他们多年的期许。而我的工作部门广州美术学院雕塑系的领导和同事们一直以来分担了繁重的教学任务，让我得以拥有充足的研究时间。在研究进行的关键时刻，邓启耀教授主持的国家社科基金重大项目和我申请的广东省教育厅特色创新项目提供了田野调查和论文写作中的研究经费支持。

在七年漫长的学习研究过程中，感谢学长和同窗熊迅、朱志刚、汪丹、李文、刘长、拉马文才，他们在我的田野及写作中最困顿的阶段，提供了技术和情感上的支持，帮助我度过了若干思维枯竭的瓶颈期，感激之情无以言表。而不断延期的学习过程，也让我得到了王彤、杨帆、姜娜、李翠玲、杨婷婷、卢成仁、黄志辉、张振伟、魏乐平、刘佳佶、王易萍、石伟、杜洁莉、熊威、詹虚致、欧锦联等历届同学的帮助。

对于所有机构和个人提供的支持和帮助，我感激不尽。

我最应该感谢的是国画家杨晓玲老师，她对工笔人物画的热爱和对艺术理想的坚持让我得以见到不同传统间的碰撞，如果换作以卖画谋利的画家，也许就无缘见到冲突中隐藏的不同传统的张力。感谢数码艺术家蔡丽贤，没有她精湛的数码修图技术，新修 JM 像可能无法起死回生。感谢考古学家曾骐教授，在田野现场他从考古学的视角让我对华南的历史形成有了更具体的认识。感谢协助我在 J 镇拍摄节日仪式的洪荣满老师和广州美术学院新媒介专业的同学们，他们让我分身有术，让对比乡村与城市仪式的现场成为可能。感谢廉江图书馆的刘伟先生和廉江文化馆的李梓馆长提供廉江当地的方志民俗材料。感谢好友艺术家黄道明和银坎保，他们分享自己的生命经验以帮助我理解粤西社会。感谢我的廉江籍学生姚东礼，他在故乡炎热的酷暑中协助我进行拍摄记录工作。

当然，这个研究的核心是对祖先传统报以虔诚敬意和实践精神的 J 姓子孙们，最传奇的是我读人类学的师姐 J 博士，是她推荐我结识了邓启耀老师，也是她来找我帮忙画祖先 JM 像，如果没有 J 姓子孙几百年来的生存智慧和奇幻想象力，这个研究不可能存在。谢谢 JM 研究会、粤西 J 镇和华南各地的 J 氏宗亲，是他们的信任和帮助使我顺利完成田野调查。在此，尤其要感谢晔叔、涵总、拔哥、立业叔、育文叔、建华哥、英桂哥、正霞姐、育双叔、汉业叔、汉叔、衍廉叔、育维叔、世谦叔、东慧姐、育琴姐、秉华哥、卫权哥、咪咪等 J 姓长辈和兄弟姐妹，感谢他们在田野中对我的信任、关照和保护。他们，还有所有对祖先根系文化心怀热忱信念的 J 姓子孙们，才是这个民族志故事的作者。

最后，谨以此研究献给我的家人，他们是我生活和工作的全部意义。而我的女儿兔医生，每天以天使般的十万个为什么提醒我这个研究过程对于未来的意义，我希望以后她也能感受到人类学与艺术之中的善意、洞见和美。

陈晓阳

2015 年 5 月 30 日，定稿于中大马丁堂

后记　如何观看

　　五年过去，回望这个研究，于我而言最大的意义是学习如何观看。所谓"观"，有两重意义，一指"又见"，再次看、多角度看、不同时段去看，用以校对田野初期的感性判断，从而纠正误读；二指"察觉"，带着问题意识去看，去主动挖掘图像世界中视而未见的结构，把视觉背后的故事与缘由找出来；而在这样的反复观看与调整分析的过程中，才可以更好地理解如何以人类学方法切入视觉和图像所启示的天地、众生和自己。在不断地校对修改的过程中，我越发感慨当时亲历这个祖像创造过程的可遇而不可求，那时民间涌动追溯文化之根的自发运动，对今天的中国社会产生显著影响，宗族文化在当今原子化的社会生态中，为流动的群体再造认同提供了宝贵的文化依据和情感基础，作为中国社会中最传统的社群类型，与宗族认同相关的活动与实践往往又与宏观的文化复兴和文化遗产传承相互缠绕及支持，借助宗族观念复兴的动力，文化遗产及传统再造才得以落地生根，并生长出新的民间文化生态系统。作为这个研究的主角，我的J姓好友们，经过过去十多年艰辛的寻根溯源行动，消除了这个罕见姓氏常被误解的苦恼，他们已经可以带着清晰而完整的祖先传统和得姓始祖故事自信地跟所遇到的陌生人解释姓氏起源，并获得所有人的尊敬和认可。

本研究是邓启耀教授主持的国家社科基金重大项目"中国宗教艺术遗产调查与数字化保存整理研究"的成果之一，也是一部将祖先崇拜与祖先画像纳入视觉人类学领域研究的新尝试。这个研究的价值：第一，是对民间信仰中的图像生成过程及复杂文化生态不可多得的记录与分析，再现了某些历史上的宗教肖像生成的可能结构；第二，通过在城乡间流动的田野工作，记录了城乡双向动态流动融合过程中，关于祖先的信仰与文化认同如何协助血缘、地缘、业缘关系的凝聚力量继续发挥作用。这个研究从祖先画像生成的角度，再次生动地证明了传统唯有不断被发明，并依靠人性内在需求的张力才能保持其文化生命。当然，毕业后这五年来，从阅读到的很多优秀民族志经典和新出版的精彩民族志著作中，我也越来越清晰地看到这个研究的不足和差距，包括当时的田野工作在一些方面还不够深入，研究框架也可以更富解释力度，但是修改是一个无止境的工作，所以我想还是告一段落，先将这个个案中的民族志故事分享出来以获得阶段性的建议和反馈，可深入的部分留待后续研究来推进。

不过，在这个研究中所习得的人类学的"观看"方法，已经沉淀在我的日常经验和工作方法中，让我在现在的研究和实践中不那么容易就囿于视觉表象的限制，无论所遭遇的社会景观多么奇异，我都会清醒地预留出现象背后可能出于人性深层需求的阐释空间，不急于判断；因为人不会无缘无故创造图像，无论是朴素自然还是超乎常理的视觉现象，很多时候都是不同文化群体内心图景的投影、折射与反射，如何读懂这些视觉密码和隐藏的文化意涵，也将成为我持续展开的研究内容。当然，出版的困难是在做田野调查时完全没有想象到的，因为在写作博士学位论文时已经舍弃很多新鲜的材料，但到出版时更需要以严谨而客观的表述和克制的话语进行叙述，现在这个震撼的图像创造故事已经变得似乎非常合情合理、波澜不惊；但我希望这些经过反复取舍后还能留下的文字，并没有降低调查过程中抽丝剥茧般的"破解"过程所感受到的惊喜，感兴趣的同行以及读者可以和我一起重温历时七年、跨越华南五省的学术探险和田野历程。

自2018年底开始，因为我被调到广州美术学院美术馆工作，"观看"变成日常最主要的工作之一。因为每天要和大量的艺术杰作以及与视觉作品相关的艺术家、策展人、美术机构、收藏家、观众和政府的文化管理部门打交道，关于图像的解读与阐释、空间叙事、传播策略、母题与禁忌以及收藏与出版方式的讨论，都变成了日常工作的重要部分。当接到这个工作任务时，我首先回想起的是不少曾做过博物馆管理者的人类学前辈们，他们在管理民俗博物馆、民族志博物馆、综合博物馆时，都曾立足于以人类学家的视角和态度展开工作，为博物馆界的观念与文化策略带来新的思考和启发，印象最深刻的是读到人类学家华如璧（Rubie Watson）的"完璧归赵"计划（repatriation initiative）时的感动。华如璧博士于1997年成为哈佛大学人类学博物馆（Peabody Museum）首位女性馆长，这也是该馆首次由社会人类学者担任掌门人。华如璧任馆长期间除了负责建筑修缮、专题展览筹备、文物保护工程和加强博物馆各部门专业技术人员的培训，还推动了将印第安土著文物归还所属部落的工作。当哈佛大学人类学博物馆大堂内的巨大图腾柱被小心翼翼地移出大楼时，前来接收的部落成员载歌载舞，部落艺术家还亲手制作了全新的图腾柱回赠给博物馆。① 从这种对文化所有者的尊重中，可以清楚地看到人类学家虽然已从田野回到象牙塔的大学和书斋中，但依然保持着对社会权力结构、多元群体、压迫与不公以审慎的态度，他们致力于让这个世界中更多元的他者和弱者被看到，让刻板的社会观念向更合乎人性的层面转变，让更多不同社群、不同文化存在的状态被理解，以及努力让他们可以发出自己的声音。

其实，在艺术与人类学跨学科学习的过程中，我也一直自然而然地将这种思考和所学习到的理论放到实践中去检视，参与发起了多个跨学科研究与艺术实践项目。如 2008 年开始的"蓝田计划"是一个青年志愿者项目，由不同专业背景的志愿者们，对广州几个城中村的建筑空间、民俗传统和口述史进行了抢救式的收集与传播，并在社区内部的公共空间中展览，还因此参与到几栋具有典型明清水乡特色的城中村老祠堂原址保存的行动中，最终这个公共诉求获得政府认可。自 2012 年开始，我在广州美术学院开设"在地实验"课程，带着实验雕塑专业的学生们在具体的社区现场中进行跨学科研究和创作，通过七年的连续课程，记录了一个八百年的历史乡村如何在十年时间里急速变迁为城中村的过程；从 2016 年开始，因为广东省绿芽乡村妇女发展基金会的邀请，我和艺术、人类学和建筑专业的好友们一起，在广州北部流溪河山区的乐明村发起并推动了一个名为"源美术馆"的社会参与式艺术项目，虽然在公共传播时，大家对我的认知还是艺术家，但是我清楚在这个项目的策划和设计中，人类学专业视角

---

① 参见潘天舒《值得关注的人类学"女神"（二）》，https://mp.weixin.qq.com/s/rmDbHm4L4H7jZGjfXixmkw，微信公众号"复旦人类学"，2016 年 03 月 29 日。

的观察和分析，对判断及理解社区人群结构、地方性知识和当地的发展需求都起着非常重要的作用。如果没有之前多年在华南地区调研的经历和系统的人类学训练，让我们在讨论时尽力避开对山野村落自以为是的想象，这些实验性的思路和想法肯定很难被基金会和当地村民接受，更不用说与他们一起共同探索如何面对城乡发展过程中的冲突与矛盾。因为人类学所强调的"参与观察"方法和"参与式发展"观念，时刻提醒我这个项目的关键在于项目推进过程中要创造让"文化所有者"发出自己声音的机会。我们的团队一直致力于创造条件让当地村民作为行动合作的主体参与进来，所以这个位于流溪河源头的贫困山村在项目开展四年后，拥有了一个五千多人次捐助共建的公益美术馆，为村民和城里来的参观者提供了关于自然与乡村生态的文化思考及体验。这种身处社会现场之中的建设性实验，让我更深刻地体会到人类学的洞察力和智慧，以及对于社会观念改良与多元发展所具有的行动意义。

　　感谢我的导师邓启耀教授为这本书的出版撰写的序，他用更晓畅生动的文字概括了这个不那么常规的研究，让读者更容易进入到这个研究所讨论的核心问题的学术语境中；虽然这么多年过去了，但我依然记得他当年对我的这个田野发现所给予的肯定和惊喜的表情，并一直给我鼓励与研究下去的信心。他在荣休后笔耕不辍，进入了比任教时更旺盛的写作状态，许多精彩的研究和分析让弟子们叹为观止，他对智慧的热情和永葆的童心都是我一直的榜样和动力，并以此提醒自己要继续保持在知识世界里探险的勇气，力求以严谨的研究和写作来做出扎实而有趣的学问。感谢广州美术学院的胡斌教授对文中关于岭南画派人物画风格及影响分析不够准确的提醒，让我意识到虽然这是视觉人类学的个案研究，但是在涉及艺术图像分析时，只以整体文化生态作为社会切片研究来解读图像编码所隐藏的风险。如果能进一步弄清楚相关历时性的艺术风格史和更透彻的图像学分析，可能会让整个研究所呈现的社会肌理更加清晰和深刻。如何更好地吸收不同学科的营养，消化知识交叉领域所叠加出来的新的知识空间，对我未来继续展开的跨学科研究都提出了新的挑战。

本书得以出版，还要感谢"广州美术学院2020年校级项目基金"的专项支持，感谢广州美术学院科研处的诸位专家和同事的督促和鼓励。感谢夏循祥博士推荐本书稿给社会科学文献出版社，编辑老师对文中研究对象的匿名问题等给出了专业的建议，是她们审慎的专业态度和细致的修改，让这本著作在分享研究成果的同时亦符合学术伦理规范。最后，感谢美国人类学家马立安博士为本书书名英文翻译所提供的建议。

在此，我想以此书献给我的外公李明先生。他是一位曾经为了抗日救国而经历过血雨腥风的老地下党员，年轻时捐出自家药店作为敌后情报联络站，小时候听到他讲起他的战友们那些凶险无常的故事，只是重叠在雨花台里模糊的英雄肖像中看不清。直到近年一些精彩的谍战电视剧所演绎的剧情，才让我们发现剧照里的孤胆英雄们竟然和他们当年照片中的气质有些相像，关于敌后的惊险故事似乎也因电视剧情变成可连续叙述的完整故事。家中晚辈们有时会从一些形象和行为的相似方面去讨论家族里一代代年轻人喜欢冒险和挑战的原因，觉得冥冥中的确有来自长辈的遗传和加持。而这个亲历的家族故事里，似乎再次印证了本书中所描述的祖先与子孙同在的结构，可能因为每当人出于朴素的本能希望找到生命之间无常的关联时，就会发现只靠抽象的文字和语言，总还差那么一点点魔力。图像就像点亮历史、连缀碎片、确定认同的催化剂，让珍贵却缥缈的记忆以图像为媒，更具体地描画出我们想象和认同的世界。

陈晓阳

2020 年 8 月 12 日于广州峰会

图书在版编目（CIP）数据

再造祖先图像：一项华南宗族民族志的考察 / 陈晓
阳著. -- 北京：社会科学文献出版社，2022.5
（田野中国）
ISBN 978 - 7 - 5228 - 0027 - 1

Ⅰ.①再… Ⅱ.①陈… Ⅲ.①宗族－研究－华南地区
Ⅳ.①K820.9

中国版本图书馆 CIP 数据核字（2022）第 065664 号

田野中国
再造祖先图像：一项华南宗族民族志的考察

著　　者 / 陈晓阳

出 版 人 / 王利民
责任编辑 / 胡庆英
责任印制 / 王京美

出　　版 / 社会科学文献出版社·群学出版分社（010）59366453
　　　　　　地址：北京市北三环中路甲 29 号院华龙大厦　邮编：100029
　　　　　　网址：www. ssap. com. cn
发　　行 / 社会科学文献出版社（010）59367028
印　　装 / 三河市龙林印务有限公司

规　　格 / 开 本：880mm × 1230mm　1/32
　　　　　　印 张：10.25　字 数：237 千字
版　　次 / 2022 年 5 月第 1 版　2022 年 5 月第 1 次印刷
书　　号 / ISBN 978 - 7 - 5228 - 0027 - 1
定　　价 / 89.00 元

读者服务电话：4008918866